KB022669

인생에 한번은 차라투스트라

인생에 한번은 차라투스트라

니체와 함께 내 삶의 리듬을 찾는
'차라투스트라' 인문학 강의

이진우 지음

왜 우리는 차라투스트라의 노래를 들어야 하는가

책이 음악처럼 들리는 날이 있습니다. 우리가 살아가는 데 유용한 지식과 지혜를 얻으려는 조급증을 버릴 때 비로소 우리에게 숨겨 놓은 소리를 독특한 음조로 들려주는 책을 읽을 때죠. 천천히 읽어야 하는 책이 그렇습니다. 세상에는 빨리 읽히는 책이 얼마나 많은 가요! 지적인 대화를 위해 읽는 교양서는 너무 가벼워 읽자마자 증발해버리고, 지식을 얻으려는 전문서는 너무 무거워 우리의 마음을 짓누릅니다. 책과 독자 사이에는 어떤 교감과 감응도 일어나지 않아요. 음악처럼 우리의 마음을 깊이 움직이는 책은 어쩌면 읽는 책이 아니라 듣는 책입니다.

니체의 《차라투스트라는 이렇게 말했다》(이하 《차라투스트라》)는 마음으로 듣는 책입니다. 신을 죽인 악명 높은 철학자의 가장 대표적인 책이라는 소문에 끌려 이 책을 손에 들면 몇 마디 유명한 문장을 손에 쥘 겁니다. 이 책에 담긴 철학 사상을 정복하겠다고 덤벼드는 공격적인 독자는 니체의 자유로운 영혼을 느끼지 못할 거예요. 좋은 작가는 결코 자신이 생각한 모든 것을 언어로 표현하지 않는 것처럼, 좋은 독자는 말로 표현되지 않은 것을 잡아냅니다. 행간을 읽는다는 것은 문장과 문장이 이어지는 연결의 리듬과 박자를 느끼는 것이죠. 작가가 느낀 것을 함께 느끼고, 생각한 것을 함께 생각하여 작가의 내적인 긴장이 전달되면, 우리는 책을 읽지 않고 듣게 됩니다.

왜 니체의 《차라투스트라》는 들어야 하는 책일까요? 이와 관련해서 니체의 의도, 그리고 저의 개인적 경험을 말씀드리겠습니다. 니체 스스로 밝힌 것처럼 《차라투스트라》는 그의 저서 중에서 '독자적'입니다. 이 책은 자신을 위해 홀로 서 있어요. 니체의 문제가 초기의 《비극의 탄생》에서 광기의 몰락 직전의 《이 사람을 보라》에 이르기까지 일관된다면, 《차라투스트라》의 사상이 크게 다를 리 없지만 그 형식은 낯설고 독특합니다. 니체는 이 책 전체를 음악으로 생각해야 한다고 말하죠. 니체 스스로 '이 책의 근본 사상'이라고 밝힌 '영원회귀 사상'은 음악적으로만 전달될 수 있기 때문이에요. 영원회귀 사상은 논리적으로 이해하려고 하면 할수록 더욱 난해해집니다.

《차라투스트라》에 대한 저의 개인적 경험도 다르지 않습니다. 자신이 죽고 난 뒤에야 비로소 태어날 것이라고 생각한 니체는 자신

5

이 이해받지 못했다는 점을 잘 알았죠. 언젠가는 자신이 스스로 차라투스트라를 설명해야 하는 어처구니없는 일을 할지도 모른다고 하면서 그를 위해 강좌와 교수 들이 생겨날 것이라고 예견했어요. 니체의 말이 맞았습니다. 당대에 이해받지 못하고 오히려 오해되고 왜곡되었던 니체는 오늘날 우리의 동시대인처럼 다가옵니다. 니체를 전공한 학자로서 니체의 문제를 현대적 시각에서 재구성하려고 노력하는 저에게도 《차라투스트라》는 여전히 다가가기 어려운 책입니다. 그의 사상을 철학과 철학사의 맥락에서 '설명'할 수는 있지만, 읽을 때마다 풀리지 않는 수수께끼 같은 것이 남아 있습니다. 저는 그전까지 《차라투스트라》를 읽었지 듣지 않았던 것입니다.

그런데 2019년 2학기에 철학과 인문학에 대한 소양이 많지 않은 포스텍 학생들과 함께 《차라투스트라》를 읽으면서 흥미로운 경험을 했습니다. 철학적 선지식과 선입견 없는 학생들이 오히려 참신한 시각으로 행간을 읽어냈어요. 그들은 모두 차라투스트라에게서, 자신들의 문제로 시작하여 삶의 문제를 풀려는 자기 자신을 발견했죠. 니체가 말하지 않았습니까. 문장을 이해한다는 것은 그 문장을 체험한다는 것이라고요. 《이 사람을 보라》에서 말하고 있는 것처럼 차라투스트라의 지혜를 이해하려면 "그의 입에서 흘러나오는 그 평온한 음조를 제대로 들어야" 합니다.

《차라투스트라》는 결코 가르치지도 설교하지도 않습니다. 자기를 인식하고, 성찰하고, 자기가 되는 이야기입니다. 존재하고 있는 그대로의 자기가 되어가는 삶에 대한 거대한 서사시가 《차라투스트라》예요. 삶을 진지하게 생각하는 자만이 삶에 관한 이야기에 귀를 기울입니다. 삶의 온갖 고통 속에서도 삶을 긍정할 수 있는 자만이 삶의 모순과 비극적 이중성에 귀를 기울입니다. 삶의 모순을 받아들이지 않으면 삶을 긍정할 수 없습니다.

《차라투스트라》는 삶을 인식의 수단으로 삼은 니체가 자신이 겪은 온갖 고통과 비극적 인식으로 빚은 책입니다. 삶 자체가 문제가 된 사람만이 무한히 풍부한 빛과 무한히 깊은 심연에서 한 방울 한 방울 떨어지는 것 같은 그의 말을 들을 수 있죠. 니체는 누구나 차라투스트라의 말을 들을 수 있는 귀를 가지고 있는 것이 아니라고 합니다. 그의 말을 듣는 것은 선택된 자들의 특권이라는 니체의 말은 대체로 옳습니다.

그렇다면 누가 차라투스트라의 말을 들을 수 있을까요? 니체는 《이 사람을 보라》의 〈서문〉 마지막을 《차라투스트라》의 1부 끝부분에서 들려준 말로 매듭짓습니다. "그대들도 이제 헤어져 홀로 가도록 하라! 그것이 내가 바라는 바다. 진실로 그대들에게 바란다. 나를 떠나라, 그리고 차라투스트라에 저항하라!" 니체는 제자도 신도도 원치 않아요. 자신의 사상을 미화하거나 찬양하는 것도 원치 않습니다. 니체가 원하는 것은 《차라투스트라》를 읽는 모든 사람이 자신의 길을 찾는 것입니다. "나를 버리고 그대들 자신을 찾도록 하라. 그리고 그대들 모두가 나를 부정하게 될 때 비로소 나는 다시 그대들에게 돌아올 것이다." 니체는 읽히지 않기를 바랍니다. 니체는 독자가 《차라투스트라》를 듣는 체험을 통해 각자 자신의 삶을 읽기를 바랍니다.

《차라투스트라》를 읽지 않고 들으면 삶에 관한 심오한 이야기가 펼쳐집니다. 서른이 되자 고향을 떠나 산으로 들어가 십 년 동안 고독 속에서 삶을 성찰한 후 자신의 인식을 세상에 알리고자 산을 내려간 사람의 이야기. 삶과 죽음, 동정과 고독, 사랑과 정의, 초인과 군중의 끊임없는 긴장이 이어지는 차라투스트라 이야기는 수많은 반전을 거듭합니다. 우리는 차라투스트라가 군중에게 초인 사상을 설득시키길 기대하다가 시장의 마지막 인간에게 좌절하여 산의 고독으로 되돌아가는 그의 고통을 함께 느낍니다. 결국 이 모든 이야기는 차라투스트라의 삶의 여정이었음이 밝혀지면서 막을 내리죠. "이것은 나의 아침이다. 나의 낮이 시작된다." 차라투스트라의 이 마지막 문장은 이 책을 읽는 모두에게 해당합니다. 나의 삶, 그것이 문제입니다.

문제가 된 삶을 성찰하는 사람들에게 《차라투스트라》는 인생에 한번쯤 읽고 싶은 책입니다. 읽는 사람의 관점에 따라 니체의 《차라투스트라》에 진정한 삶의 이야기가 펼쳐지기 때문입니다. 이 책은 니체의 《차라투스트라》를 철학 텍스트가 아니라 삶에 관한 철학적 이야기로 풀어내고자 합니다. 2019년도 2학기는 저에게 니체를 다시 듣는 시간이었습니다. 한편으로는 학생들과 니체의 《차라투스트라》를 함께 읽었고, 다른 한편으로는 포스텍 문명시민교육원에서 주최한 〈고전의 재발견〉 프로그램으로 '이진우 교수가 들려주는 니체의 차라투스트라 이야기' 강연을 9월 24일부터 11월 26일까지 여덟 차례에 걸쳐 진행했습니다. 《차라투스트라》의 〈머리말〉부터 4부까지 각각 두 개의 주제를 정하여 이 책의 문장과 문장 사이에 있는 공기와 분위기를 전달하려 했습니다.

이 책은 이 강연을 바탕으로 집필했습니다. 강연 현장의 열띤 토론과 진지함을 생생하게 전달할 수는 없지만, 강연의 흐름과 속도를 재현하려고 구어체를 사용했습니다. 문장도 일부러 다듬지 않으려고 했습니다. 문장 속에 표현된 니체의 사상보다는 문장과 문장을 이어가는 차라투스트라의 전체 이야기가 들렸으면 좋겠습니다. 이 책을 만드는 데 도움을 주신 모든 분께 진심으로 감사드립니다. 강연의 녹취록을 작성하는 따분한 일을 마다하지 않은 곽나림 선생과 이야기를 번듯한 책으로 만들어주신 휴머니스트 편집부에 고마운 마음을 전합니다. 그리고 언제나 따뜻한 관심을 보여주시는 휴머니스트 황서현 주간과 김학원 대표에게 정말 감사드립니다.

2020년 여름의 끝자락에
꽃골에서 이진우

차례

머리말 1강

차라투스트라,
새로운 혁명가의 탄생

차라투스트라는 서른이 되자
고향과 고향의 호수를 떠나 산으로 들어갔다.
여기서 그는 자신의 정신과 고독을 즐기며,
십 년 동안 싫증을 느끼지 않았다.
그러나 마침내 심경의 변화가 일어났다.
......
이렇게 차라투스트라의 몰락은 시작되었다.

— 《차라투스트라는 이렇게 말했다》, 1부 〈차라투스트라의 머리말 1〉, 13~15쪽.

스스로 고민하는 이를 위한 책

나는 사랑한다, 인간의 머리 위에 걸쳐 있는 먹구름에서 방울방울
떨어지는 무거운 빗방울 같은 사람들을. 그들은 번개가 칠 것을 알
려주고, 예고자로서 파멸한다.
보라, 나는 번개의 예고자이며, 구름에서 떨어지는 무거운 빗방울
이다. 이 번개는 초인이라 불린다.[1]

프리드리히 니체가 《차라투스트라》에서 한 말입니다. 기후만 변
화하는 것이 아닙니다. 이 시대의 정신적 기상도 바뀌고 있습니다.
번개가 칠 조짐이 보이는 우리의 시대적인 상황과 절묘하게 맞는
말이 아닐까 싶습니다. 이제부터 여러분과 함께 《차라투스트라》를

15

읽으며 이 책이 우리에게 어떤 이야기를 하는지 살펴보겠습니다.

여러분은 대부분《차라투스트라》를 19세기 위대한 사상가의 철학 책이라고 알고 있을 겁니다. 그런데 막상 읽어보면 기존에 알고 있던 철학과는 전혀 다르다는 느낌을 받으실 겁니다. 규정하기도 어렵고 분류하기도 쉽지 않아서 어떻게 읽어야 할지 잘 모를 거예요. 초인은 "인간이라는 검은 먹구름에서 번쩍이는 번개"[2]라는 비유도 잡힐 듯 쉽게 잡히지 않습니다. 니체는 자신이 서 있는 높은 곳에서는 "더 이상 말로가 아니라 번개로 말한다."[3]라고 합니다. 니체는 번개처럼 위험한 초인 사상을 전달하는 위험한 사상가입니다. 그의 사상은 번개처럼 우리의 삶을 근본적으로 변화시키기도 하지만 자칫 우리에게 치명상을 입힐 수도 있기 때문입니다.

우리는 편견의 동물이기 때문에 어떤 책을 읽거나 어떤 일을 할 때 선입견을 품고 접근하잖습니까. 그런데 이 선입견이 맞지 않는 겁니다. 이게 어떤 의미일까요?《차라투스트라》는 우리가 지닌 편견과 선입견을 훌쩍 뛰어넘는 책이라고 보면 됩니다. 여러분이 어떤 생각을 하든 간에 전부 빗겨갈 수도 있습니다.

그럼에도 불구하고《차라투스트라》는 우리를 끊임없이 유혹합니다.《차라투스트라》는 21세기에도 가장 많이 읽히는 책 중 하나라고 합니다. 인류 역사상 수많은 사상가가 등장했지만, 플라톤의 '대화편'만큼 여전히 많이 읽히는 책입니다. 따라서 이 책이 도대체 어떤 이야기인지를 알아야 우리가 이 책에 대한 감이 생기리라고 믿습니다.

문제는 우리가 《차라투스트라》만을 알고 싶은 것은 아니라는 거죠. 니체가 이 책에서 말해주는 사상을 통해서 우리가 지금 직면하고 있는 여러 문제와 고민, 철학적 난제를 어떻게 해명하고 해결할 것인가 하는 것에도 관심이 커요. 그래서 열 번의 고개를 통해서 우리가 니체를 알게 되는 기회도 되겠지만, 사실 열 개의 문제를 여러분이 안고 스스로 생각하는 시간이 되기를 바랍니다.

　《차라투스트라》의 부제는 '모든 이를 위한, 그리고 그 누구를 위한 것도 아닌 책'입니다. 니체는 이 책을 스스로 깨우치고 문제를 해결하며 삶을 능동적으로 살아가는 사람들을 위해서 썼다고 했습니다. 따라서 그렇게 노력하는 사람 모두를 위한 책인 겁니다.

　그런데 이 책의 내용을 곡해하거나 오해하는 사람이 많습니다. '니체는 이 문제를 어떻게 생각했지?' '니체가 제시한 해결책은 도대체 뭐야?' 이런 질문을 계속 던지는 거죠. 그러고 나서 이 책에서 이런 질문에 대한 대답을 요구합니다. 니체는 질문에 대한 대답을 요구하는 사람은 이 책을 읽지 않는 것이 좋겠다고, 그런 사람을 위한 책이 아니라고 이야기합니다.

　부제를 영어로 보면 아주 간단하게 서술되어 있어요. 'A book for everyone and nobody.' 모든 이를 위한 책이지만, 그와 동시에 그 누구를 위한 책도 아니다! 이 부제를 이해한다면 《차라투스트라》의 핵심을 이해한 겁니다. 책 제목은 사실 그 책이 보여주고자 하는 내용을 함축하는 안내판과 같거든요. 우리가 길을 갈 때 안내판을 보고 가는 것과 마찬가지죠.

17

니체가 1부 〈읽기와 쓰기에 대하여〉에서 이렇게 이야기합니다. "나는 모든 글 가운데서 자신의 피로 쓴 것만을 사랑한다."⁴ 이 말은 내가 가지고 있는 문제를 철저하게 사유하고 체험했는지에 관한 이야기입니다. "피로 써라. 그러면 그대는 피가 곧 정신임을 알게 될 것이다. 다른 사람의 피를 이해하기란 쉬운 일이 아니다. 나는 게으름뱅이 독자들을 미워한다."⁵ 무척 역설적으로 표현한 거죠. 스스로 생각하고 고민하지 않고 남이 쓴 글에서 해답을 구하려는 사람은 게으름뱅이라는 거예요. 밥을 스스로 먹어야 하는데 남이 떠먹여주는 걸 기대하는 사람보다 더한 게으름뱅이는 없잖아요. 스스로 생각하려고 노력하는 자들만 읽으라고 이야기하는 겁니다.

피로 글을 쓴다는 것이 무엇일까요? 단순히 몹시 노력하여 얻는 집필의 고통을 말하는 것은 아닙니다. 피가 생명을 상징하는 것처럼 글이 생명력을 갖도록 영감과 감정과 열정으로 쓰는 것을 의미합니다. 피로 쓴다는 것은 머리로 쓰지 않고 가슴으로 쓴다고 할 수 있습니다. 니체의 글쓰기는 논리적인 글쓰기가 아닙니다. 글을 써본 사람은 알 겁니다. 저 글이 무엇을 의미하는지요. 머릿속으로 생각한 단순한 영감이나 잡념에 불과한 것인지, 아니면 삶을 정말 걸리적거리게 만들고 어렵게 만드는 핵심적인 문제인지 말입니다. 니체는 이런 것들을 철저하게 고민해보라고 우리에게 권유합니다.

어떤 학자는 《차라투스트라》를 "우리 시대의 가장 대중적인 철학책이며 동시에 가장 기괴한 책이다. 이해하기도 힘들고, 접근하기도 힘들고, 따라서 잘 읽지는 않는 책이다."⁶라고 평가했습니다. 그런데 이런 운명을 니체는 스스로 알았어요. 그래서 출간하면서 이렇게 이야기합니다.

이 책을 쓰고 난 다음부터 나는 가장 미친 사람 중 하나가 될 것이다.[7]

내가 내려가서 나의 차라투스트라를 설명해야만 하는 어처구니없는 역할을 맡아야 하는가. 언젠가는 차라투스트라를 위한 강좌와 교수들이 생길 것이다.[8]

니체가 《차라투스트라》를 출간했을 때에는 이 책을 읽는 사람이 별로 없었습니다. 베스트셀러가 아니었죠. 그런데 니체는 백 년이 지나고 나면 이 사상을 설명하기 위한 강좌가 필요하고, 이 강좌로 먹고사는 교수들이 생길 거라고 예견했습니다. 아주 오만했죠. 사람들이 언젠가 자신을 성인 명부에 올릴 것이 심히 걱정된다고까지 말했습니다.

니체가 얼마나 오만한지 한번 들어보겠습니다.

나의 저서 중에서 '차라투스트라'는 독보적이다. 나는 이 책으로 인류에게 지금까지 주어진 최고의 선물을 주었다. 수천 년간을 퍼져 나갈 목소리를 지닌 이 책은 존재하는 최고의 책일 뿐만 아니라 본래 고산지대의 공기를 담은 책이다. 인간이라는 전체 문제가 그의 발아래 아득하게 멀리 놓여 있다. 이 책은 또한 가장 심오한 책이다. 가장 깊은 진리의 풍요로부터 태어난 책이며, 두레박을 내리기만 하면 금과 선의가 가득 차서 올라오는 고갈되지 않는 샘물이다.[9]

니체는 《차라투스트라》를 '미래의 성서'로 파악하면서 성서보다 훨씬 더 훌륭하고 의미 있는 최고의 선물이라고 이야기합니다. 도대체 우리에게 어떤 선물을 주려고 한 것인지, 인류에게 어떤 선물을 가지고 온 것인지 질문을 던질 수 있습니다. 이 질문은 〈머리말〉에 나옵니다. '도대체 이 선물은 무엇일까?' '성서와는 다른 어떤 사상을 담고 있을까?' 이렇게 자연스럽게 호기심을 유발하는 거죠.

"수천 년 이래 최초의 책이자 미래의 성서이며 인류의 운명을 내재하고 있는 인간적 창조성의 최대의 폭발."[10] 니체는 이렇게 스스로 극찬합니다. 지금으로부터 약 2000년 전에 성서가 쓰이고 서양의 문명과 전통과 규범을 지배했다고 한다면, 그 결과로 우리가 얻은 것은 허무주의라고 하는데요. 이 허무주의를 극복할 수 있는 책은 없다는 거예요. 성서를 봐도 도대체 허무주의가 해결이 안 된다는 겁니다. 그래서 니체는 《차라투스트라》를 통해 허무주의를 극복할 새로운 사상, 새로운 실마리를 제시하겠다고 말합니다.

차라투스트라의 유혹

니체의 《차라투스트라》가 우리를 유혹하는 까닭은 무엇일까요?

니체는 철학자이기에 앞서 인간의 마음을 꿰뚫어 보는 위대한 심리학자입니다. 그는 위험한 사상으로 우리를 끊임없이 유혹합니다. 로버트 그린(Robert Greene)은 《유혹의 기술》에서 이렇게 말합니다.

유혹은 아름다움의 게임이 아니라 일종의 심리학의 게임이다. 이 게임의 주인이 되는 것은 모든 사람의 손에 달려 있다. 여기서 요구되는 모든 것은 세계를 다르게, 유혹자의 눈으로 바라보는 것이다.[11]

예컨대 작가가 독자를 유혹하려 한다면 독자가 어떤 생각을 하는지, 어떤 느낌을 받는지, 어떤 문제로 고민하는지를 알아야 합니다. 영화를 볼 때 영화에서 우리에게 호소하는 문제가 없다면 재미가 없겠죠.

이를 거시적으로 한번 바라볼까요? 지난 2000년 동안 성서는 인류를 유혹해왔습니다. 왜 사람들은 성서 속에 삶의 길이 있다고 생각하고, 모든 문제를 해결할 답이 있다고 생각했을까요? 그리고 니체가 성서를 뛰어넘는 미래 성서를 쓰려 한다면 누구의 관점을 취해야 할까요? 2000년 동안 인류를 유혹했던 아주 강력한 유혹자, 예수 그리스도의 관점을 취할 수밖에 없습니다. 그래서 허무주의자들을 새롭게 유혹할 만한 것이 《차라투스트라》에 퍼져 있는 겁니다. 읽어보면 이해는 잘 안 되지만 끌리는 뭔가가 자꾸 있는 겁니다.

니체는 《차라투스트라》에서 과제를 제시합니다. 유혹의 모델이 있습니다. 서양에서 전통적인 유혹의 모델은 호메로스의 작품에 등

레옹 아돌프 오귀스트 벨리, 〈오디세우스와 세이렌〉, 1867
오디세우스는 세이렌의 유혹에 빠지지 않으려고 본인의 몸을 돛대에 묶도록 지시합니다. 이와 같이 자신의 관점을 가지고 니체의 가르침에 빠지지 않으려는 의지가 《차라투스트라》 독서에 필요합니다.

장하는 오디세우스입니다. 오디세우스가 전쟁을 마치고 고향으로 돌아가려 하는데 길목에서 세이렌이라는 요정이 등장하죠. 세이렌이 아름다운 목소리로 선원들을 유혹하는 바람에 배가 난파되어 수많은 사람이 생명을 잃습니다.

세이렌의 유혹에 대처하는 방법은 두 가지가 있습니다. 하나는 정면으로 돌파하는 것이고, 다른 하나는 포기하는 것입니다. 그런데 포기한다면 고향에 돌아갈 수 있습니까? 못 돌아갑니다. 회피하면 엄청난 희생이 따르죠. 그러면 정면으로 돌파해야 합니다. 정면으로 돌파하려면 선원들의 귀를 막아야 해요. 세이렌의 목소리를 듣지 못하도록 먼저 선원들의 귀를 막고 본인은 귀를 막지 않은 채 돛대에 묶도록 지시합니다. 설령 본인이 유혹을 당하더라도 유혹에 빠지지 않도록 하는 거죠. 그러고 나서 세이렌의 목소리를 듣습니다.

이 방식이 여러분이 《차라투스트라》를 읽는 독서 방식과 유사해야 합니다. 모든 것을 문자 그대로 받아들인다면 그것은 니체의 가르침이 아닙니다. 듣는 사람의 의지가 중요한 겁니다. 여러분만의 관점에서 문장 하나하나를 읽어 내려가는 것이 좋습니다.

다 이해하지 않으셔도 됩니다. 《차라투스트라》는 해석의 가능성이 천 가지입니다. 다양한 해석을 할 가능성이 열려 있다는 겁니다. 특정한 방식으로 읽는 것만이 정답은 아닙니다. 여러분의 방식대로 얼마든지 다르게 해석할 수 있습니다. 그렇기 때문에 《차라투스트라》는 100여 년이 지났음에도 고전으로 불리고, 많은 사람에게 사랑받고 있는 겁니다. 《차라투스트라》는 여러분이 원하는 모든 면을 다 보여줍니다. 그래서 정말 매력적인 책이에요.

여러분은 〈오페라의 유령(The Phantom of the Opera)〉을 보셨나요? 이 작품은 어떤 면에서 가장 니체적인 뮤지컬입니다. 인간의 이중성과 비극을 아주 잘 보여주는 작품 중 하나라고 생각합니다. 끝나기 직전에 수많은 사람이 가면을 쓰고 가장무도회(masquerade)를 하는 장면이 나옵니다. 이 장면에서 이런 노래가 나와요. '너의 얼굴을 감춰라, 세상이 너를 발견할 수 없도록! 모든 얼굴은 그 나름의 각각에 그림자를 가지고 있다. 가장무도회, 주위를 둘러봐라. 너의 뒤에는 또 다른 가면이 있다.' 우리에게 가면이 있다는 이야기죠.

니체에게 중요한 용어 중 하나가 가면입니다. 많은 사람이 가면을 벗고 진면목을 보여주는 것이 우리가 살아가는 진정한 방식이라고 이야기합니다. 그런데 니체는 《차라투스트라》 1부 〈벗에 대하여〉에서 이렇게 말합니다.

그대는 그대의 벗 앞에서 어떠한 옷도 걸치지 않으려 하는가? 벗에게 있는 그대로의 모습을 보여주는 것이 그대의 벗에게 영광이란 말인가? 하지만 그 때문에 그대의 벗은 그대를 악마에게 넘겨주고 싶을 것이다![12]

자신의 적나라한 모습을 보여주면 어떤 친구도 얻을 수 없다는 것입니다. 가면을 써야 한다는 거죠. 가면은 라틴어로 '페르소나'라고 합니다. 자기가 쓰고 있는 가면이 일체화되어서 자신과 가면이 분리되지 않을 때, 그것은 성격이 되는 겁니다. 우리가 인생을 잘 살아가는 것은 어떤 가면을 쓸지 결정하는 데서 좌우됩니다.

니체는 《선악의 저편》에서 이런 이야기를 합니다. "깊이 있는 모든 것은 가면을 사랑한다."[13] 세상에는 좋은 것이 있고 나쁜 것이 있습니다. 선과 악은 우리가 세상을 들여다보는 창이기는 하지만 세계 자체는 아닙니다. 세계는 선과 악을 넘어서는 깊이를 갖고 있습니다. 겉으로 드러나는 선만 보면 그 내면에 숨겨진 악을 보지 못할 수 있습니다. 니체는 선과 악의 이원론이 어쩌면 세상의 진면목을 숨기는 가면일지도 모른다고 생각합니다. 세계의 심연은 너무 깊고 어두워서 우리에게 명료하게 드러나지 않을 뿐만 아니라 그것을 정면으로 직시하면 우리가 감당할 수 없을 수 있습니다. 삶이 우리를 혼란시키지 않게 하려면 가면이 필요한 것입니다.

두 번째는 실험의 위험성입니다. 니체는 우리에게 '자신의 삶을 감히 모험하고 감행하라'고 권해요. 삶의 방식에는 정답이 없다는 겁니다. 무엇이 잘 사는 것인지, 어떤 것이 정말 정직한 삶의 방식인지 답이 없다는 거예요. 자신만의 길을 간다는 것은 상당히 위험합니다. 남이 가는 평탄한 길을 걸어가는 것이 훨씬 더 쉽죠. 그런데 니체는 이것을 권하지 않습니다. 차라투스트라는 젊은이들을 유혹해서 자신의 길을 스스로 개척하라고 권유합니다.

철학사에서는 아주 대단한 두 명의 유혹자가 있습니다. 첫 번째는 소크라테스이고, 두 번째는 니체입니다. 소크라테스는 기원전 5세기 고대 그리스의 아테네에 사는 젊은이들에게 질문을 제기하도록 요구했습니다. 이 때문에 기존의 위정자와 기득권자의 커다란 위협이 되었고, 젊은이들을 유혹한 죄로 사형선고를 받았습니다.

2000년이 지나고 난 뒤 또 다른 사상가가 태어나서 젊은이들의 영혼을 유혹합니다. 그런데 유혹의 방식이 아주 간단합니다. "너 자신의 길을 가라!" 니체는 아주 강력한 유혹자입니다. 그래서 차라투스트라는 "가축 무리에서 많은 이들을 유인해 떼어내기 위해 내가 왔다. 군중과 가축 무리는 내게 화를 내리라. 차라투스트라는 목자들에게 강도라고 불리기를 바란다."[14]라고 이야기합니다.

니체가 《차라투스트라》를 쓴 목적은 가능하면 많은 사람이 군중에게서 뛰어나가 독자적인 길을 가도록 유혹하는 것이었습니다. 사람들은 대부분 자신의 길을 걷기보다는 무리 속의 일원으로서 남들처럼 생각하고 남들처럼 살아갑니다. 따라서 유혹하는 자는 기존의 사상과 전통과 규범을 부수는 파괴자이자 범죄자입니다. 그런데 니체는 이걸 뒤집어엎은 겁니다. 유혹하는 자는 자신의 길을 스스로 개척하고 자신의 가치를 스스로 창조하는 자라고 이야기하죠.

'어떻게 자신의 삶을 스스로 개척할 것인가?' '삶의 목적을 설정하고 그것을 위해서 헌신할 수 있는 방식은 없는 것인가?' 목자는 무리를 이끄는 자이고, 나머지는 이끄는 대로 따라가는 자인데요. 그냥 다른 사람이 이끄는 대로 따라가는 삶을 산다면, 그런 사람은 자신의 책을 읽지 말라고 한 겁니다.

《차라투스트라》가 우리를 유혹하는 세 번째 이유는 '탈도덕의 도전성'입니다. 기존의 도덕은 선과 악을 절대적으로 대립시키고 분리합니다. '선은 선이고, 악은 악이다!' 전통 도덕이 강할수록 구분은 훨씬 더 명료하죠.

우리가 해서는 안 되는 것과 해도 되는 것은 분명하게 구분됩니다. 이런 이분법을 니체는 정면으로 반박하죠. 이제까지 허용되지 않았던 것도 엄밀한 의미에서는 허용될 수 있다고 합니다. 절대적 가치가 없어졌기 때문이에요. 허무주의는 무엇이 가치 있는 것인지, 무엇이 의미 있는 것인지, 무엇이 옳은 것인지 명확하게 규명할 토대가 없어진 거예요. 신은 죽었기 때문이죠. 그렇다면 가치를 누가 찾아야 할까요? 스스로 찾아야 한다는 거죠.

"나는 망치를 들고서 철학을 한다!" 이처럼 선악 이분법을 넘어서는 새로운 도덕을 말하려고 했던 사람이 니체입니다. "창조하는 자는 함께 창조할 자들을 찾는다. 그들은 새로운 가치를 새로운 서판에 써넣는 자들이다."[15] 즉, 자신의 가치를 스스로 만들고 정리하고 설정하려는 사람만이 자신의 책을 읽으라고 말합니다.

이 책이 아주 매력적이고, 우리를 강력하게 유혹하는 이유 중 하나는 다양성입니다. 앞서 언급했듯이, 이 책은 논리적이고 체계적인 철학책이 아닙니다. 많은 사람은 철학시라고 이야기합니다. 오히려 문학에 가깝다고 이야기해요.

《차라투스트라》를 읽다 보면 맨 끝에 항상 "차라투스트라는 이렇게 말했다."라는 구절이 나옵니다. 누가 했던 말과 똑같을까요? 성서를 읽어보면 "예수 그리스도가 이렇게 말했다."라고 쓴 것과 똑같은 형식을 취하고 있습니다. 그래서 어떤 사람은 《차라투스트라》를

27

미래의 성서를 전하는 도덕적 설교라고 봅니다.

또 니체는 음악적으로 글을 쓰고 싶다고 합니다. 번역서에는 덜 드러나지만, 독일어 원문을 읽어보면 음률이 아주 잘 맞습니다. 어떤 사람은 심포니와 같다고 이야기하죠. 교향곡의 관점에서 책을 읽어보면 〈머리말〉이 제일 중요합니다. 〈머리말〉이 이 교향곡의 주제예요. 그러고 나서 1부부터 4부까지 이 주제가 연주되는 거예요. 똑같은 주제가 다른 형태, 다른 내용으로 자꾸 변주됩니다. 이런 형식을 이해하면 이 책이 훨씬 더 쉽게 다가옵니다. "차라투스트라는 하나의 문학작품이거나 다섯 번째 복음이다. 아니면 아직 이름이 없는 그 무엇이다."[16] 니체는 자신의 책을 이렇게 규정합니다.

《차라투스트라》는 하나의 문학작품으로 읽을 수도 있고, 차라투스트라의 문체와 수사를 보면 설교라고도 할 수 있으며, 서양의 전통과 도덕에 도전한다는 관점에서 보면 복음적인 성격이 강하고, 문체의 리듬과 음률을 보면 교향곡일 수도 있습니다. 다양하게 읽힐 수 있다는 이야기죠. 따라서 이 책을 읽는 방식은 한 가지가 아닙니다.

또 이 책은 처음부터 끝까지 읽을 필요도 없습니다. 아무 데나 읽으면 됩니다. 책은 지금 생각하는 문제를 어떻게 이해하고 해결할 것인지 알아보기 위해 읽죠. 그렇게 내 생각에 도움이 되는 안내자로서 책을 읽는다면 그것을 처음부터 끝까지 읽을 필요는 없습니다. 그냥 책을 열면 제목이 나옵니다. 〈뱀에 물린 상처에 대하여〉가 나오면 그 장을 읽으면 되는 겁니다. 앞 내용을 모를 수도 있어요.

그런데 앞서 말씀드린 것처럼 똑같은 주제가 변주되어서 나타나기 때문에 어디를 읽든 주제에서 멀리 도망가지는 못합니다.

《차라투스트라》를 어떻게 읽을 것인가? 문체를 생각하고, 여기에 등장하는 상징과 비유에 초점을 맞추어서 읽다 보면 이성적으로 사상 체계가 파악되지 않습니다. 니체가 피로 쓴 것만을 읽는다고 말한 것처럼, 문제점과 감정을 느낄 수 있는 방식으로 읽는 것이 이책을 읽는 가장 최적의 방식이 아닌가 생각합니다.

어떤 책이 좋은 책일까요? 다양하게 해석될 수 있는 책이 좋은 책입니다. '얼마나 많은 모순을 견뎌낼 수 있는가?' 하는 것이 이 책이 우리에게 던지는 도전이에요. 이것이 사상적으로 어떤 의미를 지니는지 이후에 함께 살펴볼 겁니다.

이런 면에서 《차라투스트라》는 카멜레온 같습니다. '이럴 때는 이렇게 변하고, 저럴 때는 저렇게 변하는 차라투스트라의 실체는 도대체 무엇인가?' '차라투스트라는 특정한 메시지를 설파하는가?' '니체가 《차라투스트라》를 쓴 의도는 무엇인가?' 이런 것을 생각하며 이 책의 〈머리말〉을 읽어보기 바랍니다.

차라투스트라의 정체

이제부터 《차라투스트라》가 어떤 이야기인지 살펴보겠습니다. 니체가 대학을 다니던 때에는 동양학이 무척 발전했어요. 소위 살롱에서 학자들이 많이 모였습니다. 당시 니체는 루 살로메(Lou Salomé)를 통해서 '차라투스트라'라는 이름을 알게 되었지만, 사실 차라투스트라를 택한 특별한 의도는 없었습니다. 다만 차라투스트라는 니체의 분신이며, 이 책에 니체의 삶이 녹아 있습니다.

니체는 아주 비극적인 삶을 살았던 사람입니다. 1869년부터 십 년 동안 바젤대학교 교수로 일하다가 1879년에 사표를 던집니다. 몸이 너무 아팠기 때문이에요. 의사에게 3개월을 넘기지 못할 거라는 진단을 받습니다.

여러분은 삶이 3개월 남았다면 무엇을 할까요? 자신의 삶을 정리하고 싶겠죠. 니체 역시 스위스의 깊은 산으로 들어갑니다. 그리고 몸에 좋은 것을 찾아다니죠. 여름에 더우면 시원한 곳으로 찾아가고, 겨울이면 니스나 밀라노같이 따뜻한 이탈리아 남부 도시로 찾아갑니다. 이렇게 끊임없이 자신의 삶을 고민하고 사유하며 하루 24시간 사는 게 니체의 일상이었어요. 그러다 보니 십 년을 더 살았습니다.

십 년 동안에 수많은 작품을 씁니다. 그러고 나서 1889년 1월 3일 토리노에서 정신발작이 일어납니다. 니체가 1900년에 죽었으니까 식물인간처럼 정신이 없는 상태에서 십 년 동안 산 거죠. 생물학적으로는 퇴직 이후 20여 년을 산 겁니다. 1883년부터 1885년까지 스위스 질스마리아를 일곱 번 다니면서 쓴 책이 《차라투스트라》입니다.

그런데 차라투스트라는 누구인가요? 라파엘로의 그림 〈아테네 학당〉을 보면 고대 그리스 철학자 플라톤과 아리스토텔레스가 걸어

라파엘로 산치오, 〈아테네 학당〉, 1510~1511
차라투스트라는 조로아스터교를 창시한 인물이라고 알려져 있습니다. 실제 차라투스트라와 관련
이 없는 니체의 차라투스트라는 기존의 선악을 넘어, 새로운 도덕을 만들려고 합니다.

내려오고 있습니다. 그런데 그림 아래쪽을 자세히 보면 별로 장식된 천체를 들고 있는 사람이 있습니다. 이 사람이 바로 차라투스트라입니다. 차라투스트라의 영어명은 조로아스터(Zoroaster)인데 차라투스트라의 그리스어 음역에서 유래합니다. 그리스어 조로아스터는 '순수한'이라는 뜻의 '조로스(zoros)'와 '별'이라는 뜻의 '아스트론(astron)'의 합성어입니다. 이때부터 차라투스트라는 '별의 숭배자'라는 오해가 생겨나기 시작했거든요. 따라서 별을 든 사람이 차라투스트라인 거지요.

차라투스트라는 기원전 7세기에서 6세기에 조로아스터교를 창시한 페르시아인으로 알려져 있습니다. 정확한 기록으로 남아 있지는 않습니다. 당시 조로아스터교는 실크로드를 통해서 중국까지 전해질 만큼 광범위하게 퍼져 있던 종교였습니다. 차라투스트라는 '낙타를 잘 다루는 자'라는 뜻인데요. 사막에서 제일 중요한 것이 낙타입니다. '순수한 별'이라는 뜻의 조로아스터 대신 페르시아어 '차라투스트라'를 사용했다는 점에서 니체가 본래의 뜻에 좀 더 가깝게 접근했다고 할 수 있습니다. 차라투스트라의 성장 과정의 첫 번째 단계가 낙타라는 것도 우연이 아닙니다.

그렇지만 그저 이름에서 영감을 받았을 뿐이지 조로아스터교의 어떤 교리도 《차라투스트라》에 반영되지 않았습니다. 실질적으로 아무런 관련이 없어요. 다만 이렇게 이야기합니다.

나는 페르시아인 차라투스트라에게 영예를 돌려야 했다. 페르시아인들이 처음으로 역사를 전체적으로 사색했다. 발전의 연속, 모두가 예언자 역할을 했다. 모든 예언자는 자신의 하자르(Hazar), 천년 왕국을 갖고 있었고.[17]

서양에서는 천년 제국이 항상 상징적으로 등장하는데요. 니체는 《차라투스트라》라는 미래의 성서를 써서, 자신의 가치가 천 년 동안 이어지기를 바랐습니다. 즉, 니체의 차라투스트라가 추구한 것은 기존의 도덕적인 관점에서 선과 악으로 분리되었던 것을 넘어서서 어떻게 새로운 도덕을 만들지에 관한 것이었어요.

바로 내 입에서 나온, 최초의 비도덕주의자의 입에서 나온 차라투스트라는 이름이 무엇을 의미하는지에 대해 내게 질문이 던져졌어야 했지만, 아무도 묻지 않았다. …… 차라투스트라는 가장 숙명적인 오류 도덕을 창조하였다. 따라서 그 오류를 인식한 최초의 사람이지 않으면 안 된다.[18]

니체에게 차라투스트라라는 페르시안 종교 창시자는 도덕을 만든 사상가입니다. 그러니까 그것이 인류 최초의 오류였다는 겁니다. 기존의 도덕을 비판하려는 니체는 이러한 관점을 취할 수밖에 없었겠죠.
조로아스터교는 선악을 철저하게 이분법으로 분류하는 종교예요. 그래서 기독교에도 막대한 영향을 주었습니다. 그런데 니체의 차라

1. 머리말 1강 — 차라투스트라, 새로운 혁명가의 탄생

투스트라는 선악 구분을 부정하는 사람이에요. 선악의 저편을 추구합니다. 정반대예요. 그래서 니체의 차라투스트라는 반조로아스터교라고 이야기합니다.

즉, 니체의 차라투스트라는 니체의 분신에 불과할 뿐 실제로 생존했던 페르시아 종교 창시자와는 아무런 관련이 없습니다. 니체는 의도적으로, 상징적으로 조로아스터교가 추구했던 선악 이분법을 넘어서서 새로운 도덕을 창시하려 했어요. 이 점에서 오히려 조로아스터교를 정면으로 뒤집어엎은 자라고 봐야 합니다.

이제 나는 차라투스트라의 내력을 이야기하겠다. 이 책의 근본 사상인 영원회귀 사유, 즉 우리가 도달할 수 있는 최고의 긍정의 정식은 1881년 8월의 것이다. 그것을 종이 한 장에 휘갈겨 쓰고, "인간과 시간의 6천 피트 저편"이라고 서명했다. 그날 나는 질바플라나 호수의 숲을 걷고 있었다. 주를레에서 멀지 않은 곳에 피라미드 모습으로 우뚝 솟아오른 거대한 바위 옆에 나는 멈추어 섰다. 그때 이 생각이 떠올랐다.[19]

질바플라나는 스위스 질스마리아에 있는 호수인데요. 질스마리아는 평지처럼 보이지만 해발이 1800미터, 6천 피트예요. 공기가 정말 깨끗하죠. 고산의 분위기가 느껴져요. 1년 365일 중 300일이 청명합니다. 니체는 이런 곳에서 인간사를 바라보면서 심오한 사유를 했어요. 1881년 8월 26일, 어떻게 허무주의 시대에 새로운 삶을 살아갈 수 있는지에 대한 암시를 차라투스트라라는 인물을 통해 받았 다는 거죠.

우르미아 호숫가에서 태어난 차라투스트라는 서른 살에 고향을 떠 나 아리아라는 고장으로 갔다. 거기서 그는 십 년 동안 고독을 즐 기며 산속에서 경전인 젠드-아베스타(Zend-Avesta)를 집필했다.[20]

유고에 나온 말로 조로아스터교에서 전해지는 이야기입니다. 이 말을 그대로 〈머리말〉 첫 문장으로 사용하죠. 고향 호숫가를 떠나 산속으로 들어가서 십 년 동안 고독을 즐기면서 성찰했다고 이야기 를 시작합니다. 니체가 어떤 분위기, 어떤 자연환경 속에서 영감을 얻고 집필했는지 한번 상상해보세요. 책의 느낌이 전혀 달라집니다.

내려감에 관한 이야기

《차라투스트라》는 이렇게 시작합니다.

차라투스트라는 서른이 되자 고향과 고향의 호수를 떠나 산으로 들어갔다. 여기서 그는 자신의 정신과 고독을 즐기며, 십 년 동안 싫증을 느끼지 않았다. 그러나 마침내 심경의 변화가 일어났다. 어 느 날 아침 동이 트자 그는 자리에서 일어나, 태양 앞으로 걸어나가, 태양을 향해 이렇게 말했다.

"그대 위대한 별이여! 그대가 빛을 비추어줄 존재가 없다면 그대의 행복이란 게 무엇이겠는가!"

……

이렇게 차라투스트라의 몰락은 시작되었다.[21]

차라투스트라는 산에서 성찰을 하고 깨우침을 얻은 뒤에 시장으로 내려가요. 나무가 울창한 숲이 아니라, 나무가 자라지 않고 돌만이 널브러지고 돌무덤이 있는 곳에서 굴을 파고 고독을 즐기다가 내려가요. 내려가면 숲이 나오겠죠. 숲에서 성자를 만나요. 그리고 그 성자와 대화를 나눕니다. 대화를 나누고 나서 그를 떠나 계속 내려가 시장에 도달합니다.

시장에 내려갔더니 수많은 사람이 모여 줄타기하는 광대의 공연을 관람하고 있어요. 차라투스트라는 초인에 관한 가르침을 줍니다. 그런데 사람들은 초인에 대한 가르침을 듣더니 자신들은 마지막 인간이 될 거라고 이야기합니다.

차라투스트라가 너무 실망합니다. 그 과정에서 줄타기하던 광대가 떨어져서 죽습니다. 차라투스트라는 광대의 시체를 등에 짊어지고 묻을 곳을 찾으러 다니다가 현자를 만납니다. 현자에게 빵과 포도주를 얻어먹고, 밤에 시신을 속이 텅 빈 나무 속에 눕힙니다. 그러고 나서 다시 자신에게 가르침을 전해줄 친구를 찾아 떠납니다.

이 이야기는 내려가는 이야기입니다. 내려가는 이야기! 독일어로는 'Untergang', 영어로는 'Going under'예요. 산에 올라가면 내려가야 하잖아요. 번역서에는 전부 '차라투스트라의 몰락이 시작된다.'라고 되어 있어요. '몰락'이라고 되어 있습니다. 하지만 '몰락'과 '내려감' 두 가지 뜻이 함축되어 있습니다. 몰락은 좀 부정적이지만 내려감은 부정적인 것이 아니죠.

《차라투스트라》 3부 이야기는 '인간이 어떻게 자신의 어두운 내면으로 내려갈 수 있는가'가 주제입니다. 내려갈 수 있는 자만이 자기를 극복할 수 있어요. 이 말은 내려갈 수 있는 자만이 초인이 될 수 있다는 뜻입니다. 궁금해지죠. 도대체 내려간다는 것이 무엇을 의미할까요?

산에 올라가서 인식하고 도덕을 즐기고 여러 가지 생각을 하다가, 어느 날 심경에 변화가 일어납니다. 그러고 나서 내려갑니다. 《차라투스트라》는 인간의 몰락에 관한 이야기예요. 인간이 몰락하고 난 다음에 새로운 인간 유형이 탄생해야겠죠? 새로운 인간 유형이 탄생하려면 기존의 인간이 어떻게 몰락하는지를 들려주는 이야기입니다.

우리는 기존 삶의 방식에 지쳐서 새로운 삶을 살고 싶어도, 기존의 삶을 없던 것처럼 할 수는 없거든요. 그것을 있는 그대로 인정하고 받아들여야 합니다. 그것도 내려가는 것이에요. 내려감에 관련된 이야기, 몰락에 관한 이야기가 《차라투스트라》라고 보면 됩니다. "이렇게 차라투스트라의 몰락은 시작되었다." 이것이 〈머리말 1〉의 마지막 문장이면서 〈머리말〉 전체의 마지막 문장입니다. 차라투스트라의 내려감이 이렇게 시작되었다고 볼 수도 있고, 차라투스트라의 몰락이 이렇게 시작되었다고 이해할 수도 있어요.

여기서 자신의 정신과 고독을 즐기며 십 년 동안 싫증이 나지 않았다고 합니다. 우리가 다룰 또 하나의 중요한 내용, '고독'이 나오죠.《차라투스트라》는 고독에 관한 성가이자 찬가라고 이야기합니다. '초인이 되려고 하는 자는 고독할 줄 알아야 한다. 고독할 줄 모르는 자는 결국 초인이 될 수 없고, 자기 자신을 극복할 수 없다.'라고 이야기합니다.

차라투스트라는 처음 산에서 내려가는 것으로 시작해서, 도시로 가서 초인을 가르치다가, 군중의 조롱과 조소를 받아 실망하고, '얼룩소'라는 도시로 가서 또 다른 강연을 하고, 그러다가 또다시 지쳐서 산으로 돌아갑니다. 차라투스트라가 산으로 몇 번 올라갔다가 몇 번 내려갔는가? 이것이 아무것도 아닌 것 같지만 주의 깊게 들여다보면《차라투스트라》의 전체 구성이 들어옵니다. 그러면 이 책이 별로 어렵지 않아요.

우리는 일출(sunrise)과 일몰(sunset)을 구분합니다. 그런데 사진만 놓고 보면 어떤 것이 아침노을이고 어떤 것이 황혼인지 구분할 수 있을까요? 못합니다.《차라투스트라》를 보면 산에서 심경에 변화가 일어나서 새롭게 떠오르는 태양을 보면서 태양에게 이야기를 건넵니다.

태양은 때가 되면 지죠. 하지만 태양이 진다고 해서 사라지는 것은 아닙니다. 우리가 보지 못하는 다른 세계를 비추어주죠. 그래서 '사람이 몰락한다고 완전히 사라지는 것이 아니라 또 다른 빛이 있고, 또 다른 계몽이 있고, 또 다른 깨우침이 있는 것이 아닌가?'라는 질문을 던집니다.

기원전 6세기 고대 그리스의 자연철학자 헤라클레이토스는 '모든 사건은 항상 그 반대의 결과로 일어난다.'라고 합니다. 우리가 올라 가려면 내려가야 한다는 겁니다. 이성적이고 합리적이고 정말 깨어 있는 삶을 살고자 한다면 또 다른 부분인 본능과 충동과 욕구를 인 정하지 않으면 안 된다는 말입니다. 이 말은 내려갈 줄 알아야 올라 간다, 오르는 길과 내려가는 길은 같다는 의미예요. 단, 올라갈 때와 내려갈 때의 경치는 다릅니다.

차라투스트라는 자신의 사상을 받아주고 이해해줄 사람이 필요 합니다. 차라투스트라가 태양을 보며 "그대가 빛을 비추어줄 존재 가 없다면 그대의 행복이란 게 무엇이겠는가!"[22]라고 말하는 것은 이 때문입니다. 내가 아무리 대단한 지식을 가지고 있고, 깨우침을 가지고 있다고 하더라도 나의 이런 인식과 성찰과 통찰을 함께 공 유할 사람이 없다면 나의 깨우침은 아무것도 아니라는 뜻입니다. 깨우침을 받아줄 사람이 없으면 어떻게 될까요? 자연인처럼 혼자 사는 거예요. 그건 의미가 없는 거죠. 받아줄 사람이 있어야 합니다.

〈머리말〉에서 차라투스트라는 죽은 자를 속이 텅 빈 나무 속에 눕 히고 자신도 이끼 낀 땅바닥에 누워 잠이 들었다가 깨어나서, "내게 는 길동무가 필요하다. 내가 원하는 곳으로 짊어지고 가는 죽은 길 동무나 시체가 아니라 살아 있는 길동무가 필요하다."[23]라고 말해 요. 길동무를 찾아가는 것이 니체의 차라투스트라입니다. 고독에 침전되면 고독 속에서 새로운 괴물이 나타납니다. 고독하기만 하면 사람은 성장하지 못해요. 함께할 수 있는 사람이 필요한 거죠.

'자신을 넘어서려면 내려갈 줄 알아야 한다'고 합니다. 자기를 극복하려면 자신이 가지고 있는 내면의 것들도 알아야 하죠. '아래 없이는 위도 없다'고도 합니다. "인간을 사랑할 수 있는 것은 그가 **건너가는** 존재이며 **내려가는** 존재라는 데 있다."[24] 이 유명한 말은 인간에 관한 니체의 정의죠. 인간이 다른 동물과 다른 이유가 여기에 있습니다.

차라투스트라를 읽지 마라

누가 《차라투스트라》를 읽을까요? 많은 사람이 《차라투스트라》에서 위로를 찾아요. 이 책에 답이 있을 거라고 기대합니다. 그런데 저는 일단 그런 분들을 실망시킵니다. 이 책에는 답이 없습니다. 그렇지만 답을 구할 수 있는 실마리는 있다고 생각합니다.

많은 사람이 위로를 구합니다. 그런 환상을 가지고 《차라투스트라》를 읽으면 대부분 실망합니다. 여기에도 답은 없다고 말이죠. 이런 사람은 앞서 언급한 게으름뱅이 독자입니다. 게으름뱅이 독자는 다른 게 아니죠. 지식을 스스로 찾지 않고 남이 얻은 것을 단순히 습득하려고만 합니다.

누가 위로를 주는가? 차라투스트라가 시장으로 내려가는 길에 누구를 만났습니까? 먼저 성자를 만나고, 그다음 현자를 만났습니다. 여기서 성자는 신을 믿는 사람, 현자는 스스로 깨우침을 얻은 사람을 말합니다. 우리가 전통사회에서 삶의 문제를 해결해주는 사람은 성자가 아니고 현자잖아요. 성자는 차라투스트라에게 사람들은 선물을 좋아하지 않고 그들이 가지고 있는 짐을 나눠 가지는 것을 훨씬 더 좋아한다고 말합니다. "이제 나는 신을 사랑하네. 인간을 사랑하지는 않아. 인간은 너무도 불완전한 존재야."[25] 이렇게 이야기하는 사람이 성자예요. 성자는 인간을 사랑할 수 없어 신을 사랑한다면, 니체의 차라투스트라는 신을 사랑할 수 없어 인간을 사랑합니다.

차라투스트라는 "어찌 이럴 수 있단 말인가! 이 늙은 성자는 숲속에 살아서 **신이 죽었다**는 소식을 아직 듣지 못했구나!"[26]라고 이야기해요. 이 말은 신이 죽은 허무주의 시대에는 전통적인 성자의 답변이 쓸모 없다는 걸 암시하는 겁니다. 거기에서는 우리가 위로를 찾지 못한다는 거예요. 우리가 성당이나 절에 가서 기도를 드려 안위를 찾고 삶의 답변을 얻는다면 성당과 절이 미어터질 거 아니에요. 하지만 우리는 허무주의 시대에 살고 있어요. 허무주의 시대에는 성자의 말이 답이 아닙니다.

현자는 자선을 베푸는 자입니다. 차라투스트라가 떨어져서 죽은 광대의 시신을 둘러메고 묻을 곳을 찾느라 하루 종일 힘들었잖아요. 배고픈지도 몰랐어요. 오두막의 문을 두드리니까 나온 사람이 현자예요. 문을 두드리는 자는 자신이 주는 것을 모두 받아야 한다

1. 머리말 1강 ― 차라투스트라, 새로운 혁명가의 탄생

며 제공하는 것이 포도주와 빵이에요.

포도주와 빵은 기독교의 만찬을 연상시키죠. "내 집 문을 두드린 사람은 내가 주는 것을 받아야 해."[27]라고 강요합니다. 인생을 살아가는 방향을 강요한다면 우리가 받아들일 수 있을까요? 21세기를 사는 우리는 그것을 받아들이지 않습니다. 어떤 것이 진리라고, 따르기만 하면 된다고 말하면 우리는 고개를 갸우뚱합니다. 이미 허무주의에 익숙해져 있기 때문입니다.

삶의 가장 낯설고 가장 가혹한 문제에서조차도 삶에 대해 '예'라고 말하는 것. 자신의 고유한 무한성에 환희를 느끼면서 자신의 최고 유형을 희생하는 삶에의 의지, 이것을 나는 디오니소스적이라고 불렀다.[28]

니체는 우리가 직면하는 수많은 문제를 회피하고 도피하는 것이 아니라 정면으로 긍정할 줄 알아야 한다고 이야기합니다. 인간의 삶은 근본적으로 이중적이라는 것. 니체가 고산지대에서 정신을 수련하고 고독을 즐겼다고 말씀드렸는데요. 그래서 늘 산 정상과 끝모를 심연이 등장합니다.

심연이란 무엇일까요? 유럽에 가서 호수를 보면 완전히 검게 보일 정도로 깊어서 그 끝을 알 수 없죠. 그것을 심연이라고 하잖아요. 심연은 불가해한 것, 우리가 측정할 수 없는 것, 우리가 알 수 없고 규명할 수 없는 것, 악마와 같은 것 등이죠. 인간의 내면에는 고산의 청명하고 명랑한 빛만이 아니라, 도저히 이해할 수 없는 심연과 같은 것도 존재합니다. 우리의 내면을 들여다보면 천사만이 아니라 악마도 있다는 이야기죠.

그렇다면 천사가 악마를 죽이면 해결될까요? 그렇게 문제가 해결 되지 않아요. 이 양면성을 우리가 어떻게 이해해야 할까요? '자신의 내면으로 내려가는 것, 그것은 자신의 몰락을 바라는 것이며 자신 을 경멸하는 것이다.' 이것이 포인트예요. 자신의 내면으로 내려간 다는 것은 자신에게서 도저히 참을 수 없는, 경멸할 만한 것을 발견 하는 것입니다. 그것을 발견하지 못하는 자는 자신을 절대 극복하 지 못합니다.

한번 돌이켜보세요. 자기 자신의 모습을 바라보고 '모든 게 뛰어 나지는 않지만, 얼굴도 성격도 이 정도면 괜찮지.'라고 생각하는 분 은 이 책을 읽어서는 안 돼요. '나는 도대체 왜 이럴까? 나는 왜 이 렇게 생겼지? 내 성격은 정말 이상해.'라고 생각할 수 있잖아요. 내 가 어떤 것을 동경하거나 희망하거나 기대할 때, 경멸하는 것이 생 겨요. 나는 차분한 것을 좋아하는데 성격이 아주 성급할 수 있어요. 자기 자신을 경멸하는 거죠. 차라투스트라는 경멸할 만한 것이 없 는 자라면 자기 극복을 하지 못한다고, 자기 자신이 내려간다는 것 은 경멸할 것이 있는 거라고 말합니다.

"자기 자신을 더는 경멸할 줄 모르는 더없이 경멸스러운 인간의 시대가 오고 있다."[29] 니체는 이렇게 질타합니다. 니체의 어법이죠. 정말 경멸스러운 존재는 자기 자신도 경멸할 줄 모르는 사람이라는

43

말이에요. 현대가 나르시시즘의 시대라고는 하지만, 모든 것이 표준화되고 획일화되어 있어서 이것도 좋고 저것도 좋다면 경멸할 게 별로 없는 거죠.

이런 관점에서 줄타기하는 광대는 초인의 다른 유형입니다. 《차라투스트라》에서 광대가 두 명 나옵니다. 하나는 익살 광대고, 다른 하나는 줄타기 광대예요. 줄타기하는 광대는 초인과 가장 가까운 사람이에요. 니체는 "그대는 위험한 일을 천직으로 삼았네. 그건 조금도 경멸할 일이 아니네."[30]라고 합니다. 하지만 내면의 부정적인 면, 정말 싫어하는 면, 경멸스럽기 짝이 없는 면을 인정하려고 하는 것은 위험한 일이에요. 위험한 일을 천직으로 삼는 사람의 상징이 바로 줄타기 광대예요.

《차라투스트라》가 왜 '모든 이를 위한, 그리고 그 누구를 위한 것도 아닌 책'일까요? 니체는 이렇게 이야기합니다. "내게 필요한 살아 있는 길동무는 자기 자신을 따르고자 나를 따르는, 내가 가는 곳으로 나를 따라오는 자다."[31] 그러니까 니체가 진리이고 길이기 때문에 니체의 뒤를 따른다면 자신의 길을 포기하는 것이죠. 그게 아니라 니체의 책을 읽으며 자신의 길을 찾고, 자신의 길을 따르기 위해서 니체를 따르는 자들이 길동무라고 말합니다. 이중적인 거죠.

그래서 니체는 《차라투스트라》에서 해답을 찾으려고 하는 사람은 이 책을 읽지 말라고 경고합니다. 미리 경고했는데 읽고 난 뒤에 답이 없다고 한다면 비판할 거리가 안 돼요.

나를 떠나라, 그리고 차라투스트라에 저항하라! 그리고 더 바람직한 것은 차라투스트라를 부끄러워하는 일이다! …… 이제 그대들에게 명하노니 나를 버리고 그대들 자신을 찾도록 하라. 그리고 그대들 모두가 나를 부정하게 될 때 비로소 나는 다시 그대들에게 돌아올 것이다.[32]

여러분이 책을 읽으면서 스스로의 문제를 찾고 그 문제를 고민하고 성찰한다면, 차라투스트라는 어디선가 다시 여러분을 찾아온다는 말입니다. 지금까지 《차라투스트라》의 〈머리말〉을 살펴봤습니다. 부제 '모든 이를 위한, 그리고 그 누구를 위한 것도 아닌 책', 이는 차라투스트라에게서 해답과 길을 찾을 수 있는 책이 아니라는 뜻입니다. 이런 이중적 성격이 책 전반에 실마리처럼 깔려 있습니다.

정신은 얼마나 많은 진리를 **견뎌내는가**, 얼마나 많은 진리를 **감행하는가**? 이 질문은 내게 점점 더 실질적인 가치척도가 되었다.[33]

머리말 2강

마지막 인간,
행복에 집착하는 자

자기 자신을 더는 경멸할 줄 모르는
더없이 경멸스러운 인간의 시대가 오고 있다.

— 《차라투스트라는 이렇게 말했다》, 1부 〈차라투스트라의 머리말 5〉, 27쪽.

허무주의 시대의 삶

지난 강의에서는 《차라투스트라》가 도대체 어떤 이야기인지, 19세기 독일 철학자 프리드리히 니체가 왜 《차라투스트라》를 썼으며, 어떤 이야기 구조를 가졌는지 등을 살펴봤습니다. 차라투스트라는 서른이 되던 해에 산으로 올라가 십 년 동안 나무도 없고 돌만 널브러진 산꼭대기에서 굴을 파고 수도를 하다가 어느 날 심경의 변화가 일어나 산에서 내려옵니다. 그리고 그가 시장에 가서 초인의 가르침을 전하는 순간 두 사람의 인간 유형이 등장합니다. 바로 초인과 마지막 인간입니다. 초인과 마지막 인간은 도대체 어떤 의미가 있을까요? 여러분은 초인인가요, 마지막 인간인가요? 이것이 이번 강의의 주제입니다.

49

차라투스트라가 우리에게 초인의 사상을 들려주게 된 동기가 있습니다. 니체는 19세기 중반 유럽 사회의 변화를 지켜보면서 인간다움이 사라지고 인간성이 고갈되고 있다는 느낌을 받았습니다. 19세기 중반은 아주 재미있는 시기죠. 1차 산업혁명은 영국에서 발생했지만, 2차 산업혁명은 19세기부터 20세기 초까지 독일을 중심으로 대륙에서 일어났죠. 대륙에서 전기가 발명되고, 철로가 놓이고, 고속도로가 생겼습니다. 독일에서 만든 최초의 고속도로가 바로 아우토반 아니겠습니까.

19세기는 물질적으로나 정신적으로 거대한 전환기였습니다. 정신적으로는 낭만주의와 관념론이 붕괴하고 새로운 방향이 설정되지 않았던 시기죠. 흔히 관념론의 대가로 게오르크 헤겔을 꼽습니다. 그런데 역사·예술·법·정치 등 인간이 생각할 수 있는 거의 모든 것을 논리적으로 사유해서 어마어마한 철학적 체계를 이룬 헤겔이 1831년에 죽습니다.《파우스트》를 쓴 독일의 대문호 요한 볼프강 폰 괴테는 다음 해인 1832년에 죽어요. 그래서 통상 문화사적 19세기는 1801년이 아니라 1832년부터 시작한다고 이야기합니다.

헤겔이라는 걸출한 사상가가 거의 모든 문제를 사유한 후라서, 헤겔 이후의 철학자들은 그보다 잘할 수 있는 게 없었어요. 그래서 어떻게 스스로 새로운 시대를 열 것인지 고민하게 되죠. 이 시대에 나타난 사상가들을 '청년 헤겔파'라고 이야기합니다. 가장 대표적인 인물이 카를 마르크스입니다.

19세기에는 위대한 사상가가 많이 등장합니다. 1818년에 카를 마르크스가 태어나고, 그다음에 프리드리히 니체와 지그문트 프로이트가 등장합니다. 그보다 조금 앞선 1809년에는 과학 분야에서 진화론을 발전시킨 찰스 다윈이 태어나죠. 이 네 명의 사상가를 알면 19세기 중반부터 지금까지 우리가 사는 문명의 기본적인 가치를 알수 있다고 이야기합니다. 즉, 20세기와 21세기 문명의 방향을 설정한 사상들이 바로 19세기 중반에 태어났습니다. 이 때문에 19세기는 사상적·문명적 혼란기였다고 말할 수 있어요.

위대한 사상은 항상 혼란기에 태어납니다. 지금으로부터 2500년 전 고대 그리스에서 철학이 탄생할 때, 우리가 철학의 아버지라고 부르는 소크라테스, 플라톤, 아리스토텔레스가 있었습니다. 이들이 활동할 때에도 역시 고대 그리스 문명은 쇠퇴하고 있었어요. 민주주의가 절정에 이르렀을 때가 아니라 쇠퇴기일 때 이 같은 사상가들이 출현한 거죠. 무척 흥미로운 사실입니다.

우리가 단순히 니체의 사상을 지식으로 얻으려고 그의 책을 읽는건 아닙니다. 21세기의 우리가 어떻게 살아갈 것인가, 우리 삶의 의미는 무엇인가 등을 성찰하려고 그의 책을 읽는다면, 우리는 거꾸로 그에게 이런 질문을 던져야 합니다. '도대체 초인 사상, 권력에의 의지 사상, 영원회귀 사상 등을 발전시킨 이유는 무엇인가?' '어떤 문제가 있었기에 우리에게 초인을 가르치고자 했는가?' 이렇게 질문을 던져야 니체가 우리에게 쉽게 다가옵니다. 반드시 니체의 사상을 철두철미하게 소화할 필요가 없다는 거죠.

저는 모든 시대는 그 시대의 고유한 병을 가지고 있다고 생각합니다. 우리가 사는 21세기에도 병이 있어요. 그 병이 무엇일까요? 이렇게 생각해보면 이 시대를 살아가는 데 조금은 도움이 될 수 있습니다.

니체가 생각한 19세기의 병은 무엇일까요? 니힐리즘(nihilism)! 바로 허무주의입니다. 제가 대학에서 공대생에게 강의할 때 허무주의에 관해 물어보면, 대개 허무라는 말은 들어봤지만 허무주의는 잘 모른다는 대답을 듣습니다. 허무 자체는 평범해졌다는 거죠. 허무주의를 아주 간단하게 설명하면 '삶에 대한 신뢰가 사라지고, 삶 자체가 문제가 되어버린 상태'를 말합니다. 만약 어떻게 살면 행복해질 수 있는지, 어떻게 원하는 것을 성취할 수 있는지, 어떻게 꿈을 실현할 수 있는지 안다면, 우리는 삶을 능동적으로 끌어안겠죠. 그런데 삶에 대한 신뢰가 사라지고 아무리 노력해도 어떻게 살아갈지 알 수 없다면 삶 그 자체가 문제가 됩니다.

어디서 많이 들어본 소리 같지 않나요? 여러분은 '헬조선'이라는 말을 들어보셨을 겁니다. 오늘날 젊은이들은 꿈과 희망을 갖기 어렵습니다. 아무리 열심히 노력해도 계층 이동의 사다리를 타고 올라갈 수 있다는 믿음이 사라져버렸죠. 그러니까 어떻게 살지가 문제인 겁니다. 그런데 삶에 대한 신뢰가 사라지고, 삶 자체가 문제가 되는 시대가 우리 시대만이 아니라는 거예요. 19세기에도 똑같이 문제가 제기되었습니다. 이것이 니체의 철학적 과제였습니다. 사람들이 삶에 대한 신뢰가 없다면 어떻게 해야 할까요? 니체는 이것이 사람들을 필연적으로 우울하게 만든다고 믿지는 말라고 말합니다.

우리가 허무주의 시대 한복판을 가로지르고 있더라도 우울해질 필요는 없다는 이야기죠.

니체는 '삶에 대한 사랑은 여전히 가능하다. 허무주의 한복판에서도 우리는 삶을 살아갈 수 있다. 단, 삶을 사랑하는 방식이 바뀌는 것일 뿐이다.'라고 이야기합니다. 그래서 저는 '니체는 어떤 철학자인가?'라는 질문에 이렇게 대답할 수 있습니다. '허무주의 시대에 삶에 대한 사랑이 사라졌음에도 그 사랑을 놓지 않은 철학자. 허무주의 시대에 삶을 살아가는 방법을 규명한 철학자.' 이게 우리를 매혹하는 니체의 매력이 아닌가 생각합니다. 이런 니체의 시선으로 우리 시대를 한번 들여다보면 어떨까요? 지금부터 네 단계로 니체라는 거울을 통해서 우리 시대를 비추어보려고 합니다.

니체의 눈으로 본 21세기

첫 번째, 우리는 도대체 누구인가? 기원전 5세기에 고대 그리스 문명을 발전시켰던 그리스인에게 그들의 문제, 그들의 삶의 방식이 있었다면, 21세기를 사는 우리는 그들과 다릅니다. 직면하는 문제가 다르고, 문제에 대처하는 태도가 다르며, 문제를 극복해서 성취하는 방식이 다릅니다. 또 똑같이 21세기를 살아도 한국인, 미국인, 영국인, 독일인, 일본인 등이 문제를 다루는 방식이 다 달라요. 그래서 우리는 누구인지 묻는 일이 중요합니다.

53

그리고 마지막 인간이 대체 어떤 종류의 사람인지, 왜 현대인들은 유독 행복에 집착하는지 살펴보겠습니다. 니체는 이 문제의 대안으로 초인을 제시하는데, 초인은 어떤 종류의 사람인지 역시 함께 살펴보겠습니다. 니체는《차라투스트라》의〈머리말〉에서 "초인은 대지의 의미다."[1]라고 말합니다. 뭔가 와닿을 듯하면서도 잡으려고 하면 사라지는 문장이에요. 대지의 의미가 무엇인지 해결되면, 우리는 초인에 한 걸음 더 다가가는 거죠. 우리는 어떻게 초인이 되는지, 삶이 문제가 된 시대에 우리의 문제는 무엇인지를 살펴보는 것은 아마 우리의 정체성을 규명하는 최상의 방법일 겁니다.

왜 허무주의 시대일까요? 절대적 가치에 대한 믿음을 상실해버렸기 때문이죠. 우리는 어떤 가치를 절대적으로 믿지 않습니다. 모든 사람이 자기만의 고유한 가치를 가지고 있죠. 흔히 말하는 가치 상대주의입니다. 우리는 세계화 시대에 살고 있잖습니까. 한국이나 일본, 중국, 미국 등 각 나라에는 여전히 관습과 규범과 전통이 살아 있고, 이렇게 사람들이 추구하는 가치가 다를 수 있음을 매일매일 접합니다. 그러다 보니 정말 뭘 믿어야 할지 고민하게 돼요.

또 한국인은 지금 지극히 혼란한 시대를 살고 있습니다. 세대 갈등은 이런 데서 기인하는 거죠. 최근에는 세대가 5년 단위로 바뀐다고 하는데, 요즘 신입 사원이 제일 싫어하는 사람이 누군지 아십니까? 1년 먼저 들어온 젊은 꼰대라고 합니다. '내가 1년 지나서 보니까 알겠는데, 너 그렇게 하면 안 돼!'라며 모든 걸 가르치려고 하거든요. 그래서 젊은 세대가 뭐라고 말하는지 아세요? 개취 존중! 나름대로 생각이 있으니 간섭하지 말고, '개인의 취향을 존중해달라' 는 말입니다. 부모님은 자식에게 이런 이야기를 종종 들으실 겁니다. 그래서 절대적 규범이 해체되고 이제까지 중요하게 생각했던 의미가 상실되는 시대, 이것이 우리가 사는 21세기입니다.

그렇다면 니체는 우리가 겪고 있는 상실의 시대를 어떤 개념으로 표현할까요? 차라투스트라가 산에서 내려와서 처음 만난 사람이 성자입니다. 성자는 차라투스트라에게 사람들을 너무 믿지 말라고 경고합니다. 인간은 믿을 만한 존재가 아니라는 것이죠. 성자는 차라투스트라에게 인간들에게 가지 말라고 충고합니다. "이제 나는 신을 사랑하네. 인간을 사랑하지는 않아. 인간은 너무도 불완전한 존재야. 인간에 대한 사랑은 나를 죽이고 말 거야."[2] 인간에 대한 사랑이 신의 사랑으로 바뀐 것이에요.

여기에 대해 차라투스트라가 반문해요. "이 늙은 성자는 숲속에 살아서 **신이 죽었다**는 소식을 아직 듣지 못했구나!"[3] 차라투스트라와 성자의 대화는 세속화된 기독교의 상황을 대변해요. 차라투스트라의 말은 '과거의 기독교 가치관이 지배했던 시대는 이미 종말을 고하고 모든 사람이 자신만의 가치를 따르고 있다는 사실을 모르는 모양이지?'라고 말하는 것 같습니다. '신의 죽음'으로 정점에 이른 세속화는 우리가 더는 공동의 신을 믿지 않고 자신만의 신을 믿는 것을 의미합니다. 성자의 말이 역설적이에요. "나는 신을, 나의 신을 찬양하네."[4] 성자가 믿는 신은 결국 자신의 신뿐이죠. 이는 우리가 사는 허무주의 시대의 모습이라고 할 수 있어요.

니체가 어느 날 스위스 알프스의 렌처하이데(Lenzerheide)라는 목초지에서 영감을 받습니다. 이곳에서 처음으로 허무주의라는 개념을 만들어내죠. 그리고 자신이 이야기하는 허무주의 이야기는 아마 다음 두 세기의 역사가 될 것이라고 예언합니다. 니체가 허무주의를 이야기할 때 당대의 유럽인들은 이것을 잘 이해하지 못했어요. 전통적 가치를 추구하는 사람들도 있고, 여전히 관습대로 살아가는 사람들도 있었기 때문입니다. 그래서 가치 없이 살 수 있다는 말, 가치가 아무런 의미가 없다는 말이 잘 안 들어왔던 겁니다.

그런데 지금은 어떻게 되었나요? 니체가 허무주의를 이야기한 지 약 130년이 지난 지금은 허무주의가 아주 평범해졌어요. 신은 죽었다는 말에 놀라는 사람이 한 명도 없잖습니까. 옆집 개가 죽었다는 말을 들었을 때보다 놀라지 않잖아요. 이를 '허무주의의 평범화'라고 말합니다. 신이 죽었다는 사실에 놀라지 않아요. 그런데 지금으로부터 130년 전, 기독교적 가치관이 여전히 타당성을 가지고 많은 관습이 남아 있던 시절에 니체라는 사상가가 "신은 죽었다."라고 이야기했을 때 그것이 얼마나 도전적이고 폭발력이 강했을지 상상해보세요. 마치 조선 말기에 "공자는 죽었다. 공자가 죽어야 나라가 산다."라고 말하는 것과 똑같은 파괴력을 지녔을 겁니다. 하지만 지금 우리에게 허무주의는 역사가 되었을 뿐만 아니라 현실이 되었습니다.

허무주의가 지금은 어떤 형태로 나타나고 있는가? 전통적·윤리적 가치는 완전히 붕괴했습니다. 전통적 가치관이 지배적이었을 때 우리는 수직적 관계를 강조했습니다. 군신·부자·부부 등을 수직적 관계로 봤잖습니까. 스승은 마치 아버지고, 스승의 그림자를 함부로 밟아서는 안 된다고 말했어요. 하지만 지금은 이 같은 전통적 가치가 붕괴했습니다. 그렇다면 모두가 공유하고 지켜야 하는 새로운 가치가 있는가? 없습니다. 새로운 가치가 부재하는 거예요. 각자 개인주의·이타주의·자유민주주의·사회주의 등등을 추구하는 상황에서, 도대체 공통점은 무엇이냐는 겁니다.

모두가 공정한 사회, 정의로운 사회를 추구한다고 하더라도 공정과 정의에 관한 이해는 다 다릅니다. 가치가 다양하고 혼란스러워진 거죠. 완전 채식을 하는 사람들을 비건(vegan)이라고 하잖아요. 비거니즘이 우리나라에 보편화되지는 않았지만, 채식주의와 육식주의의 문제는 해결이 안 됩니다. 한편에는 이성애자, 다른 한편에는 동성애자가 있습니다. 성적 취향은 개인의 문제이지 사회적으로 규제할 수 있는 것은 아니라는 주장도 있습니다. 하지만 이 문제 역시 해결이 어려워요. 공동의 가치가 없고 개인의 취향에 따라 상대방을 판단합니다. 이런 사회는 과연 사회 구성원이 삶을 적극적으로 끌어안고 의미를 부여하면서 살아갈 수 있는 사회일까요? 아니라는 겁니다.

니체는 허무주의를 진단하고 예견했을 뿐만 아니라, 어떻게 허무주의를 극복할 것인지를 적극적으로 규명하려고 노력한 철학자입니다. 그런데 허무주의를 극복하려면 그 근원을 알아야 하잖습니까. 니체는 허무주의의 기원은 무엇인지, 그것의 현재와 미래는 어떤 것인지에 관해 아주 예리하게 파헤칩니다.

니체는 허무주의의 기원이 '근원을 망각한 가치의 절대화'라고 합니다. 이 말은 무엇일까요? 인간은 인간이기 위해서 스스로 가치를 설정할 수 있는 존재입니다. 인간이 인간다운 것은 가치 평가를 하고 가치를 설정할 수 있기 때문이죠. 무엇이 옳고 그른지, 무엇이 선이고 악인지를 스스로 판단할 수 있기에 인간인 거죠. 다른 동물은 이런 판단을 하지 않습니다. 가치를 창조하거나 설정하지 못해요. 이것이 인간의 특징입니다. 그런데 과거에는 집단이 중요했습니다. 인간다운 삶을 살기 위해 가치를 설정했다기보다 부족이나 민족 등 많은 사람을 결집해 문명을 만들었어요. 그리고 인류 문명 중 제일 중요한 것이 바로 종교였습니다. 종교가 없는 시대는 한 번도 없었습니다.

이스라엘 역사학자 유발 하라리(Yuval Noah Harari)는《사피엔스》에서 어떻게 아주 형편없고 보잘것없는 존재였던 호모사피엔스가 지구를 점령하게 되었는지 묻습니다. 이유는 간단해요. 신화를 만들 수 있는 창조력 때문입니다. 신화를 만들어내고 상상을 하고 이야기를 지어내서 수많은 사람을 결집하는 능력을 지니고 있기 때문이에요. 전 세계에 기독교 신자는 몇 명일까요? 이슬람교를 믿는 사람은요? 어마어마한 숫자일 겁니다. 이렇게 신화를 통해서 우리가 결집하죠.

신화는 인간에 의해 만들어졌어요. 삶에 의미를 부여하기 위해서 만든 것이 가치인데, 어느 날 우리는 가치를 만들었다는 사실을 망각했습니다. 그것이 신에 의해서 창조된 것으로 생각하고 절대화했어요. 이 때문에 오늘날 인간이 허무주의에 빠지게 되었다는 것이 니체의 진단입니다. 현재 우리는 전통적 가치가 붕괴하고 새로운 가치가 부재하여 가치의 혼란에 처한 상태죠. 우리에게 주어진 과제는 이에 대한 해결책이고요.

과연 해결책은 무엇일까요? 미래 철학은 새로운 가치를 창조할 수 있어야 합니다. 니체가 1880년대에 쓴 노트를 보면 주로 '미래 철학은 어떻게 새로운 가치를 창출할 것인가?'라는 물음에 매달립니다.

이제까지는 많은 사람이 미래를 위해 열심히 달려왔잖아요. 저의 세대가 그렇거든요. 한국전쟁이 끝나고 태어난 사람들, 한국 산업에 크게 기여한 저의 세대 사람들은 미래를 위해서 현재를 망각하고 열심히 달려왔습니다. 미래를 기약하며 자녀들과의 여행도, 부부 사이의 대화도 미루었습니다. 그러다가 정년퇴임에 이르죠. 미래를 위해 사느라 현재가 없었던 거예요. 이것은 큰 문제죠.

사람들은 흔히 바람직한 삶, 인간다운 삶을 실현할 수 있는 미래를 꿈꿉니다. 그런데 오늘날 젊은이들은 미래에 대해 큰 희망을 품지 않아요. 현재의 행복에 매달려요. 현재에 집착하죠. 그렇다면 현재에 집착하는 것은 과연 좋은 것일까요?

언젠가부터 욜로(YOLO)라는 말이 쓰이기 시작했는데요. 'You Only Live Once.' 인생 한 번밖에 안 산다는 이야기잖아요. 그럼 한 번뿐인 인생을 어떻게 살라는 소리인가요? 지금을 즐기라는 뜻입니다.

욜로와 함께 소확행을 이야기합니다. 현재를 즐기려면 능력이 있어야 해요. 돈도 있어야 하고, 시간도 충분해야 합니다. 그런데 모두가 그렇지 않거든요. 문제는 여기에서 생기는 거죠. 현실을 충분히 즐기고 싶은데 그럴 수 없어요. 그러면 어떻게 할까요? 얼마 안 되는 월급을 모아서 맛있는 브런치를 먹으며 삶이 견딜 만하고 행복하다고 생각합니다. 이게 소확행이에요. 작지만 확실한 행복! 도대체 나에게 행복이란 무엇인지를 묻고 그것을 실행하는 거죠. 비록 브런치를 먹는 시간은 아주 짧지만요.

미래를 잃어버린 젊은이들은 나이가 들기도 전에 득도해요. 살아보니 아무런 의미가 없다고 생각하는 사토리 세대죠. 사토리 세대는 명품, 좋은 자동차 등에 관심이 없습니다. 어차피 불가능하니까요. 할 수가 없으니까요. 미래에 대한 전망이 어둡다 보니 오히려 젊은이들이 득도를 해버렸어요. 이것이 오늘날의 모습이에요. 제가 대표적 문화 기호 세 가지를 이야기했습니다. 욜로, 소확행, 사토리 세대. 우리보다 조금 먼저 일본에서 유행하고 한국에 들어온 개념이지만, 현재 우리가 겪고 있는 현상입니다.

일본 철학자 나카지마 요시미치(中島義道)는 《니체의 인간학》에서 21세기에는 "신형 약자들"[5]이 득실거린다고 주장합니다. 나카지마는 니체의 관점에서 히키코모리(폐쇄은둔족)나 사토리 세대를 비판한 학자로 유명한데요. 신형 약자는 고전적 약자에 비해 생명력이 현격하게 떨어질 뿐만 아니라 사회적 성숙도도 몹시 낮은 단계에 머물러 있다고 말합니다. 전통 시대의 고전적 약자는 정신이나 신체가 다른 사람에 비해서 약한 사람이에요. 장애인, 고아, 과부 셋을 꼽습니다. 전통 시대에서 가장이 없다는 점은 정말 나락으로 떨어지는 문제와 같았거든요. 그럼에도 불구하고 이들의 생명력은 무척 강했죠. 어떻게든 생존해서 자손들을 잘 살게 만들려고 했습니다.

반면 신형 약자는 그것조차 없다고 말합니다. 고전적 약자는 특유의 중후함이나 오만함으로 어떻게든 자신을 지키려고 했는데, 신형 약자는 자신이 옳다고는 꿈에도 생각하지 않고 자신을 책망한다고 이야기합니다. 설령 자신이 겪는 문제가 사회적 문제임에도 변화를 요구할 용기가 없다는 겁니다. 그 책임을 전부 자신에게 돌리죠. 나카지마는 이런 태도라면 누구도 자기의 삶을 능동적으로 살아갈 수 없다고 말합니다.

행복에 집착하는 인간

니체의 눈에는 현대를 살아가는 사람 대부분이 마지막 인간입니다. 마지막 인간은 21세기 우리의 자화상이죠. 사실 마지막 인간은 그렇게 심하게 비난받을 만한 사람이 아니에요. 그럼에도 왜 니체가 마지막 인간을 신랄하게 비판하는지, 그 동기를 살펴봐야 합니다. "자기 자신을 더는 경멸할 줄 모르는 더없이 경멸스러운 인간의 시대가 오고 있다."[6] 저는 이 말을 무척 좋아하는데요. 니체가 보기에 자신이 살았던 19세기 중반 사람 대부분이 이 경멸스러운 인간이었던 겁니다.

니체는 사람들이 스스로를 경멸할 줄도 모르기 때문에 경멸스럽다고 이야기합니다. 이것이 무엇을 의미하는지가 포인트입니다. 마지막 인간은 어떤 종류의 사람들인가요? 독일어로 마지막 인간을 'Letzter Mensch(레츠터 멘쉬)'라고 합니다. 'Letzter'는 마지막이라는 뜻이고, 'Mensch'는 인간이라는 뜻이에요. 간혹 '말종 인간'이라고도 번역하지만, 원래 독일어 표현은 중립적이죠. 이 마지막 인간은 어떤 종류의 인간일까요? 《차라투스트라》의 〈머리말〉을 읽어보면 몇 가지 특징이 등장합니다.

먼저, 마지막 인간은 가장 오래 삽니다. 니체가 죽음의 예술에 관한 글을 쓰면서 이 세상에는 제때 죽지 않는 사람이 많지만, 너무 빨리 죽는 사람도 있다고 말합니다. 사람은 제때 죽을 줄 알아야 한다는 거예요. 문제는 언제가 제때냐는 거죠. 언제가 제때인지는 아무도 모릅니다. 니체는 어떤 사람이 제때 죽을 수 있는지, 제때 살지 못하는 사람이 어떻게 제때 죽을 수 있는지 묻습니다.

여기서 제때 산다는 게 중요합니다. 마지막 인간들은 그냥 오래 살려고만 할 뿐 제때 살려고 하지 않는다는 거예요. 오늘날 사람들은 어디에서 죽어갈까요? 병원이나 요양원에서 수명 연장 장치에 의존한 채 죽어갑니다. 자신이 죽어가는 것조차 모르죠. 심각한 문제예요. 정말 좋은 죽음은 무엇일까요? 라이너 마리아 릴케는 "오주여, 각자에게 자신의 고유한 죽음을 주옵소서."[7]라고 말했습니다.

사랑과 의미와 궁핍을 지닌 삶으로부터 나오는 죽음이 고유한 죽음이라는 겁니다. 니체도 "제때 살지 못한 자가 어떻게 제때 죽을 수 있겠는가?"[8]라고 말합니다. 우리가 제대로 살았다면 죽을 때 자신의 죽음을 의식할 수 있어야 하는 거죠. 최근 제 주변에 몇 분이 돌아가셨는데, 대부분 병원에서 돌아가셨습니다. 저에게 많은 것을 생각하게 했습니다. 무조건 오래 사는 것이 좋은 건 아닐 겁니다.

또 마지막 인간은 행복을 추구합니다. 니체는 마지막 인간이 행복을 발명했다고 말합니다. 마지막 인간의 목표는 행복하게 오래 사는 겁니다. 그런데 행복하게 오래 살고 싶지 않은 사람은 없을 거예요. 저도 행복하게 오래 살고 싶습니다. 문제는 이것을 궁극적 목표로 삼아서는 안 된다는 거죠. 흥미로운 연구 결과가 있는데요. 심리학·인지과학·신경과학 등 현대 과학의 연구는 행복 자체를 목적으로 삼을수록 사람들이 덜 행복해진다고 말합니다. 행복이 목적이 되어서는 안 된다는 거죠.

니체는 아주 친절하게도 행복한 삶의 아홉 가지 방법을 제시합니다. 이것이 마지막 인간이 행복해지는 방법인데요. 이웃의 온기, 질병의 제거, 미량의 독, 오락으로서의 노동, 적절한 부, 평등, 영리함, 평화, 쾌락 등입니다. 거부할 수 있는 게 있나요? 거부하기 쉽지 않죠. 현대인은 대부분 그렇게 살아갑니다. 니체는 이것이 마지막 인간이라는 거예요. 이 중에서 몇 가지만 예를 들어보겠습니다.

사람에게는 약간의 독이 필요합니다. 현대 심리학에서는 긍정적 중독 개념을 발전시켰습니다. 대부분의 중독은 부정적인 결과를 초

63

래하잖아요. 예컨대 알코올중독에 걸린다거나 도박에 빠진다거나, 세계적 골프 스타 타이거 우즈처럼 섹스 중독에 빠진다거나 하죠. 그런데 긍정적 중독도 있다는 말입니다. 자존감을 높여주고 독립심을 향상하는 데 필요한 중독은 일종의 긍정적 중독이라는 뜻입니다. 예를 들어 운동이나 요가, 명상, 도전적 활동 등을 이야기해요. 이것을 부정하기는 어렵습니다. 약간의 독이 필요하다는 말이죠.

적절한 부는 무엇일까요? 사람이 너무 부유해도, 가난해도 안 된다는 뜻일 텐데요. 이에 관련된 연구가 하나 있습니다. 프린스턴대학교 명예교수 대니얼 카너먼(Daniel Kahneman)은 노벨 경제학상을 수상한 심리학자입니다. 그는 사람들이 대부분 이성적·합리적으로 행동한다고 생각하지만, 실제로는 감정에 영향을 많이 받는다는 점을 밝혀냈어요. 그는 〈소득은 행복지수가 아닌 삶의 평가를 향상시킨다(High Income Improves Evaluation of Life, But Not Emotional Well Being)〉라는 짧은 논문에서 얼마나 벌어야 행복감이 높아지는지를 논의합니다.

논문에 따르면, 미국에서는 연봉 7만 5천 달러까지는 소득이 커질수록 행복지수가 높아져요. 그런데 7만 5천 달러가 넘으면 행복지수가 높아지지 않습니다. 이 말은 연봉 15만 달러인 사람과 연봉 7만 5천 달러인 사람의 행복지수는 연봉에 영향을 받지 않는다는 겁니다. 이 논문을 근거로 너무 기를 쓰고 돈 벌려고 하지 말라는 이야기를 하죠. 실제로 그래요. 물질만능주의 시대에 돈이 많을수록 행복할 거라고 생각하지만, 전혀 그렇지 않습니다.

다른 한편으로 현대인은 세상의 모든 일을 다 알고 있다고 생각합니다. 그러다 보니 냉소주의에 빠지게 됩니다. 냉소주의를 계몽된 허위의식이라고 이야기하는데요. 모든 것을 알고 있기에 새로운 것에 감동하지 않고 둔감해져요. 이것이 21세기 현대인의 정신 상태입니다. 페터 슬로터다이크(Peter Sloterdijk)는《냉소적 이성 비판》에서 이렇게 말했습니다.

현대적 냉소주의의 독특한 악취는 좀 더 근본적인 성질의 것이다. 그것은 역사적 경험의 가르침을 받고 싸구려 낙관론에 심기가 상한 의식의 상태, 즉 계몽의 병을 앓는 의식의 상태인 것이다. '새로운 가치들?' '아니오, 괜찮습니다.' 하고 말하고 싶은 심정인 것이다.[9]

군사 냉소주의도 있습니다. 군대는 승리를 목표로 하지만 핵폭탄이 엄존하는 시대에는 어떤 승자도 있을 수 없죠. 이 때문에 군대는 승리를 위해서가 아니라 파멸을 위해서 존재한다는 태도가 군사 냉소주의입니다. 섹스 냉소주의도 있죠. 성 해방이 사랑 없는 섹스를 만연시킨다면, 우리는 사랑을 하면서도 사랑을 별로 믿지 않는다는 것이 섹스 냉소주의입니다.

최근에는 연애 냉소주의가 유행입니다. 페미니즘 운동과 함께 시작된 탈연애 운동인데요. 정상 연애 중심주의, 일부일처제, 유교적 혈통, 성별 분업 등을 다 반대합니다. 기존의 전통적 가치관에 따른 연애는 다종다양한 인간의 관계가 아닌, 남성과 여성의 성별 역할극으로 되어 있기에 연애를 해서는 안 된다고 주장합니다.

결국 마지막 인간은 어떤 인간인가요? '모든 것을 작아지게 만드는 인간'입니다. 의미 있는 게 없어요. 우리가 소중하게 생각할 것도 없어요. 그러다 보니 마지막 인간을 가늠하고 평가하는 질문 중 하나가 이것이죠. '사랑은 무엇인가? 창조는 무엇인가? 동경은 무엇인가?' 사랑을 잃어버리고, 창조가 무엇인지도 모르고, 동경을 하지도 않는 사람은 마지막 인간입니다. 행복한 삶의 아홉 가지 방법을 터득해서 정말 행복하게 오래 사는 사람이 있더라도 희망과 동경을 품지 않고 사랑할 줄 모르는 사람이라면 그는 마지막 인간이라고 이야기합니다.

자신을 경멸할 줄 아는 인간

니체는 마지막 인간과 대비되는 새로운 인간 유형으로 초인을 제시합니다. '도대체 초인이 무엇일까?' '어떻게 초인이 될 수 있을까?' 이렇게 초인에 관한 질문을 던져야 합니다. '우리가 도저히 받아들일 수 없고 경멸할 수밖에 없는 인간 유형, 그러한 삶의 방식은 무엇인가?' '자신만의 가치, 중심을 갖고 살아가려면 도저히 포기할 수 없는 것은 무엇인가?' 니체는 그러기 위해서는 경멸할 줄 알아야 한다고 말합니다. 그리고 자기 자신을 극복해야 한다고 말합니다.

나는 그대들에게 초인을 가르치려 한다. 인간은 극복되어야 할 그 무엇이다. 그대들은 인간을 극복하기 위해 무엇을 했는가? 지금까지 모든 존재는 자신을 넘어서 무엇인가를 창조해왔다. 그런데 그대들은 이 거대한 밀물의 썰물이 되기를 원하며 자신을 극복하기보다는 짐승으로 되돌아가려 하는가?[10]

반면 마지막 인간은 자기 자신을 극복하려고 시도조차 하지 않는 사람입니다. 지금까지 인간이 위대한 문명을 성취하고 살아올 수 있었던 건 끊임없이 과거를 극복하고 좀 더 인간다운 삶을 실현하려고 노력했기 때문인데요. 현대인들은 더는 이 같은 시도를 하지 않습니다. 그래서 초인이라는 새로운 개념이 등장합니다. 초인은 독일어로 'Übermensch(위버멘쉬)'인데, 영어로는 'overman(오버맨)'으로 번역합니다. '넘어서다', '극복하다'라는 뜻이에요.

우리는 무엇을 극복하려 하는가? 먼저 초인에 관한 진화론적 해석이 있습니다. 우리는 사실 하찮은 짐승으로부터 진화해서 인간이 되었어요. 물론 진화론을 믿지 않는 사람도 있지만, 과학계에서는 우리가 단세포 생물에서 인간으로 진화했다고 말합니다. 엄청난 시간이 걸려서 진화한 거죠. 인간의 관점에서 보면 침팬지나 고릴라 같은 동물이 수치스러운 존재일 수도 있어요. 그런데 지금 인간이 그다음에 어떤 존재로 진화할지는 아무도 모릅니다. 10만 년이 흐르고, 100만 년이 흐른 뒤, 새롭게 이 지구를 지배하는 존재의 관점에서 바라본다면 인간 역시 수치스러운 존재가 되지 않을까요? 그

초인에 대한 진화론적 해석
과학계에서는 우리가 단세포 생물에서 인간으로 진화했다고 말합니다. 엄청난 시간이 걸려서 진화한 지금 인간은 그다음에 어떤 존재로 진화할까요?

런데 우리는 지금 스스로 극복하려고 노력하지 않고, 과거 상태로 되돌아가려고 한다는 것이 니체의 진단입니다.

'인간에게 원숭이는 무엇인가? 그것은 우리에게 웃음거리이며 견디기 힘든 수치심이다.' 니체는 이렇게 결론 내립니다. 여기서 우리는 질문을 던져야 하죠. '인간을 인간답게 만드는 것은 도대체 무엇인가?' '우리는 어떤 면에서 짐승과 다른가?' 흔히 제기되는 답변처럼 인간이 이성을 가졌기 때문일 수도 있고, 무한한 상상력을 가졌기 때문일 수도 있습니다. 인간은 스스로 무엇이 인간다운지를 질문할 수 있기 때문에 인간이라고 볼 수도 있습니다. 문제는 이렇게 질문을 제기해야 우리가 짐승 상태로 빠지지 않고 자기를 극복하고, 좀 더 나은 존재로 발전할 수 있다는 점입니다.

초인에 대한 기술적 해석도 있습니다. 이 경우에는 초인이 영어로

'superman(슈퍼맨)'이 돼요. 똑같은 진화의 과정인데 인간 다음에 사이보그가 있습니다. 최근에 제가 읽은 한 신문 기사에 "실리콘밸리에는 프리드리히 니체가 살아 있다!"라는 흥미로운 구절이 있었습니다. 내용은 간단합니다. "인간은 극복되어야 할 존재다."라는 구절처럼 실리콘밸리의 수많은 과학자가 인간의 생물학적 한계를 극복할 수 있을지에 대해 몰두하고 있습니다. 어떻게 암을 치유하고 치매에 걸리지 않을지 연구해요.

'과학과 기술의 힘을 통해 인간의 생물학적 한계를 극복할 수 있을까?' '물리적 영역에서 인간의 한계를 뛰어넘을 수 있을까?' 로봇이 인간보다 뛰어난 영역이 속속 발견되고 있거든요. 그러다 보니 이런 과학기술적 태도를 '트랜스휴머니즘'이라고 이야기합니다. '휴머니즘을 넘어선다'는 뜻이죠. 과학과 기술의 힘을 믿고, 이를 통해 인간 능력을 향상시키려 합니다.

초인에 대한 이상주의적 해석은 무엇일까요? 예컨대 제우스에게서 불을 훔쳐 인간에게 선물한 죄로 인해 엄청난 고통을 당하는 프로메테우스, 프랑스대혁명의 이념을 전 세계에 퍼뜨린 나폴레옹, 마키아벨리가 칭송한 르네상스 시대의 군주 체사레 보르자 등이 있습니다. 인간의 이상적 유형이죠.

그렇다면 결국 인류 역사상 엄청난 업적을 이룬 사람들이 초인일까요? 이에 대해 니체는 "'위버멘쉬'라는 말은 최고로 잘 되어 있는 인간 유형에 대한 명칭이며, 현대인, 선한 자, 그리스도교인과 다른 허무주의자들과는 반대되는 말이다."[11]라고 이야기합니다. 초인에 대한 진화론적·기술적·이상주의적 해석은 니체가 의도한 것이 아닙니다. 초인은 영웅도, 슈퍼맨도 아니에요. 우리가 영웅이나 슈퍼맨이 될 수는 없잖아요.

그렇다면 도대체 초인은 무엇일까요? 초인에 관한 명제를 몇 가지 살펴봅시다. '인간은 극복되어야 할 존재다.' 뒤집으면 스스로를 극복하지 못하면 짐승이 된다는 이야기예요. 스스로를 극복하지 못하고 짐승이 된 예가 많죠. 술을 마시고 충동을 억제하지 못해서 짐승이 되는 사람이 많잖아요. 비유적으로 보자면 이렇게 해석할 수 있을 것입니다. 이 말을 인간에게는 의지가 있고, 그 의지를 긍정할 줄 알아야 한다고 해석할 수도 있습니다. 즉, 스스로를 극복할 수 있는 의지가 있다면 우리도 역시 초인이 될 수 있다는 이야기입니다.

두 번째 명제입니다. '초인은 대지의 의미다.' 여기서 대지는 천국과 반대되는 말이에요. 우리가 살아서는 천국에 못 가잖아요. 죽어야만 갈 수 있는 곳. 그런 곳에 우리가 왜 관심을 두겠습니까. 살아 있을 때 갈 수 있는 곳에 관심을 둬야겠죠. 대지의 의미는 우리가 이 땅에서 사는 몸의 존재로서 가진 충동·본능·욕구·욕망 등을 말합니다. 따라서 니체는 **대지에 충실하라!** 그리고 하늘나라의 희망을 말하는 자들을 믿지 마라!"[12]라고 말합니다. 정념과 충동을 긍정하라는 거죠. 전통적인 기독교는 이런 것들을 악의 근원으로 전부 배척했잖아요. 우리가 욕망에 사로잡혀 있으면 죄를 짓는 거라고 생각했어요. 니체는 절대 그렇게 생각하지 않습니다. '네가 가진 모든 욕망·본능·충동을 초인이 될 수 있는 자원으로 만들라'고 말합니다.

세 번째 명제입니다. '초인은 바다다.' 초인에 관한 세 가지 명제는 모두 〈머리말〉에 나왔어요. "더러워지지 않으면서 더러운 강물을 받아들이려면 우리는 먼저 바다가 되어야 한다."[13]라는 문장이 있어요. 스스로 더러워지지 않으면서도 온갖 더러운 짓을 할 수 있잖아요. 하지만 더러운 꼴을 보고도 우리가 감내할 수 있으려면 바다처럼 마음이 넓어야겠죠. 초인에 관한 세 가지 명제와 함께 니체의 유명한 구절을 살펴봅시다.

인간은 짐승과 초인 사이에 놓인 밧줄이다. 심연 위에 걸쳐진 밧줄이다.

저쪽으로 건너가는 것도 위험하고, 도중에 있는 것도 위험하며, 뒤돌아보는 것도 위험하고, 벌벌 떨거나 멈추어 서 있는 것도 위험하다.

인간의 위대함은 그가 다리이지 목적이 아니라는 데 있다. 인간을 사랑할 수 있는 것은 그가 **건너가는** 존재이며 **내려가는** 존재라는 데 있다.[14]

인간이 짐승과 초인 사이에 놓인 밧줄이라고 합니다. 심연 위에 걸쳐진 밧줄. 심연은 깊이를 알 수 없는 어두운 것이에요. 여기서 인간 자체가 밧줄이라는 점이 중요합니다. 어떻게 건너가느냐에 따라 우리는 달라진다는 겁니다. 이 밧줄이 잘 건너갈 수 있게 해주는 다

71

리가 되었을 때 우리는 자부심을 느끼죠.

나로 인해 이 세상이 조금 더 좋아지고, 내 자식이 나보다 더 좋은 삶을 살 수 있는 다리가 되었다면 어떨까요? 여든 살, 아흔 살이 되어 삶을 돌아볼 때 "나는 괜찮은 밧줄이었어."라고 이야기할 수 있다면 분명 행복한 삶을 살았다고 볼 수 있다는 거예요. 이 비유를 오해하기 쉬운데, '나를 넘어서는 무언가(something beyond oneself)'라는 구절이 중요해요. 나를 넘어서는 무언가를 동경하고, 사랑하고, 창조할 수 있는지 없는지에 따라서 우리 삶이 달라집니다. 나를 넘어서는 무엇인가를 창조하려면 끊임없이 자신을 돌아보고 극복하려 노력해야 합니다.

스스로 최고라고 생각하는 나르시시스트는 자신을 돌아보지 못하죠. 자신을 바라봤을 때 도저히 견딜 수 없는 것을 발견해야 해요. 성급한 감정, 불같은 성질, 시기와 질투심을 경멸하고, 그것을 극복해야 합니다. 이 말은 경멸할 것이 하나도 없는 사람은 스스로를 극복하지 못한다는 이야기예요. 니체는 특히 현대인이 그런 것을 찾지 않으려 한다고 말합니다. 그래서 자기 자신을 경멸할 줄도 모르는 더없이 경멸스러운 존재가 마지막 인간이라는 겁니다.

우리는 21세기 허무주의 시대, 삶이 문제가 된 시대에 살고 있습니다. 하지만 삶을 사랑할 수 있는 다른 방식을 인식한다면 끊임없이 자신을 극복하려는 노력이 필요합니다. 따라서 자신의 몰락을 원합니다. 내려가지 않고서는 넘어설 수 없기 때문이죠. 차라투스트라는 이렇게 이야기합니다. "나는 사랑한다, 내려가는 자로서가 아니라면 달리 살 줄 모르는 사람들을. 그들은 건너가는 자들이기 때문이다."[15] 내려가는 자가 아니면 절대로 건너가지 못한다는 이야기죠. 그런데 군중이 비웃습니다. "아, 차라투스트라. 우리에게 그 마지막 인간을 주시오. 우리를 그 마지막 인간으로 만들어주시오! 그러면 그대에게 초인을 선사하겠소!"[16] 먹혀들지 않았어요. 사실 오늘날에도 먹혀들지 않아요. 이것이 19세기 니체의 문제였다고 볼 수 있습니다.

우리는 어떻게 초인이 되는가

우리는 어떻게 초인이 될 수 있을까요? 초인이 되면 마지막 인간은 사라질까요? 초인을 특정한 인간 유형으로 보고, 위인이나 초능력자나 영웅으로 바라본다면 그렇게 생각할 수도 있겠죠. 니체는 그렇게 생각하지 않습니다. "초인의 반대는 마지막 인간이다. 나는 마지막 인간을 초인과 함께 동시에 창조했다."[17] 초인과 마지막 인간이 대립적인 것은 맞습니다. 그런데 둘을 동시에 창조했다고도 말합니다. 마지막 인간이 없으면 초인도 없어요. 어떤 의미에서는 초인이 없으면 마지막 인간도 없습니다. 앞서 언급했듯이 마지막 인간은 자신을 경멸할 줄도 모르는 더없이 경멸스러운 존재인데, 내가 경멸할 만한 삶의 양식을 가진 사람이 없다면 어떻게 그것을 극복하고 초인이 될 수 있겠습니까. 마지막 인간이 없으면 초인도 없는 거예요.

우리가 초인을 추구한다고 하더라도 마지막 인간의 냄새가 스멀스멀 올라옵니다. 1년 365일 24시간 내내 초인으로 살아갈 수 있느냐 하면 그렇지 않죠. 니체가 말합니다.

하나의 운동은 무조건적인 것으로서 인류의 평준화이다. …… 다른 운동은 나의 운동인데 그 반대로 모든 대립과 차이의 첨예화이고, 평등의 제거이며, 우세한 사람의 창조이다. 전자의 운동은 마지막 인간을 생산한다. 나의 운동은 초인을 생산한다. 그렇지만 초인을 마지막 인간의 주인으로 파악하는 것이 절대 목표가 아니다. 두 종류는 나란히 존재해야 한다. 가능한 한 분리된 채로.[18]

재미있는 구절입니다. 초인이 마지막 인간의 주인은 아니라는 거죠. 그렇게 되면 문명이 발전하지 않는다는 거예요. 여기서 마지막 문장이 중요합니다. 두 종류가 분리된 채 나란히 존재해야 한다는 것은 초인이 되려면 마지막 인간이 시야에 있어야 한다는 거죠. 내가 경멸할 존재, 내가 극복할 존재. 초인과 마지막 인간은 모순입니다. 한 인간 유형은 차별화를 추구하고, 다른 인간 유형은 평준화를 추구해요. 이 두 가지를 어떻게 해결할 것인가? 이것이 초인 사상의 문제입니다.

니체는 허무주의 시대에는 인간에 대한 혐오와 동정이 결합되어 있다고 진단합니다. 우리는 어떻게 이 모순을 극복할까요? 차라투

〈독수리와 뱀〉, 터키 이스탄불 모자이크 박물관 소장
차라투스트라의 동물 중 독수리는 정신을, 뱀은 물질을 상징합니다. 니체는 우리가 자신을 극복
하려면 정신과 물질을 조화롭게 결합할 수 있어야 한다고 말합니다. 어떻게 이 둘이 조화롭게 존
재할 수 있을까요?

스트라가 자신의 동물이라고 일컫는 두 동물이 있어요. 독수리와
뱀입니다. 독수리는 자부심이 강한 짐승으로 하늘을 날아다니죠. 우
리가 추구할 수 있는 목표의 높이를 상징해요. 인간이 가진 정신적
영역을 상징합니다. 뱀은 무척 영리해요. 아담과 이브를 꼬실 정도
로 대단한 짐승이잖아요. 뱀은 땅에서 기어다닙니다. 우리가 겪어야
하는 수많은 심연의 깊이를 잘 알고 있는 존재가 뱀이에요. 궁극적
으로 우리의 몸, 물질을 상징하는 거죠.

우리가 자신을 극복하려면 정신과 물질을 조화롭게 결합할 수 있
어야 합니다. 차라투스트라는 뱀이 독수리의 목을 감고 있는 모습

75

이 마치 여자 친구가 목을 껴안고 있는 것처럼 보인다고 이야기합니다. 어떻게 독수리와 뱀이 조화롭게 존재할 수 있을까? 이것이 니체의 초인 사상의 핵심입니다. 그래서 초인의 과제는 이 땅의 모순을 제거하는 것이 아니라, 어떻게 모순을 감당할 수 있을지입니다. 무척 어려운 일이에요.

"그대들이 체험할 수 있는 최대의 것은 무엇인가? 그것은 위대한 경멸의 순간이다."[19] 이 두 가지가 결합되어 초인이 가능하죠. 지난 강의에서 왜 니체는 모든 이를 위한, 그리고 그 누구를 위한 것도 아닌 책을 썼는지를 다루었는데요. "내게 필요한 살아 있는 길동무는 자기 자신을 따르고자 나를 따르는, 내가 가는 곳으로 나를 따라오는 자다."[20] 이것도 모순이었죠. 스스로 《차라투스트라》를 읽고 초인이 되기 위해서는 차라투스트라를 버릴 줄 알아야 합니다.

초인의 길에 적힌 핵심적 과제는 다음과 같은 문장입니다. "더러워지지 않으면서 더러운 강물을 받아들이려면 우리는 먼저 바다가 되어야 한다."[21] 니체는 초인을 바다에 비유합니다. 모든 모순과 대립을 내면에 품고 극복할 수 있는 사람이 초인입니다. 이것이 니체가 초인 사상을 통해서 행복에 집착하는 마지막 인간에게 던지는 질문이에요.

진리는 하나가 아닙니다. 우리가 내면을 들여다보면 여러 진리가 있는데, 이들은 서로 대립하고 갈등해요. 따라서 모순을 제거하는 것이 아니라 그것을 극복하고 견뎌낼 수 있는 삶의 방식을 찾을 때 우리가 초인이 된다는 점, 이것이 이번 강의의 가르침이었습니다.

인생에 한번은 차라투스트라

1부 1강

초인,
국가와 시장을 떠나다

나는 그대들에게 초인을 가르치려 한다.
인간은 극복되어야 할 그 무엇이다.
그대들은 인간을 극복하기 위해 무엇을 했는가?

— 《차라투스트라는 이렇게 말했다》, 1부 〈차라투스트라의 머리말 3〉, 19쪽.

시장은 철학의 적인가

차라투스트라에 관한 세 번째 이야기를 시작하겠습니다. 차라투스트라는 산에서 십 년간 고독을 즐기다 내려와서 초인 사상을 전파하지만, 시장에 모인 사람들에게 찬사를 받기보다는 오히려 조롱과 조소를 받지 않았습니까? 그리고 광대가 줄타기하다 떨어져서 죽게 되잖아요. 차라투스트라는 광대의 시신을 속이 텅 빈 나무 속에 묻어준 뒤 '내게 필요한 것은 죽은 길동무나 시체가 아니라 살아 있는 길동무'라고 말합니다. 《차라투스트라》 1부는 이 '길동무'에 관한 이야기와 소위 '얼룩소'라고 불리는 도시에서 벌어지는 설교 등을 담고 있습니다.

이번 강의의 주제는 '시장과 국가'인데요. 《차라투스트라》의 장

이름이 아주 재미있습니다. 1부 〈시장의 파리 떼에 대하여〉에서는 마지막 인간들을 파리 떼에 비유하고 있죠. 비유가 너무 살벌해서 거리감이 느껴지기도 하는데요. 바로 앞에 〈새로운 우상에 대하여〉라는 장이 있습니다. 이 두 장을 읽어보면 21세기 우리가 살아가는 모습을 어느 정도 이해할 수 있으리라고 생각합니다.

〈시장의 파리 떼에 대하여〉에서 차라투스트라는 다음과 같이 이야기합니다.

> 달아나라, 나의 벗이여, 그대의 고독 속으로! 내가 보기에 그대는 위인들의 소음에 귀먹고, 소인배들의 가시에 마구 찔리고 있다. ……
> 고독이 끝나는 곳에서 시장이 시작된다. 그리고 시장이 시작되는 곳에서 위대한 배우들의 소음과 독파리 떼의 윙윙거림이 시작된다.[1]

차라투스트라는 십 년간 산 위에서 차가운 공기를 마시며 고독과 정신을 즐겼다고 하잖습니까. 그런데 시장에서 고독과 정신을 즐길 수 있을까요?

여기서 '자본주의가 전 세계에 보편화된 시대에 과연 시장이란 무엇인가?'라는 의문을 제기할 수 있어요. '시장 중심적 사회, 모든 것이 영리 위주로 돌아가는 사회에서 과연 우리가 어떻게 초인이 될 수 있는가?' '우리가 어떻게 하면 자기를 극복하고, 혼란스러운 세상에서 중심을 잡고 도덕적으로 살아갈 수 있는가?' 이것이 프리드리히 니체가 던지는 질문입니다. 니체는 우리가 초인이 되려면 자

신의 내면을 들여다보고 자신과 끊임없이 대화하면서 고독을 견뎌
낼 줄도 알아야 한다고 말합니다. 그래서 오늘의 주제가 '고독'이라
고도 할 수 있습니다.

시장은 우리를 어떻게 유혹할까요? 차라투스트라는 허무주의 시
대에 우리가 어떻게 삶의 방향을 결정할 수 있는지를 질문했죠. 그
렇다면 그 가르침을 공유하고, 가르침에 따라 자신을 극복하려고
노력하는 사람들이 있어야 하는데, 시장의 사람들은 이를 받아들이
지 않았습니다. 차라투스트라가 초인을 이야기하니까 '우리는 초인
보다 마지막 인간이라고 불리는 사람의 삶이 훨씬 더 좋다'고 반응
합니다. 그러다 보니 니체는 어떻게 군중의 조롱을 이겨내고 시장
에서도 자기 자신을 찾아가는 초인의 길을 걸어갈 수 있을지 묻습
니다.

나는 목자나 무덤 파는 사람이 되어서는 안 된다. 다시는 군중과
말하지 않으리라. 죽은 자와 말하는 것도 이번이 마지막이다.
나는 창조하는 자, 수확하는 자, 축제를 벌이는 자들과 함께 어울
리리라. 그들에게 무지개를 보여주고, 초인에 이르는 계단을 보여
주리라.[2]

〈머리말〉의 끝부분에 나오는 문장입니다. 초인도 사실은 친구가
필요하다는 거죠. 살아 있는 친구가 필요하다는 말입니다. 어떤 사
람이 살아 있는 친구일까요? 마지막 인간에게 제일 중요한 것은 낮

에는 낮대로 조촐한 쾌락을 즐기고 밤에는 밤대로 조촐한 쾌락을 즐기는 행복이었습니다. 물론 이렇게 함께 즐길 수 있는 친구도 필요하죠. 차라투스트라는 자기에게 의미를 부여해주고 살아 있다는 생생한 느낌을 주는 진정한 친구가 도대체 어떤 사람인지 거듭 묻습니다.

차라투스트라에게 시장은 아주 깊고 어두컴컴해서 그 끝을 볼 수 없는 심연과 같은 것이었죠. 지난번 강의에서 비유를 하나 들었습니다. "인간은 짐승과 초인 사이에 놓인 밧줄이다."³ 밧줄 밑에는 심연이 호시탐탐 노리고 있는데, 자칫 잘못해서 떨어지면 우리는 마지막 인간의 삶의 유형에 빠지는 거죠. 니체는 그것이 자본주의 시대의 시장이라고 본 겁니다.

시장은 참 재미있어요. 철학사에서 시장은 항상 철학의 적이었습니다. 기원전 5세기 고대 그리스에서 소크라테스가 철학을 처음 시작했을 때, 시장은 소크라테스나 젊은이 등 다양한 의견을 가진 사람들이 모여 이야기를 나누는 곳이었어요. 반면 차라투스트라의 시장은 다양한 의견이 있을 수 없는 곳, 한쪽에 가면 하나의 의견만 지배하고 다른 쪽에 가면 전혀 다른 하나의 의견이 지배하는 곳입니다.

기원전 5세기 고대 그리스의 광장을 그리스어로 '아고라'라고 하는데요. 아고라는 시장과 광장이라는 이중적 의미를 지니고 있습니다. 소크라테스는 광장에서 젊은이들을 만나 물었습니다. '너는 어떤 삶을 살고 싶어?' '좋은 삶을 살고 싶다면, 그 좋은 삶이 뭔데?'

고대 그리스나 지금이나 부모님은 돈 많은 삶이 좋은 삶이라고 가르쳤습니다. 소크라테스는 다시 돈 많이 벌어서 도대체 무엇을 하려는지를 묻죠. 이렇게 자꾸 물어서 궁극적으로는 질문을 받은 이가 '좋은 삶이 무엇인지'를 고민하게 만들었습니다. 이 점에서 시장은 철학의 공간이었습니다. 그래서 결국 소크라테스는 젊은이들의 영혼을 유혹했다는 죄로 사형선고를 받고 죽었습니다.

그로부터 2500년이 지났습니다. 오늘날에는 시장을 무시하려야 무시할 수 없습니다. 우리 삶을 지배하는 곳이 시장이니까요. 대학에서 교육을 받는 이유도 좋은 직업을 구해서 연봉을 많이 받기 위해서잖습니까. 요즘은 심지어 종교도 시장처럼 생각합니다. 어느 교회를 다닐지 쇼핑을 해요. 우리 영혼에 지침이 되는 가치조차 쇼핑의 대상이 된 거죠. 차라투스트라의 시장은 아무런 가치도 생각하지 않고 가치에 의미를 두지 않는 군중이 모이는 곳입니다. 여기에는 천민이나 군중, 폭민 같은 사람만 있는 거죠.

재미있는 점은, 소크라테스는 시장에 나가서 젊은이들이 올바른 질문을 던질 수 있도록 유혹하는 데 성공했어요. 차라투스트라는 소크라테스 흉내를 낸 거죠. 시장에서 초인을 가르쳐주겠다고요. 그런데 전혀 먹히지 않았습니다. 차라투스트라의 말에 귀 기울이는 사람이 한 명도 없었어요. 한계에 부딪힌 거죠. 차라투스트라는 실망해서 산으로 들어가 고독을 느끼다 다시 시장으로 나오는 과정을 거듭합니다. 이를 보며 우리는 질문을 던지게 됩니다. '우리 시대에 시장이란 도대체 무엇인가?'

시장의 유혹

"시장은 성대하게 차려입은 어릿광대들로 가득하다. 그리고 군중은 자신의 위인들을 자랑스러워한다. 군중에겐 그들이 순간의 주인인 것이다."[4] 요즘도 개업하면 광대들이 북과 장구를 치며 사람들을 모으잖아요. 흥겨운 노래를 틀어놓고 춤을 추면서요. 사람들을 끌어당기는 거죠. 사람들을 유혹하는 곳이 시장이라는 겁니다.

시장이 어떻게 유혹을 할 수 있냐면 우리가 매 순간 어떻게 살지, 어디에 끌리는지를 결정하는 순간의 지배자가 있기 때문이에요. 순간의 지배자가 도대체 무엇일까요? 우리는 나름대로 합리적으로 판단하고 이성적으로 생각해서 고유한 방식으로 어떻게 살 것인지를 결정한다고 생각합니다. 하지만 우리가 수많은 사람에게 이끌려서 시장의 방식대로 판단하고 결정할 수도 있을 거예요.

순간의 지배자에 관한 세 가지 예를 이야기해보겠습니다. 먼저 '테슬라 전기자동차'입니다. 전기자동차가 왜 발명되었을까요? 내연기관으로 움직이는 자동차는 이산화탄소와 이산화질소를 배출하기 때문에 건강을 위협하고 환경을 파괴하잖아요. 이 문제를 해결하려고 전기자동차를 만들었습니다. 하지만 대부분 그런 환경 의식 때문에 테슬라 자동차를 사지는 않죠. 소위 돈 많은 사람, 유행을 선도하는 사람이 테슬라 자동차를 삽니다. 여기서 어떤 동기로 테슬라 자동차를 사는지에 관한 문제가 생깁니다. 환경과 자연을 생각하고 전기자동차를 사는가, 아니면 다른 동기가 있는가?

다음은 '패션쇼'입니다. 널리 알려져 있듯이 파리나 밀라노, 뉴욕 같은 도시에서 패션쇼가 열립니다. 항상 이 패션쇼에서 앞으로 유행할 패션이 결정되죠. 참 재미있게도 패션쇼에서 미리 내년에는 이런 색깔이 유행할 거라고 해요. 우리는 지금 유행하고 있는 옷의 스타일, 색깔, 패션의 방향 같은 것들을 이야기하잖아요. 그런데 지금 유행하는 것, 인기를 얻는 것을 결정하는 것이 앞서 언급한 순간의 지배자와 같은 패션쇼라는 말입니다.

우리는 살면서 수많은 정치적·사회적·문화적 문제를 겪습니다. 이 같은 문제를 판단해야 하는데, 여러분은 스스로 판단을 하십니까? 제가 학생들에게 종종 신문을 읽는 사람이 있냐고 물어보면 읽는 사람이 한 명도 없어요. 방송도 잘 안 봅니다. 그럼 도대체 무엇을 보고 세상이 어떻게 흘러가는지 판단하느냐? 대부분 '유튜브'를 본다고 해요. 요즘은 어린아이나 청년이나 노인이나 유튜브에 꽂혀 있잖아요.

유튜브가 가진 강력한 힘 가운데 하나는 시청각을 활용해서 우리가 순간적으로 판단하게 만든다는 점입니다. 문자로 구성된 책은 우리가 상상하고 사유하고 성찰할 수 있는 시간적 여유를 제공하는 데 비해, 유튜브는 휙휙 바뀌는 이미지를 통해 순간을 지배하는 거예요. 영상으로 어떤 상황이나 자료 화면을 보면서 우리는 이미 감정적으로 판단하고 들어가는 거죠. 이러한 순간의 지배자 세 가지는 모두 시장 논리에 따라 움직입니다.

시장은 우리를 끊임없이 유혹합니다. 어떤 것이 바람직한 삶인지 질문을 던질 때, 시장은 우리를 유혹하는 수많은 요소를 가지고 있어요. 니체가 이렇게 이야기합니다. "이 세상에서는 가장 훌륭한 것들도 그것을 보여주는 자가 없으면 아무 의미가 없다. 이러한 공연자들을 군중은 위인이라 부른다."5 요즘엔 보여주지 않으면 안 됩니다. 공연자처럼 보여주는 사람을 '셀럽'이라고 부르죠. 유명인사를 뜻하는 '셀러브리티(celebrity)'를 줄인 말인데요. 이것도 참 재미있습니다. 유명인사라고 하면 촌스럽고, 셀럽이라고 하면 트렌드를 잘 따라가는 것처럼 보이잖아요. 이러한 공연자, 즉 배우를 군중은 위인이라고 부른다고 말합니다. 《차라투스트라》의 이 문장을 영어로 표현하면 'Showmen are great men.' 번역 문장보다 훨씬 와닿는 면이 있죠. 니체가 살았던 시기에 이미 어떻게 보여줄 것인지가 매우 중요해졌고, 시장은 수많은 사람에게 유혹의 장소가 되었다고 볼 수 있습니다.

시장은 어떻게 우리를 유혹할까요? 첫 번째, "세계는 새로운 가치의 발명가를 중심으로 돌아가며, 눈에 보이지 않게 회전한다. 그러나 군중과 명성은 배우를 중심으로 돌아간다."6 이것을 '시뮬레이션' 또는 '시뮬라시옹'이라고 합니다. 실제 사실과 부합하지 않더라도 마치 사실인 것처럼 보여주는 것을 우리가 시뮬레이션이라고 하잖아요. 현실보다 더 현실 같은 가상 이미지를 제공하지 않으면 상품이 팔리지 않습니다. TV나 잡지나 유튜브에 나오는 광고를 보고 꼭 사고 싶다는 생각을 한 적이 많을 겁니다. 시뮬레이션은 결국 현실보다 이미지가 더 중요하다는 의미입니다. 사실보다 이미지가 더 중요한 시대, 진실보다 가짜가 훨씬 더 강력한 시대가 바로 우리가 사는 21세기 자본주의 시대입니다.

두 번째, "배우는 자신이 다른 사람들을 가장 강하게 믿게 만드는 것, 다시 말해 **자신을** 믿게 만드는 것을 언제나 믿는다!"[7] 배우는 자신을 믿게 만드는 강력한 요소만을 믿는다는 거예요. 중요한 점은 사실도 아니고, 진리도 아니고, 현실도 아니라는 겁니다. 이것을 '확증적 편향'이라고 합니다. 사람은 누구나 보고 싶은 것만을 본다는 뜻이죠. 예컨대 우리는 정치사회적 문제들에 대해 스스로 판단하려고 노력하지만, 사실은 자기가 좋아하는 기사만 골라서 읽습니다. 균형 잡힌 시각을 가지려면 때로는 반대 의견도 알아야 하는데 읽지 않아요. 그래서 A를 좋아하는 사람은 늘 A만 좋아합니다.

세 번째, "내일이면 그는 새로운 믿음을, 모레면 좀 더 새로운 믿음을 지닌다. 그의 감각은 군중과 마찬가지로 빠르며 변덕스러운 날씨와도 같다."[8] 영원히 계속되는 믿음은 없다는 거예요. 십 년 전 유행과 오늘날의 유행, 그리고 내일의 유행이 같은가요? 우리는 어제의 것이 오늘날 통용되고, 오늘날 통용되는 것이 내일 통용되리라는 믿음이 없는 시대를 삽니다. 모든 것이 변합니다. 이 말은 고정적 가치도, 불변의 가치도, 핵심적 가치도 없다는 것을 보여주는 거예요. 그것이 '시장의 변동'입니다.

네 번째, "사람들은 '예인가?' 또는 '아니오인가?'라는 물음에 시달릴 것이다."[9] 시장에서는 선택을 강요당합니다. 학생들에게 각자 경험을 토대로 가치관 갈등이 일어나는 예를 말해보라고 했더니, 우스갯소리로 '탕수육'이라고 대답했어요. 다들 탕수육을 좋아하는데 먹는 방식은 다르다고 해요. 소스를 부어 먹는 '부먹'과 찍어 먹는 '찍먹'이 서로 자기 방식이 맛있다고 주장합니다. '선택의 강요'입니다. 그런데 이때 선택이 정말 결정적 선택이냐 하면 그렇지는 않죠.

그렇다면 셀럽은 어떤 방식으로 쇼를 하고, 무엇을 보여줄까요? 니체가 차라투스트라의 입을 빌려 이렇게 이야기합니다. "뒤집어엎기. 그것이 그에게는 증명이라 불린다. 열광시킴. 그것이 그에게는 설득이라 불린다."[10] 뒤집어엎기와 열광시키기 두 가지 방법이 있다는 거죠. 먼저 뒤집어엎기. 기존의 것을 확 뒤집으면 된다는 거예요. 증명이 하나도 안 되더라도 아주 과격한 방식으로 뒤집어엎죠. 그러면 그것이 센세이션을 일으키는 거 아니겠습니까. 열광시키기. 아무도 주목하지 않고 듣지 않는 상품은 팔리지 않습니다. 21세기에는 누구나 주목해서 듣도록 하는 것이 중요하죠.

이런 시대에 우리가 초인이 될 수 있을까요? 유혹이 너무 많습니다. 혼자 있고 싶어도 혼자 있을 수가 없어요. 주위에는 항상 떠드는 사람들이 있습니다. 윙윙거리는 사람들이 많아요. 우리를 현혹하는 배우와 위인이 너무 많은 거죠. 이 사람들의 목표는 센세이션이에요. 이성과 합리적 판단에 호소하지 않아요. 우리에게서 이끌어내는 것은 감정적 반응이에요. 우리는 이런 시대에 과연 어떻게 해야 할까요? 차라투스트라는 초인이 되려면 끊임없이 위로 올라가고, 자신 내면의 어두운 면을 들여다보고 파악할 수 있는 깊이로 내려갈 수 있는 성찰의 운동이 가능한지를 물었습니다. 이것이 니체가 우리에게 던지는 경고입니다.

차라투스트라는 이렇게 이야기합니다. "달아나라, 나의 벗이여, 그대의 고독 속으로! …… 달아나라, 거친 바람이 사납게 불어오는 곳으로!"[11] 고독이 없으면 21세기에도 절대 초인이 될 수 없습니다. 우리가 두 발을 딛고 주권적 개인으로서 자신만의 가치를 가지고 살아가려면 때로는 치열하게 고독할 줄 알아야 합니다. 고독할 줄 모르는 사람은 그냥 휩쓸려서 살아갑니다. 남이 생각하는 대로 생각하고, 남이 사는 방식대로 살아요. 그것은 니체가 마지막 인간이라고 일컫는 시장의 군중인 거죠. 니체는 군중이 되지 말자고, 휩쓸려가는 삶을 살지 말자고 이야기합니다.

국가의 우상

허무주의 시대의 새로운 우상은 국가였습니다. 국가가 우리의 삶을 책임지고, 어떻게 살아갈지 보여주고, 미래를 보장해주기 때문입니다. 국가는 21세기 현대인의 우상이라고 해도 과언이 아닙니다. 여러분은 어떤 문제가 생기면 누구에게 소리치나요? 국가를 보고 소리칩니다. 실업 문제가 심각해지면 일자리를 달라고 요구합니다. 가난한 사람이 병원에 가지 못하면 의료보험을 확대하라고 요구합니다. 21세기 AI 시대가 도래해서 고용이 줄어들면 과학과 기술에 의해 창출되는 부를 토대로 기본소득을 제공하라고 요구합니다. 이런 문제들은 어떤 종교도 해결해주지 못하죠. 오늘날 우리 삶의 문제를 해결할 수 있는 유일한 제도, 유일한 가치가 국가인 겁니다.

니체는 국가를 파헤칩니다.

국가라고? 그것이 무엇인가? …… 국가는 모든 냉혹한 괴물 가운데서 가장 냉혹한 괴물이다. 그 괴물은 냉혹하게 거짓말을 하기도 한다. 그 괴물의 입에서는 "나, 국가는 민족이다."라는 거짓말이 기어 나온다.[12]

국가는 늘 거짓말을 합니다. 우리는 늘 속습니다. 국가는 국민의 이름으로 국민을 속여요. 그 괴물은 "나, 국가는 민족이다."라는 거짓말을 하는데요. 여기서 두 가지 개념이 나오죠. '국가(state)'와 '민족(nation)'이라는 개념입니다. 민족은 우리가 공유하는 가치와 문화를 토대로 이야기되지만, 국가는 그렇지 않죠. 국가는 가치도 없고 문화도 없어요.

그대들이 이 새로운 우상인 국가를 숭배하면, 국가는 **그대들**에게 무엇이든 주려 한다. 그렇게 국가는 그대들의 빛나는 덕과 그대들의 자랑스러운 눈길을 매수한다.[13]

21세기의 군중, 시장에 모여 있는 수많은 국민은 무엇을 가장 많이 요구할까요? 행복을 요구해요. 행복한 삶을 요구합니다. 국가는 국민에게 행복을 보장해야 한다는 과제를 떠맡아요. 그래서 오늘날 국가는 어떤 형태로든 대부분 복지국가를 지향합니다. 모든 것을 해결해 주려고 하죠.

국가가 괴물이라는 아이디어를 니체가 처음 생각한 건 아니에요. 국가라는 개념이 처음 등장할 때부터 국가는 괴물이었어요. 영국의 정치사상가 토머스 홉스(Thomas Hobbes)가 쓴 《리바이어던(The Leviathan)》이라는 책이 있습니다. 부제가 '교회 및 시민 국가의 소재, 형식 및 권력(The Matter, Forme and Power of a Common-Wealth Ecclesiasticall and Civil)'으로, 국가가 무엇이고 권력이 어떻게 형성되는지를 체계적으로 분석한 책이죠. "만인에 대한 만인의 투쟁"이라는 구절로도 유명합니다.

1651년에 출간된 《리바이어던》 표지 상단에는 그림이 있는데, 이게 괴물이에요. 국가를 상징하죠. 이 괴물이 바로 리바이어던인데요. 수천 명의 사람으로 구성되어 있습니다. 국민을 상징하죠. 국가란 수많은 사람으로 구성된 정치적 공동체라는 이야기입니다. 한 손에는 칼을 들고 있는데, 국가만이 폭력을 행사할 수 있는 정당한 권력을 가진다는 의미죠. 군대를 유지하고, 경찰력을 가지고, 세금을 거둘 수 있는 권력입니다. 다른 손에 든 것은 교황의 지팡이예요. 문화적 상징을 의미하죠. 원래 리바이어던은 성서에 나오는 바다 괴물을 의미하는데요. 여기서는 인공적으로 만들어진 괴물이라고 이야기할 수 있습니다. 국민의 생명과 행복을 위한 절대 권력, 이것이 《리바이어던》의 핵심 주제입니다.

《리바이어던》의 권두 삽화

국가를 상징하는 괴물 리바이어던은 폭력과 문화라는 절대 권력을 가지고 있습니다. 국가는 수많은 사람으로 구성되지만 그들이 국민이라는 이름으로 호명될 때 구체적 개인은 사라져버립니다.

《리바이어던》에는 홉스의 국가론을 한마디로 압축한 명제가 있습니다. "Auctoritas, non veritas facit legem."라는 라틴어로, '진리가 아니라 권위가 법을 만든다.'라는 문장입니다. 국가를 유지하는 데는 권력이 절대적으로 필요한데요. 국가가 발전할수록 개개인이 가지고 있던 수많은 권한과 권리를 국가에 양도해버립니다. 그런데 국가가 강해질수록 개인들이 위축됩니다.

많은 사람을 낚을 덫을 놓고는 그 덫을 국가라고 부르는 자들은 파괴자들이다. 그들은 그 덫 위에 한 자루의 칼과 백 가지의 욕망을 걸어놓는다.[14]

국가가 국민이 가진 수많은 욕망을 해결해준다며 유혹한다는 뜻이죠. 그리고 그걸 지키지 않을 때는 강력한 권력의 칼을 휘두른다는 뜻입니다.

흥미로운 점은 국가가 등장하면 민족을 부정합니다. 민족은 가치를 창조할 수 있는 독특한 힘을 가지고 있을 때만 민족이 돼요. 고유한 가치를 추구해야만 민족이라는 말을 할 수 있다는 뜻입니다. 그래서 니체는 '민족이 있는 곳에서는 사람들은 국가를 이해하지 못하며, 국가를 증오한다'고 이야기해요. 국가가 발전하면 오히려 가치의 문제는 점점 뒷전으로 물러서게 된다고 말합니다.

또한 국가는 개인을 부정합니다. 국가에는 늘 국민이 필요해요. 국민이라는 이름으로 호명되면 그 속에 있는 구체적 개인들은 사라져요. 개개인의 차이가 없어집니다. 우리가 하나의 무리가 되면 그냥 무리 속에 있는 하나의 원자에 불과하지, 개성을 가진 개인이 아니에요. 니체는 개인이 중요하다고 생각했습니다. 우리가 국가를 너무 신뢰하면 개인이 없어진다는 거죠. 국가라는 이름으로 대중의 독재가 이루어지면 개인은 파괴된다는 것이 니체의 인식입니다.

그렇다면 니체는 국가를 전면적으로 부정하는 아나키스트일까요? 아닙니다. 21세기에 국가와 시장 없이 우리가 어떻게 살아가겠습니까. 불가능하죠. 문제는 국가와 시장의 논리가 지배하는 곳에서 개인으로서 자기 삶을 유지할 수 있는지 여부입니다.

니체는 '국가의 절대화는 개인의 잉여화를 가져온다'고 이야기합니다. 잉여는 남아돌고 쓸모없다는 뜻이고, 스스로 자기의 삶을 결정하거나 창조할 수 없는 인간을 잉여 인간이라고 하는데요. 우리가 개인으로서 존중받고 구성원으로서 능력을 인정받으면 잉여 인간이라는 느낌을 받지 않죠. 반대로 언제든 대체될 수 있는 사람으로 취급받으면 잉여 인간이라는 느낌을 받아요. 아르바이트 근무자나 비정규직 종사자가 이런 느낌을 받기 쉽습니다. 우리는 이 문제를 너무 소홀히 대해요. 한국 사회가 수많은 인간을 그저 대체 가능한 인적자원으로만 여기는 거예요. 잉여 인간에 대해서 강하게 저항한 사람이 니체입니다.

잉여 인간을 만들어내는 정치체제를 전체주의(totalitarianism)라고 부릅니다. 한나 아렌트(Hannah Arendt)는 《전체주의의 기원》에서 다음과 같이 말했습니다.

인간을 무용지물로 만들려는 전체주의의 시도는 과잉 인구로 시달리는 지구에서 자신들이 별 쓸모 없다는 것을 알게 된 현대 대중의 경험을 반영한다. 죽어가는 자들의 세계에서 인간은 처벌이 죄와 아무런 관계가 없어지고 아무에게도 이윤을 가져다주지 않는 착취가 자행되는 생활 방식을 통해 자신들이 쓸모없다는 것을 배운다.[15]

과연 어떤 사회가 좋은 사회일까요? 어떤 교육을 받았고, 어떤 직업을 가졌든 간에 사회 구성원들에게 스스로가 가치 있고 의미 있는 존재라는 느낌을 주는 사회일 겁니다. 반면 나쁜 사회는 많은 사람에게 삶의 의미, 자신의 쓸모에 대해 회의를 갖게 만드는 사회겠죠.

니체는 잉여 인간의 유형을 세 가지로 나눕니다. 지식을 얻지만 현명해지지 않는 교양 속물, 새로운 것을 전하지만 언제나 낡은 언론인, 부를 끌어 모으지만 점점 가난해지는 졸부인데요. 그러면서 "국가가 끝나는 곳, 그곳에서 비로소 쓸모없지 않은 인간들의 삶이 시작된다."[16]라고 이야기해요.

우리는 무언가 사회에 기여하고, 삶의 의미를 부여하고, 아름다운 마음을 가지고 살아가려 합니다. 누구도 나를 생각해주지 않고 존재조차 모른다면 화가 나잖아요. 이 문제를 〈조커〉라는 영화가 다루었습니다. 존재 자체를 인정하지 않고, 존중하지 않는 사회에서 악이 발생한다는 이야기죠. 니체의 말이 어려운 게 아니에요. 의미 있는 존재가 되려면 우리가 국가와 시장의 유혹을 이겨낼 수 있어야 한다, 그러니 국가와 시장을 떠나자는 이야기죠. 그곳은 차가운 바람이 강하게 몰아치는 고독 속입니다.

고독과 자유로울 자유

초인이 되기 위해서는 시장과 국가로부터의 해방이 필요합니다. 국가가 온통 우리의 삶과 행복을 책임지는 '국가의 시대'에 우리는 어떻게 개인이 될 수 있을까요? 우리는 어떻게 자신의 삶의 창조자가 될 수 있을까요? 니체는 고독의 필요성을 이야기합니다. 니체가 1889년에 쓴 자서전《이 사람을 보라》에서 《차라투스트라》는 고독에 대한 송가이며 이 책 전체가 고독을 이야기한다'고 말합니다.

독일 낭만주의 화가 카스파어 다비트 프리드리히(Caspar David Friedrich)가 그린 〈바다의 수도승〉이라는 작품이 있어요. 끝없이 펼쳐진 바닷가에서 아주 미미한 존재로 그려진 수도승이 바다를 바라보는 모습입니다. 이런 실존적 경험, 의지할 데도 없고 나아갈 방향도 뚜렷하지 않고 삶에 무한한 심연이 놓여 있을 때 우리는 원하든 원하지 않든 심한 고독감에 빠질 수 있어요.

고독이란 도대체 무엇일까요? 고독은 일차적으로는 물리적 고독을 의미합니다. 그러니까 시장을 떠나야 해요. 국가의 어수선함으로부터 떠나야 해요. 제가 1년에 몇 번 해외 출장이나 학회에 가면서 한국을 떠날 때 정말 좋아요. 한국에 관한 모든 소식을 끊으니까요. 이게 참 좋은 경험이에요. 물리적 고독은 일단 사람들이 모여 있는 장소로부터 거리를 둔다는 뜻이죠. 물리적 고독 없이는 진정한 의미의 고독을 느끼기 힘듭니다.

차라투스트라는 산에서 십 년 동안 고독을 즐겼죠. 현대인은 어떤 방식으로 고독을 즐길 수 있을까요? 십 년 동안 나를 찾아 산으로 들어가는 일은 불가능하잖아요. 그렇지만 하루에 한 번 특정 시간, 일주일에 한 번 특정 요일에 나만의 공간에서 나만의 시간을 갖는 것은 가능합니다. 이것도 일종의 물리적 고독이죠. 처음에는 힘들겠죠. 그런데 해보면 가능합니다.

고독은 우리 몸과 정신에 엄청난 긍정적 효과를 미칩니다. 보지 않아야 할 것을 보지 않았기 때문이에요. 신문이나 유튜브를 보다가 정말 불편한 장면을 목격하면 입에서 저절로 욕이 나오죠. 역겨움이 생기잖아요. 니체는 이렇게 말했습니다.

눈은 맑아지고, 입가에는 어떤 역겨움의 흔적도 없어. 그러니 춤추는 자처럼 걷고 있지 않은가?

차라투스트라는 변했어. 아이가 되었어. 차라투스트라는 각성한 자가 되었어. 그런데 이제 잠든 사람들에게 다가가 무얼 하려는 건가?[17]

이것이 차라투스트라가 서른두 살이 되던 해에 산으로 들어가 십 년 동안 정신과 고독을 즐기다가 내려오는 모습을 본 성자의 묘사입니다. 차라투스트라의 모습을 보니 발걸음이 가벼워졌어요. 눈이

맑아지고 입에서 역겨움이 사라졌죠. 늘 부정적으로 생각하는 사람은 얼굴에도 부정적인 모습이 나타나요. 꾸미고 위장하려 해도 역겨움의 자국이 있어요. 차라투스트라의 모습은 마치 자신을 불사른 후 다시 태어난 불사조와 같았어요. "그때 그대는 그대의 재를 지고 산으로 들어갔지. 그런데 오늘은 그대의 불덩이를 지고 골짜기로 가려 하는가?"[18] 차라투스트라가 내려오는 모습을 묘사한 장면입니다.

두 번째는 사회적 고독입니다. 사람들은 고독을 극복하려고 다른 사람과의 관계를 끊임없이 찾습니다. 사람들과 함께 있으면 즐겁죠. 뜻을 같이하는 사람들과 함께 식사하고 어울리는 것만큼 커다란 즐거움도 없습니다. 그런데 다른 사람과의 만남이 단순한 의식이 되고 그냥 반복되는 일상이 되면 이런 느낌을 받지 않습니까? 흥겹게 떠들고 놀다가 갑자기 외로움을 느끼는 거죠. 소위 군중 속의 고독과 같은 이 느낌을 사회적 고독이라고 볼 수 있어요.

왜 사람은 군중 속의 고독을 느낄까요? 이를 심리학·사회학적으로 연구해봤더니, 사람은 다른 사람들에게 둘러싸여 있을 때 자신의 개성을 존중받기보다는 획일화되어 수많은 사람 중 하나로 전락하기 때문에 고독을 느낀다고 합니다. 누군가가 나를 부를 때에도 '어이, 거기!'라고 말하면 기분이 나쁘지만 이름을 불러주면 훨씬 존중감을 느끼는 것과 같은 이유죠. 그래서 니체는 "모두가 평등하기를 원하고, 모두가 평등하다. 자기가 다르다고 느끼는 자는 제 발로 정신병원으로 들어간다."[19]라고 말합니다. 오늘날 조금이라도 다르고 개성 있으면 시장과 국가는 그를 질투하거나 배척하는 경향이

피에르 오귀스트 르누아르, 〈보트 파티에서의 오찬〉, 1880~1881
사람은 고독을 극복하려고 끊임없이 다른 사람을 찾지만, 즐거운 순간 갑자기 외로움을 느끼기도
합니다. 왜 사람은 군중 속의 고독을 느낄까요? 어쩌면 개개인의 개성을 인정하지 않고 배척하는
시장과 국가 때문일지도 모릅니다.

있습니다.

정신적 고독도 있죠. 자신의 길을 찾기 위해서 자신과 대화하는
상태를 우리는 정신적 고독이라고 합니다. 앙드레 지드(Andre Gide)
는 소설《반도덕주의자》에서 "이제 나는 홀로 가려고 한다. 제자들
이여! 그대들도 이제 헤어져 제 갈 길을 가도록 하라!"[20]라고 이야
기했는데, 니체의 사상과 연결되는 부분이죠. 물론 우리는 홀로 있
는 자신을 발견할 때 공포를 느낍니다. 그래서 고독에 대한 공포를

3. 1부 1강 — 초인, 국가와 시장을 떠나다

견디지 못하면 결코 자신을 발견하지 못하죠. 자기 자신을 발견하려면 고독해야 한다는 이야기입니다. 고독한 사람은 자기 자신과 대화하게 됩니다. 혼자 있지만 사실은 끊임없이 자신의 삶을 돌이켜보고, 자신을 객관화하고, 자신에게서 거리를 두는 모습을 발견하게 됩니다.

홀로 있지만 외롭지 않은 고독, 이것이 초인이 되기 위한 전제 조건이라고 볼 수 있습니다. 홀로 있지만 외롭지 않은 고독은 어떤 방식일까요?

고독 속에는 고독 속으로 가져온 것이 자라며, 또한 내면의 짐승도 자란다. 이 때문에 고독은 많은 사람에게 권할 만한 것이 못 된다.[21]

물리적으로 다른 사람과 떨어지고 고독한 상태가 계속되면 정신적 능력만 연마되는 것이 아니라 내면에 또 다른 괴물이 만들어진다는 거예요. 너무 오랫동안 고독 상태를 계속하는 것은 바람직하지 않다는 이야기죠.

그러나 언젠가 고독은 그대를 지치게 할 것이며, 언젠가 그대의 긍지는 구부러지고, 그대의 용기는 으스러질 것이다. 언젠가 그대는 "나는 혼자다!"라고 외칠 것이다.[22]

외로우면 우리는 어디로 달려갑니까? 시장으로 갑니다. 맛있는 음식도 먹고 쇼핑도 하고 다른 사람들을 지켜보며 덜 외롭다는 느낌을 받죠. 사실 우리는 이곳을 떠날 수 없어요. 그러니까 니체의 이야기는 군중에게서 분리되어 '자신만의 길을 가라'는 것이지, 산속에 틀어박히라는 게 아닙니다. 산에 들어갔다가 내려와서 다시 사람들과 섞이고, 거기서 자신을 또다시 발견하고, 그러면서 자신의 길을 갈 능력을 회복하려고 다시 고독으로 되돌아가는 왕복의 길입니다. 끊임없는 올라가는 길과 내려가는 길이 교차되어야 합니다. 그래서 고독에 대한 공포는 자신에 대한 공포라고 이야기할 수 있습니다.

1부 〈이웃 사랑에 대하여〉에서 이런 이야기가 나옵니다.

어떤 사람은 자신을 찾으려고 이웃에게로 가고, 또 다른 사람은 자신을 잃고 싶어서 이웃에게로 간다. 그대들 자신에 대한 그대들의 그릇된 사랑은 고독을 감옥으로 만든다.[23]

외로움을 극복하려고 끊임없이 다른 사람에게 달려가는 사람은 외로움을 극복하지 못합니다. 그런데 다른 사람과 너무 분리되어 자신의 내면 세계로 침전하며 성처럼 살아가는 사람 역시 진정한 의미의 고독을 향유하지 못합니다. 이것이 차라투스트라가 우리에게 들려주는 교훈입니다.

초인의 친구들

초인도 친구가 필요합니다. 혼자서는 결코 초인이 되지 못한다는 이야기죠. 누구에게나 같이 걸어갈 길동무가 필요합니다. 그렇지 않습니까? 앞으로 얼마나 더 살지 모르지만 죽음을 앞두고 뒤돌아보면서 같이 걸어온 길이 아름다웠다고, 오르막길도 있고 내리막길도 있고 때로는 위험한 상황도 있었지만 함께 걸어서 참 좋았다고 이야기할 수 있을 때 우리는 조금 더 초인에 가까워진다는 거죠.

한국 사람들이 크게 신경 쓰는 것 중 하나가 노년 생활인데요. 노년에 행복하려면 돈이 많아야 하고, 건강해야 하고, 만날 친구가 있어야 한다고 이야기합니다. 그래서 갑자기 그전까지는 거들떠보지도 않던 친구에게 전화를 걸어요. 물론 그런 친구도 필요하겠지만 초인의 길동무는 다릅니다.

어떤 사람이 초인의 길동무일까요? 니체는 길동무를 '함께 창조하고, 함께 수확하며, 함께 축제를 벌일 자'라고 합니다. 똑같은 길을 간다는 뜻은 아니죠. 너는 너의 길을 창조하고 나는 나의 길을 창조하며, 서로 격려하고 위로하고 힘이 되는 친구. 함께 고난을 겪은 후에 수확하고 나눌 수 있는 친구. 그리고 함께 축제를 벌이며 즐길 수 있는 친구. 이게 정말 좋은 친구라는 거예요.

내게는 길동무가 필요하다. 내가 원하는 곳으로 짊어지고 가는 죽은 길동무나 시체가 아니라 살아 있는 길동무가 필요하다. 하지만 내게 필요한 살아 있는 길동무는 자기 자신을 따르고자 나를 따르는, 내가 가는 곳으로 나를 따라오는 자다.[24]

이것이 차라투스트라가 말하는 초인의 길동무입니다. 차라투스트라는 자신을 따라오라고 이야기하지 않아요. 너의 길을 가기 위해 나와 함께 걸어갈 수도 있는 친구가 진정한 친구라고 합니다. 똑같은 삶의 유형을 가진다고 해서 친구가 되는 것은 아니라는 말입니다.

자신의 길을 가기 위해 차라투스트라와 함께 길을 갈 수 있는 사람은 대중과 군중이 아니었습니다. 시장에서 초인의 가르침을 설파했는데 조롱과 조소만 얻었고, 군중을 교육해서 모두를 초인으로 만드는 일은 불가능하다는 것을 깨달았죠. 그래서 차라투스트라는 제자를 만들고, 소수의 선택받은 친구들을 사귀려고 합니다. 이 때문에 니체는 대중을 포기하고 귀족주의를 추구한다고 비판을 받기도 합니다.

전통적 친구의 조건은 무엇인가요? 먼저 자신보다 친구의 삶을 우선 고려하고 타인의 관점에서 생각할 수 있는 이타주의를 꼽죠. 아주 가깝게 정서적 유대감을 가지고 함께 고통을 느낄 수 있는 친밀성도 있어요. 또 동정심을 이야기하기도 합니다.

니체의 친구 개념은 거꾸로예요. 이기주의, 이질성, 전쟁을 말합니다. 의도적으로 선택한 단어들이에요. 철저하게 자신의 삶을 찾으려는 이기주의를 가져야만 진정한 친구가 된다고 합니다. 예를 들어 호감을 얻으려고 내숭을 떨고 앞에서는 좋은 사람인 것처럼 꾸

미는 사람이 친구일까요? 아니에요. 서로 각자의 길을 가는 데 도움
이 될 수 있으면 그게 친구입니다. 너무 동질적이면 친구가 아니에
요. 달라야 해요. 그래서 이질성을 말합니다. 사실 너무 똑같은 사람
들이 친구가 되는 경우는 별로 없습니다.

또 친구는 서로 전쟁을 해야 합니다. 이해하기 힘든 대목이죠. 전
쟁이란 도대체 무엇을 의미할까요? 니체가 전통적 친구에 대해서
이야기합니다. "그대는 그대의 벗 앞에서 어떠한 옷도 걸치지 않으
려 하는가?"[25] 친구를 너무 이상화하는 경향이 있습니다. 숨기는 것
없이 내면을 다 보여주는 게 친구라고 생각하면 절대로 친구를 못
만나요. 니체는 자신을 추호도 숨기지 않는 자는 다른 사람의 분노
를 일으킨다고 이야기합니다.

> 그대는 이미 벗의 잠든 모습을 본 적이 있는가? 그리고 벗의 모습
> 을 보고 깜짝 놀라지 않았는가? 아, 나의 벗이여, 인간은 극복되어
> 야 할 그 무엇이다.[26]

우리는 벗에 대해 상당히 낭만적인 편견을 갖고 있습니다. 진정한
친구가 되려면 자신의 모든 모습을 보여줘야 한다는 것이죠. 그런데
잠자는 모습은 본래의 그가 아닙니다. 흔히 잠자는 모습을 천진난만
하다고 이야기하죠. 진정한 친구가 되려면 화장실부터 튼다고 하잖
아요. 하지만 실질적으로 그렇지 않다는 거예요. 동정과 연민의 대상
을 친구라고 생각하는 것도 부정합니다. "그대의 벗에 대한 동정은

단단한 껍질 속에 숨겨두어야 한다."[27]

이제 니체는 어떤 사람이 진정한 친구인지 이야기합니다. 자신을 찾는 사람, 하나의 목표를 지닌 사람, 초인의 동경을 일깨워주는 사람입니다. 독립적인 사람들은 서로 너무 기대거나 의지하지 않는다는 거죠.

벗을 가지길 원한다면 그 벗을 위해 전쟁도 서슴지 않아야 한다.
그리고 전쟁을 벌이려면 적이 **될 수**도 있어야 한다.
자신의 벗 안에 있는 적도 존경할 줄 알아야 한다. 그대는 그대의 벗을 침범하지 않고서도 그에게 가까이 다가갈 수 있단 말인가?
그대는 그대의 벗 내면에서 최상의 적을 찾아내야 한다. 그리고 벗에게 대적하는 동안 그대는 마음으로 벗에게 가장 가까이 다가가야 한다.[28]

무슨 의미일까요? 우리는 보통 '적(敵)'을 나쁜 뜻으로만 생각하는데 한자 사전을 찾아보면 여러 뜻이 있습니다. 대적하다, 겨루다, 대등하다, 필적하다, 맞서다, 거역하다, 갚다, 원수, 짝, 상대방 등의 뜻이 있어요. 원수는 여덟 번째에 들어가 있죠. 우리는 대부분 적을 맞서 싸워야 하는 원수처럼 생각합니다. 하지만 공동의 문제를 딛고 넘어서서 자기 극복을 하고 초인이 되기 위해 함께 싸워갈 수 있는 자이고, 그것이 친구라는 거죠. 그래서 니체는 적이 경쟁하는 싸움에서 상대이지 서로를 해치려는 원수가 아니라고 말해요.

105

조심해야 할 점은 어떤 사람은 결코 친구가 될 수 없습니다. 니체가 경고합니다. "그대는 노예인가? 그렇다면 그대는 벗이 될 수 없다. 그대는 폭군인가? 그렇다면 그대는 벗을 가질 수 없다."[29] 남의 말에 순종하고 남의 의견에 기대는 사람은 절대 벗이 되지 못한다는 거예요. 남을 지배하고 자기주장만 관철하려는 사람은 절대 벗을 만들 수 없다는 이야기죠. 그래서 자신의 적을 찾아내어 전쟁을 수행할 줄 아는 진정한 친구를 만나야 합니다. 그래서 초인도 친구가 필요해요.

> 벗은 그대들에게 이 대지의 축제요, 초인을 예감케 하는 것이어야 한다. …… 그대는 벗의 내부에 있는 초인을 그대의 존재 이유로서 사랑해야 한다.[30]

자기 극복에 도움이 되는 자, 함께 삶을 창조할 수 있는 자. 이런 친구를 만들기 위해서는 때로는 치열하게, 때로는 열정적으로, 때로는 고통스럽게 고독을 견뎌낼 줄 알아야 하죠. 이것이 우리가 시장을 떠나고 국가를 떠나야 하는 이유입니다.

1부 2강

세 가지 변신,
낙타와 사자와
아이의 정신

나는 그대들에게
정신의 세 가지 변신에 대해 말하고자 한다.
어떻게 정신이 낙타가 되고,
낙타는 사자가 되며,
사자는 마침내 아이가 되는지를.

— 《차라투스트라는 이렇게 말했다》, 1부 〈세 가지 변신에 대하여〉, 43쪽.

초인이 원하는 덕

이번 강의에서는 우리가 초인이 되려면 무엇이 필요한지 살펴보려고 합니다. 프리드리히 니체는 기존의 전통적 도덕을 아주 예리하게 비판하고 파괴하고 부정합니다. 기독교적 전통과 맥락에서 우리 삶의 방향을 설정해준 수많은 가치와 덕성, 도덕이 있었겠죠. 니체는 이런 것들을 모두 부정합니다. 그렇다면 초인은 덕이 필요 없냐고 물을 수 있겠죠? 초인도 덕성이 필요합니다. 그렇다면 초인에게 필요한 덕성은 기존의 덕성과 어떤 차이가 있을까요? 이것이 이번 강의의 핵심 문제입니다.

니체가 이런 이야기를 합니다. '모든 덕은 자신의 시대를 갖고 있다.' 우리가 시대정신이라는 말을 하잖아요. 이 시대를 관통하는 우리의 정신은 무엇일까요? 이렇게 시대정신을 찾는 것도 좋겠지만, 이를 위해 먼저 우리가 겪는 문제를 다루는 것이 훨씬 더 유용하다고 생각합니다. 저는, 모든 시대는 그 시대의 고유한 병을 가지고 있다고 생각합니다. 이렇게 접근해보면 21세기를 살아가는 대한민국 시민으로서, 또 개인으로서 우리가 같이 느끼는 고통을 찾아갈 수 있을 겁니다. 자기 시대의 아픔과 고통을 알고 있어야 그것을 극복할 수 있는 덕성을 만들어낼 수 있겠죠?

어쩌면 한국인은 어렸을 때부터 도덕 교육을 잘못 받았는지도 모르겠습니다. 학생들이 도덕이라는 말만 나오면 알레르기 반응을 일으켜요. 듣기 싫다는 뜻이죠. 무엇이 옳다 그르다, 그 일을 해도 된다 안 된다는 이야기를 너무 많이 듣잖아요. 아이를 가르치면서 이건 괜찮고 저건 안 괜찮다고 너무 많이 이야기하는 것은 바람직하지 않죠. 이것이 우리의 병일 수도 있을 거예요. 과잉 도덕이 우리 사회를 실제로 도덕적으로 만들지는 않는다는 거죠.

각 시대가 그 시대의 고유한 병을 가지고 있다면, 마찬가지로 각 시대는 그 시대의 고유한 덕성을 가지고 있습니다. 그래야 건강한 사회라고 말할 수 있겠죠. 우리 사회가 건강하지 않다고 느낀다면 우리 시대가 고유한 덕성을 가지고 있지 않은 거예요. 공유할 수 있는 공동의 가치가 없는 겁니다. 니체는 이렇게 말합니다.

덕은 우리의 고안물이어야만 하고, 우리의 가장 개인적인 정당방위이며 필수품이어야만 한다. 다른 의미에서의 덕은 어떤 의미에서든 한갓 위험일 뿐이다. 우리의 삶의 조건이 아닌 것은 삶을 해친다. 칸트가 원했던 것처럼 '덕' 개념에 대한 존경심에서만 나온 덕은 해롭다.[1]

덕은 다른 사람에 의해서 강요되지 않는다는 거죠. 덕은 자기 문제를 극복하려고 만들어낸 가치와 연관되어 있다는 겁니다. 덕은 우리 삶의 조건이고, 우리 삶을 더 낫게 만들어야 하며, 강요된 덕성은 삶을 해친다는 뜻이에요. 이 문제는 요즘 우리가 여러 사회적 현상을 통해서 겪는 어려움과 유사하지 않나 생각해봅니다.

부모님이 말씀하시니까 무조건 따라야 하고, 시간이 지나다 보면 그것이 내면화되어서 의무처럼 생각하고, 그 의무를 저버리면 잘못 사는 것 같은 느낌을 받는 학생이 있습니다. 이런 학생은 대학교에 입학해서 가치관에 혼란을 일으켜요. 갑자기 자기 삶의 방향을 정하려니 쉽지 않죠. 어렸을 때부터 기존의 덕과 가치를 따라야 한다는 순종의 태도만 내면화했지, 스스로 결정하고 창조하려는 노력은 기울이지 않았기 때문입니다. 니체가 우리에게 들려주는 교훈은 아주 간단해요. 모든 시대가 그 시대의 덕성을 가지고 있을 뿐만 아니라, 모든 개인은 그 개인의 고유한 덕성을 가지고 있어야 한다는 이야기예요.

초인은 어떤 덕성을 원할까요? 니체는 기존의 도덕적 선악 규정을 넘어 새로운 가치를 창조하려 했던 철학자입니다. 그렇다면 도덕 없이 초인이 될 수 있을까요? 니체는 아니라고 이야기합니다. 우

111

리가 살아가기 위해서는 누구라도 덕성을 갖추어야 한다고 말해요. 여기서 다음과 같은 질문이 발생합니다. '전통적 선악 이원론을 넘어설 수 있는 도덕은 가능한가?' '전통적 도덕은 붕괴했는데 새로운 도덕은 어디에서 찾아야 하는가?'

요즘 시대에 가치관의 혼란을 느끼지 않는 사람은 한 명도 없을 것 같습니다. 갈등의 사회잖아요. 젠더 갈등이나 세대 갈등부터 이념 갈등에 이르기까지, 최근 우리의 사회적 현상을 보면 진영이 완전히 갈라져서 서로 듣지 않거든요. 논리적 비판을 하더라도 그 내용을 보지 않고, 어느 진영에서 비판했는지만 따지려고 합니다. '선악의 저편'은 19세기 중반 니체의 주장이지만, 우리에게도 요구되지 않나 싶습니다. 각자가 무엇이 옳고 그른지 판단하는 능력을 갖출 때, 우리는 비로소 덕을 가질 수 있다는 말입니다.

선하고 의로운 자들을 보라! 그들은 누구를 가장 미워하는가! 그들이 존중하는 가치의 서판을 부수는 자, 파괴자와 범죄자를 가장 미워한다. 하지만 그가 창조하는 자다.[2]

선하고 의로운 자들은 기존의 도덕을 맹목적으로 따르기만 하는 사람들이에요. 집에서는 부모님이 하라는 대로 하고, 학교에서는 선생님이 시키는 대로 잘 따르기만 하는 학생을 착하다고 하잖아요. 착한 사람은 가치의 파괴자를 미워하지만, 그가 바로 창조하는 자입니다. 사회가 급격하게 변화할 때는 기존의 것을 파괴하지 않고는 새로운 것을 만들어내지 못합니다. 새로운 것을 창조하는 사람이 기존 세력에게는 파괴자로 보이는 거죠.

여기에서 우리가 질문을 하나 던져야 해요. 교통법규를 잘 지킨다거나 유교적 가치관을 내면화하는 것이 덕성이 아니라면, 본래 덕성은 무엇을 의미할까요? 원래 덕성은 선을 행하는 능력입니다. 그런데 우리가 사용하는 낱말은 우리를 종종 현혹해요. 선이라고 하면 흔히 '도덕적 선'이 먼저 떠오를 거예요. 하지만 선을 의미하는 영어 'good'은 그저 '좋음'입니다. 니체는 아주 간단하게 좋은 것은 선, 나쁜 것은 악이라고 설명합니다. 그리고 좋은 것을 실행하는 능력을 덕성(virtue)이라고 이야기해요.

만약 능력이 없다면 무언가를 실행하지 못하잖아요. 물리적으로는 에너지라는 개념을 쓸 수도 있습니다. 물리적으로 무언가를 일어나게 하는 내재적 힘이 에너지예요. 어떤 사람이 에너지가 넘친다는 느낌을 받는다면 그 사람에게 어떤 일을 할 수 있는 기운이 보이는 겁니다.

덕성을 위한 영혼의 투쟁

서양에서는 전통적으로 인간이 살아가면서 자기에게 선을 행하는 능력을 네 가지 덕성으로 보았습니다. 이것을 인간에게 가장 기본적인 네 가지 덕성이라고 이야기합니다. 플라톤과 아리스토텔레

113

스부터 기독교적 가치관, 스콜라철학에까지 이어지는 생각이에요.

첫 번째 덕성은 '지혜(prudence)'입니다. 지혜는 옳고 그름을 판단하는 능력이죠. 아무리 지식이 많아도 지혜가 뛰어나지는 않을 수 있어요. 예를 들어 대학교 교수는 지식이 아주 많아요. 수학 문제를 금세 풀고, AI도 만들어내고, 물질도 탐구합니다. 저처럼 철학과 역사에 관한 지식이 많을 수도 있죠. 그런데 지식이 많다고 해서 과연 옳고 그름을 판단하는 능력도 다른 사람보다 뛰어난가요? 그렇지 않죠. 칸트는 '세상에는 지식은 뛰어나지만 판단력은 형편없는 자들이 수두룩하다. 이런 사람은 대학에 제일 많다.'라며 비웃었습니다.

두 번째 덕성은 '용기(courage)'입니다. 용기는 무엇일까요? 가장 기본적인 정의는 위험과 공포에 대처하는 능력이에요. 중요한 점은 무엇이 나에게 위험한지 인식하는 능력이 전제되어야 해요. 위험은 개인마다 다르니까요. 사회와 시대에 따라 달라져요. 용기를 가지라는 말이 무모한 행동을 하라는 뜻은 아니죠. 여기에는 훨씬 깊은 의미가 담겨 있습니다.

세 번째 덕성은 '절제(temperance)'입니다. 자기를 통제하는 능력이죠. 어쩌면 우리에게 가장 필요한 능력은 절제가 아닌가 싶습니다. 맛있는 음식을 보면 대부분 환장하잖아요. 참기가 너무 힘들어요. 저는 요즘 오래된 습관을 끊으려고 무척 노력하고 있는데요. 오후 3시에 커피를 마실 때 케이크를 꼭 함께 먹는 습관이에요. 케이크를 먹지 않으려고 노력하는데 그게 잘 안 됩니다. 그래서 방법을 바꿔서 케이크를 넷으로 등분해서 먹는 것만큼은 지키려고 합니다.

이렇게라도 절제를 하려고 해요. 우리 내면의 욕망·욕구·본능·충동 등의 힘이 정말 강력해요. 이를 절제할 수 없을 때 삶은 완전히 망가질 수도 있습니다.

네 번째 덕성은 '정의(justice)'예요. 최근 정의라는 말을 너무 많이 사용하는 것 같아요. 특정한 용어가 많이 사용된다는 것은 오히려 그 용어가 결여되었음을 간접적으로 말해주는 것인지도 모릅니다. 정의를 엄청나게 이야기하는 한국 사회는 과연 정의로운가요? 소통을 강조합니다. 이웃과 제대로 대화도 나누지 않는다는 것을 의미하겠죠. 대학에서는 융합을 권장합니다. 희한하게도 융합이 잘 안 돼요. 정의를 어떻게 정의할 수 있을까요? 모든 사람에게 각자의 것을 배분하는 공정의 능력입니다. 각자 마땅한 것을 마땅히 받을 수 있을 때 정의롭습니다. 물론 누군가에게 마땅한 것이 무엇인지 질문을 제기할 수 있어요.

기독교에서는 4대 기본 덕성이 아닌, 7대 덕성과 7대 악덕으로 나누기도 합니다. 7대 악덕에는 욕정·폭식·탐욕·나태·분노·시기·자만이 있고, 7대 덕성에는 순결·절제·자선·근면·인내·친절·겸손이 있습니다. 악덕 없이 덕성을 이야기하기가 어렵죠. 예를 들어, 음식에 대한 욕망, 즉 폭식이 있기에 절제가 필요한 겁니다. 그래서 악덕이 없으면 덕성도 없어요. 우리가 덕성을 갖추려면 자신이 지닌 악덕의 얼굴을 직시할 줄 알아야 합니다. 나는 어떤 악덕을 가졌는지 질문해야 해요. 여러분에게 가장 문제가 되는 악덕은 무엇입니까?

자기만의 덕성을 가진다는 것은 내면에서 부단한 전쟁을 벌여야

115

4. 1부 2강 — 세 가지 변신, 낙타와 사자와 아이의 정신

히에로니무스 보스, 〈칠죄종과 네 가지 종말〉, 1485
기독교에서는 7대 덕성과 7대 악덕을 규정했습니다. 니체는 우리가 덕성을 갖추려면 자신이 지닌 악덕을 직시할 줄 알아야 한다고 이야기했죠. 여러분에게 가장 문제가 되는 악덕은 무엇인가요?

한다는 뜻이에요. 전쟁 없이 덕성은 발전하지 않습니다. 부모가 시키는 대로 복종하고, 선생님이 지시하는 대로 순종하고, 기존 사회 규범을 따르면 싸움이 없죠. 너무 평화를 갈구하면 덕성이 생기지 않습니다. 아주 역설적인 측면이에요. 마치 부부 사이에 한 번도 싸우지 않는 일은 불가능하고, 잘 싸울수록 오래오래 행복하게 사는 것과 같습니다. 싸움이 없는 경우에는 언젠가는 곪아 터져요. 니체는 이를 '영혼의 투쟁 없이는 덕성이 탄생하지 않는다'고 이야기합니다.

흥미롭게도 니체는 덕과 잠의 관계를 이야기합니다. "잠을 자는 것, 그것은 간단한 기술이 아니다. 그러기 위해서는 온종일 깨어 있어야 한다. …… 그러나 잠을 잘 자려면 모든 덕을 갖추어야 한다."[3] 19세기에 이미 수면의 중요성을 인식하고 있었어요. 그러면서 잠을 잘 자기 위해 왜 덕이 필요한지를 말합니다.

> 낮 동안 열 번, 그대는 자신을 극복해야 한다. ……
> 낮 동안 열 번, 그대는 자신과 다시 화해해야 한다. ……
> 낮 동안 그대는 열 가지 진리를 찾아내야 한다. ……
> 낮 동안 열 번, 그대는 웃어야 하고 쾌활하게 지내야 한다.[4]

왜 열 번이라고 했을까요? 기독교의 십계명을 패러디한 거예요. 십계명은 거짓말하지 마라, 간음하지 마라, 살인하지 마라, 남의 것을 훔치지 마라 등 도덕적 명령만을 이야기하죠. 하지만 우리가 살아가는 데 필요한 구체적인 삶의 방식에 대해서는 아무것도 이야기해주지 않습니다.

우리를 잠들지 못하게 하는 것은 무엇일까요? 곰곰이 생각해보면 그것은 욕망이에요. 내면의 욕심, 욕정 같은 것들이죠. 또 화나는 순간에 분노를 표출할 줄도 알아야 하는데 왜 바보같이 가만히 있었는지 후회하는 경우도 있죠. 이러한 것들을 하루에 열 번씩 극복하

117

라는 메시지입니다. 자신과 화해하고, 나름대로 해결책을 발견하면 밤에 잠을 잘 잘 수 있다는 이야기죠.

덕성을 갖춘다면 살아가는 데 상당한 도움이 됩니다. 그런데 니체가 말하는 덕성과 전통적 도덕의 덕성은 근본적 차이가 있어요. 먼저 전통적 도덕은 모든 사람이 똑같은 덕을 갖추어야 합니다. 나의 덕과 다른 사람의 덕이 똑같다고 보는 거예요. 모세의 십계명이 어떤 사람에게는 적용이 되고 다른 사람에게는 적용이 안 되는 게 아니잖아요. 하지만 니체는 '모든 덕성은 개인적'이라고 이야기합니다. '절제해야 한다'는 이야기를 할 때, 절제의 구체적인 내용과 목표는 개인마다 다르다는 거예요. 이를 무시해서는 덕성의 의미를 깨우치지 못한다고 합니다.

두 번째, 전통적 도덕은 계산 가능하고 실천하기 쉬워요. 덕이 무엇인지 알면 우리는 실천할 수 있습니다. 반면 니체는 자신만의 덕을 갖추고 그 덕을 실천하는 일은 너무나 힘들다고 말합니다. 이유는 간단합니다. 보편적 기준이 없기 때문이죠. 기준을 스스로 만들어야 하기에 힘든 거예요. 세 번째, 전통적 도덕은 평범합니다. 시키는 대로 하기만 하면 돼요. 그런데 니체가 이야기하는 덕은 초인만이 가능합니다. 자기 극복을 끊임없이 요구하기 때문이에요. 이 세 가지가 기존 도덕과 니체 도덕의 차이입니다.

칸트가 원했던 것처럼 '덕' 개념에 대한 존경심에서만 나온 덕은 해롭다. '덕', '의무', '선 그 자체', 비개인성과 보편타당성이라는 성

격을 갖는 선—이것은 삶의 몰락과 삶의 최후의 소진과 쾨니히스
베르크의 중국주의가 표명하는 환영들이다. …… 내적인 필연성도
없고, 철저한 개인적 선택도 없이, 기쁨도 없이 일하고 생각하고
느끼는 것보다 더 빨리 파괴하는 것이 무엇이란 말인가? 그런 것
이 데카당스로 향하게 하는, 백치로 향하게 하는 처방전인데 말이
다.[5]

덕성이니까, 규칙이니까, 도덕이니까, 규범이니까 따라야 한다고
생각하는 것은 해롭습니다. 임마누엘 칸트는 독일 쾨니히스베르크
출신인데요. 이 조그만 도시를 한 번도 떠난 적이 없는 것으로 유명
합니다. 여기서 도덕철학을 만들어냈어요. 니체는 칸트를 언급하며
내적 필연성을 이야기하는데, 우리가 요구하는 덕성은 내적으로 필
요해서 만들어진 덕, 철저하게 내가 선택하는 덕이며 그 덕성을 실
행하면서 기쁨을 느낄 수 있어야 한다고 강조합니다. 강요되어 어
쩔 수 없이 행하는 것이 아니라, 삶에 도움이 되기에 행하는 덕이
진정한 덕이라는 의미예요.

니체는 기존 도덕을 데카당스(décadence), 퇴폐주의의 상징으로 보
고 있습니다. 이것이 그의 수사학이에요. 통상 도덕적인 사람은 퇴
폐적이지 않다고 하는데, 기존 도덕은 오히려 우리를 퇴폐적으로
만든다고 이야기합니다. 믿지도 않으면서 따르기만 하기에 그렇다
는 거예요.

119

천국의 덕과 지상의 덕

덕에는 천국의 덕과 지상의 덕이 있습니다. 기독교에서 이야기하는 것처럼 '가르칠 수 있는 덕'을 천국의 덕이라고 합니다. 기독교적 가치관에 따라 살기만 한다면 천국에 갈 수 있다고 믿는 것, 이것이 천국의 덕이죠. 이 덕성은 수동적입니다. 개인의 선택과 의지가 개입할 여지가 없습니다. 왜 그렇게 살아야 하냐고 물으면 옛날부터 그렇게 살아왔다고 대답해요. 니체는 이것이 진정한 의미의 덕성이 아니라고 말합니다.

지상의 덕성은 '가르칠 수도 없고, 다른 사람과 공유할 수도 없으며, 말할 수도 없는 덕성'입니다. 진정한 의미에서 자신만의 덕성을 가지고 있다면, 그것은 다른 사람과 절대 나눌 수가 없다고 이야기해요. 왜 그럴까요? 나만의 욕망, 나만이 극복해야 할 대상이 있기 때문입니다. 사람에 따라 달라질 수밖에 없겠죠. 그래서 이 덕성은 개인적이라고 볼 수 있습니다.

지상에는 유혹이 많습니다. 유혹은 개인마다 정말 달라요. 저의 직장 동료였던 물리학과 교수 한 명은 정말 검소합니다. 식탐도 별로 없어서 맛있는 것 먹으러 가자고 하면 그냥 교내 식당에서 먹자고 해요. 옷차림도 정말 수수합니다. 그런데 음악은 무척 좋아합니다. 집에 스피커가 하나 있었는데, 뭔헨 극장에 있는 것을 떼어서 가지고 온 것이었어요. 그만큼 음악을 좋아하고 소리에 예민했던 거죠. 이분은 결국 교수를 그만두고 음향 회사를 차렸습니다. 자기가 좋아하는 일을 하는 거죠. 이처럼 우리를 유혹하는 것은 사람마다 다 달라요. 다른 건 다 검소하지만 음악에는 사치를 부리는 것처럼요.

유혹을 이겨야 덕성이 생깁니다. 악덕 없이는 덕성이 없는 것처럼, 유혹 없는 덕성도 없습니다. 그래서 모든 유혹에 냉담한 사람은 엄밀한 의미에서는 덕성이 없는 사람이죠. 우리는 끊임없이 악마의 유혹을 받습니다. 기독교에서도 유혹의 이야기가 많이 등장하는데요. 대표적인 것이 예수 그리스도를 향한 악마의 세 가지 유혹입니다.

예수 그리스도가 광야로 나가서 40일을 금식하고 수련하는 동안 악마가 세 번 찾아와 유혹합니다. 먼저 악마가 모든 사람이 먹을 수 있는 음식을 제공하라며 돌을 빵으로 만들어보라고 이야기하거든요. 여기에 예수 그리스도는 "사람이 빵으로만 살 것이 아니라, 하나님의 입에서 나오는 모든 말씀으로 살 것이다."[6]라고 대답합니다. 빵만으로는 살지 못한다는 대답이죠. 물질적인 욕망을 어떻게 극복할 것인지에 대한 예시입니다.

두 번째로 악마가 예수 그리스도에게 성전의 첨탑에서 뛰어내리라고 유혹합니다. 예수 그리스도는 "주 너의 하나님을 시험하지 말라."[7]라고 답합니다. 다른 사람의 유혹에 패가망신한 사람이 많은데, 이를 경계하는 이야기죠. 세 번째는 사탄을 경배하면 세상을 다 주겠다는 유혹입니다. 예수 그리스도는 "주 너의 하나님께 경배하고 다만 그를 섬기라."[8]라고 단호히 말합니다.

황야는 악마의 유혹을 받는 곳을 상징하는 장소예요. 아무것도 없는 곳이죠. 아무것도 없으면 유혹도 없다고 생각할지 모르겠지만,

121

흥미롭게도 아무것도 없는 것이 가장 큰 유혹이에요. 방 안에 가만히 누워 있으면 이런저런 망상이 들잖아요. 차라투스트라는 서른이 되던 해에 고향과 호수를 떠나서 십 년간 자신의 고독과 정신을 향유했다고 하는데요. 그가 언제 유혹을 많이 받았을까요? 혼자 있을 때, 고독 속에 있을 때 유혹을 많이 받았습니다. 우리는 모두 자신의 내면에 황야와 악마를 갖고 있습니다. 그러니 우리는 무엇이 황야이고 무엇이 악마인지 질문을 던져야 합니다.

그런데 우리는 자꾸 악마를 타자화하는 경향이 있습니다. 자신의 내면이 아니라 바깥에 있다고 생각하죠. 예를 들어 성폭력 가해자는 피해자가 성범죄를 유발하는 요소를 제공했기 때문에 자신에게는 문제가 없다고 생각하는 경향이 있어요. 이런 생각은 문제가 많죠. 타당하지 않잖아요. 설령 자극이 있었더라도 욕망을 극복하고 자제하는 것은 본인의 몫입니다. 따라서 악마와 황야는 바깥이 아니라 내면에 있습니다.

그것은 **나의** 선이며, 나는 그것을 사랑한다. 그것은 완전히 내 마음에 들며, 나는 그 선을 원한다.

나는 그 덕을 신의 율법으로서도, 인간의 법규와 인간의 필수품으로서도 원하는 것이 아니다. 그 덕은 나에게 대지의 너머 천국으로 안내하는 이정표가 되어서도 안 된다.

내가 사랑하는 것은 바로 이 지상에서의 덕이다. 그 덕에는 영리함이란 별로 없고, 모든 사람이 지닌 이성도 아주 조금만 들어 있다.[9]

선을 원하기 때문에 따른다는 거죠. 각자 자신의 덕성을 개발해야 한다는 것이 니체의 주장입니다. 율법은 어디에서 나올까요? 니체는 덕이 결국 인간이 가진 기본적 열정·충동·정념 등에서 나온다고 해요. 따라서 덕의 자원은 열정입니다. 열정의 목표를 부여하는 것은 우리가 새로운 목표를 설정하고 가치를 승화시키는 방법이고, 그래서 열정을 어떻게 승화시킬 것인가가 덕의 중요한 목표가 됩니다.

> 한때 그대는 열정을 지녔었고, 그것들을 '악'이라 불렀다. 그러나 이제 그대는 오직 그대의 덕만을 지니고 있을 뿐이다. 그 덕은 그대의 열정에서 자라난 것이다.
> 그대는 그대의 최고 목표를 이러한 열정의 심장에 새겼다. 그러자 이 열정은 그대의 덕이 되고, 환희가 되었다.[10]

열정만큼 좋은 게 없습니다. 정념만큼 좋은 게 없다는 거예요. 욕망이 없으면 사람이 살고 있지 않다는 것을 의미합니다. 우리 내면의 수많은 황야, 수많은 유혹을 끌어들이는 요인은 우리가 가진 열정·욕망·환희 같은 것들이고요. 이를 우리가 어떻게 승화하느냐에 따라 그것이 우리 삶에 도움이 되기도 하고 해가 되기도 합니다.

기존의 기독교적 가치관은 욕망을 억누르라고 이야기하죠. 니체는 반대로 욕망을 자연스럽게 승화시키고 인정하라고 말합니다. 오히려 무슨 욕망을 지니고 있는지 스스로 아는 것이 훨씬 더 중요하다고 말합니다. 욕망을 나쁘고 악한 것이라고만 생각하면 자신이 어떤 종류의 욕망을 가졌는지 잘 모른다는 뜻이에요. 그래서 이렇게 이야기합니다. "그대의 모든 열정은 결국 덕이 되었고, 그대의 모든 악마는 천사가 되었다."[11]

　기독교적 전통에서 통상 악마는 추락한 천사라고 이야기합니다. 천사와 악마는 동전의 양면과 같죠. 완전히 대립적으로 보이기도 하지만, 전혀 무관하지는 않다는 거예요. 악마가 없으면 천사도 없다고 볼 수 있습니다. 이 관점에서 니체가 꿈꾸는 덕성을 지상의 덕이라고 하는 이유가 무엇인지 생각해볼 수 있습니다.

　《차라투스트라》1부에는 〈몸을 경멸하는 자들에 대하여〉와 〈저편의 세계를 믿는 자들에 대하여〉가 나오는데요. 이 부분은 철학적으로 매우 중요합니다. 여기서 니체는 '고통을 견뎌내지 못하는 자는 천국을 꿈꾼다'고 말합니다. 궁극적으로 인간이 덕성을 갖추려면 고통을 받아들이고, 그것을 이겨내는 힘을 가져야 한다는 뜻입니다. 고통 없이는 행복도 존재하지 않는다는 것이 니체의 관점이죠.

> 고통과 무능. 이것이 모든 저편의 세계를 만들어냈다. 가장 고통을 당하는 자만이 경험하는 저 짧은 행복의 망상이 그런 세계들을 만들어냈다.[12]

　이 세계가 너무 지옥 같잖아요. 그러면 죽은 다음에는 이런 고통과 갈등과 전쟁이 없는 완벽히 평화로운 세계로 갔으면 좋겠다고 생각하죠. 문제는 그런 세계는 존재하지 않아요. 우리가 사는 세계

말고 다른 행복한 세계를 꿈꾸는 사람은 결과적으로 자신의 덕성을 발견하지 못합니다. 이 세계를 긍정하지 못하기 때문에 유토피아는 어느 곳에도 존재하지 않는다는 거죠. 이것이 니체의 기독교 비판입니다.

또 몸을 경멸하는 자는 더는 자신을 넘어서 창조할 수 없습니다. 몸보다 영혼을 훨씬 중요하게 생각하는 사람을 말하는데요. 니체의 말을 한번 들어볼까요.

그대는 '나'라고 말하면서 이 말에 자부심을 느낀다. 그러나 좀 더 위대한 것은, 믿고 싶지 않겠지만, 그대의 몸이며 그대의 몸이라는 커다란 이성이다. 이 커다란 이성은 '나'를 말하지 않고 '나'를 행한다.[13]

니체는 소위 지성, 영혼에 대해 '몸속에 있는 내장에 불과하다'는 비유를 해요. 흔히 영혼을 몸보다 훨씬 우월한 것으로 생각하지만, 영혼 역시 몸의 하나일 뿐이라는 겁니다. 몸을 잘 가꾸는 사람이 영혼을 잘 돌본다고도 합니다.

인간의 삶을 구성하는 것은 무엇일까요? 여러분의 삶은 어떤 모습과 색깔을 가지고 있나요? 사람들은 대부분 자신의 삶이 고통으로 점철되어 있다고 말해요. 우리는 이것을 몸을 가진 존재로서 이겨나가야 해요. 나이가 들면 몸이 예전과 다르다고 매일 느낍니다. 전에는 가볍게 한 일이 이제는 쉽지가 않아요. 하지만 우리가 가진 욕망과 열정, 정념, 꿈이 바탕이 되어 삶을 유익한 방향으로 바꾼다는 맥락에서 자기를 극복하다 보면, 결과적으로 고유한 덕성을 가지게 됩니다. 끊임없는 자기 극복이 덕성의 통로입니다. 덕성은 외부로부터 주어지는 것이 아니라고 볼 수 있죠.

낙타, 사자, 아이의 변신

이제 정신의 세 가지 변신에 관해 이야기하겠습니다. 세 가지 변신은 몸을 가진 존재가 이 세상을 살며 자기 자신이 되어가는 과정을 서술합니다. 우리가 초인이 되는 과정은 '나는 어떻게 내가 되는지'를 찾는 경로입니다. 1888년 니체가 정신적으로 몰락하기 직전에 쓴 자서전 《이 사람을 보라》의 부제가 바로 '나는 어떻게 내가 되는가?'예요. 여러분은 본래의 자기가 되고 싶지 않습니까? 본래의 자기를 찾으려고 노력하시죠?

니체는 2000년 동안 이어진 서양의 전통을 뒤틉니다. 널리 알려진 것처럼 서양철학은 유명한 신탁으로부터 시작해요. '너 자신을 알라.' 이 명제가 서양철학의 기원이거든요. 어떻게 나 자신을 알 수 있는가? 인식론의 문제가 되죠. 그런데 니체는 이것을 기원전 5세기의 극작가 핀다로스의 말을 통해 살짝 바꿔놓습니다. '어떻게 사람은 본래의 자기가 되는가?' 어떻게 진정한 내가 될 수 있는지를 다루는 거예요. 태어나서 죽을 때까지 한 인격을 가진 존재로 살아가는데, 나라고 이야기할 수 있는 핵심과 가치는 도대체 무엇일까?
전혀 다른 문제에 도달하는 거죠. 자신이 되려면 끊임없이 바뀌어
야 한다는 점을 세 가지 비유를 통해 말합니다.

> 나는 그대들에게 정신의 세 가지 변신에 대해 말하고자 한다. 어떻
> 게 정신이 낙타가 되고, 낙타는 사자가 되며, 사자는 마침내 아이
> 가 되는가를.[14]

니체는 정신을 낙타의 단계, 사자의 단계, 아이의 단계로 나눕니
다. 마치 애벌레가 아름다운 나비로 태어나는 것처럼 새로운 모습
으로 변신하는 거죠. 몸이 완전히 바뀌고 전혀 다른 종류의 생명체
로 진화하는 모습을 세 가지 단계로 이야기합니다.

발전할 가능성은 모두에게 있어요. 변신의 가능성은 모든 사람에
게 똑같이 존재하고, 모두가 초인이 될 수 있다는 뜻이죠. 그러기 위
해서는 내가 무엇을 극복해야 할지 알아야 합니다. 그래서 니체는
'초인이 되고자 하는 사람은 자기 자신에게서 경멸할 것이 무엇인
지를 끊임없이 찾아내야 한다'고 말해요. 자신에게서 참을 수 없는
부정적인 것, 도저히 용납할 수 없는 것을 찾으라고 합니다. 이런 것
이 없는 사람은 태어날 때부터 천사인 거죠. 결국 부정의 부정을 통
해서 우리는 원하는 상태로 들어갑니다. 그것이 자기 극복의 과정
이에요.

세 가지 변신 중 첫 번째는 낙타의 단계입니다. 낙타가 스스로 던

지는 질문은 '나에게 제일 무거운 것은 무엇인가?'입니다. 낙타가 어떤 동물인지는 잘 알 겁니다. 뚜벅뚜벅 걸어가는 동물, 무거운 짐을 싣고 주인이 시키는 대로 순종하는 동물, 복종하면서 황야를 걸어가는 동물이 낙타입니다. 그래서 낙타는 강하고 인내력 있는 정신을 상징해요. 낙타 단계의 덕성은 바로 잘 참아내는 인내력입니다.

낙타 내면의 도덕적 법칙을 영어로 표현하면 'you should'예요. 이것을 행해야만 한다는 도덕적 명령이죠. '거짓말해서는 안 된다', '간음해서는 안 된다', '살인해서는 안 된다' 등입니다. 하면 안 된다는 것이 너무 많죠. 도덕적 복종을 의미합니다. 차라투스트라는 이를 다음과 같이 표현합니다.

> 정신에게는 무거운 짐이 많이 있다. 이 강력한 정신, 인내력 많은 정신의 내면에는 외경심이 깃들어 있다. 그 정신의 강인함은 무거운 짐을, 가장 무거운 짐을 요구한다.[15]

낙타의 단계를 극복하려면 이 단계에 주어진 과제를 수행할 줄 알아야 합니다. 때로는 인내력을 발휘해야 하고, 때로는 참을 줄 알아야 합니다. 그러면서 자신에게 정말 무거운 짐은 무엇인지 시험하는 겁니다. 여러분에게 정말 무거운 것은 무엇인가요? 노동일 수도 있고, 주어진 과제일 수도 있고, 어쩌면 삶 자체일 수도 있습니다. 무엇이 무거운지 스스로 질문을 던지다 보면 각자 대답이 다를 수 있습니다.

그다음은 사자의 단계입니다. 사자는 자유 정신을 의미하죠. 최고의 권력자, 모든 것을 파괴할 수 있는 야수, 원하면 약탈해서라도 갖고자 하는 정신이 사자입니다. 사자에게는 다른 사람이 없어요. 내가 중심이에요. 사자의 단계에 오면 나에 관한 이야기를 많이 합니다. 아이들도 성장하다 보면 자신만의 공간을 가지고 싶어서 방문을 걸어 잠그잖아요. 그걸 절대 나쁘게 생각하면 안 돼요. 사자의 단계로 진입하는 거예요. 이를 거부하고 문을 열라고 요구하면, 아이를 영원히 낙타로 만들겠다는 거예요. 이 단계를 거치고 나야 나중에 스스로 문을 열어놓습니다.

사자에게 내면화된 도덕적 법칙은 'I will'입니다. 자기 의지대로 하고 싶어 해요. 파괴의 정신입니다. 뭔가 창조하려고 한다면 반드시 파괴해야 합니다. 그래서 사자가 던지는 질문은 '나는 무엇을 파괴해야 하는가?'입니다. 파괴의 대상을 올바르게 설정할 줄 알아야 사자의 덕성을 실현할 수 있어요. 아무거나 파괴하면 어떻게 될까요? 소위 사춘기의 무조건적 반항이 가져올 부정적인 결과를 우리는 잘 알고 있습니다.

사자의 정신은 자유를 원합니다.

> 고독하기 그지없는 사막에서 두 번째 변신이 일어난다. 여기서 정신은 사자가 된다. 정신은 자유를 쟁취하려 하고, 자신의 사막의 주인이 되고자 한다.[16]

그런데 자유를 얻으려면 용과의 일전이 필요합니다. 용과의 싸움이 등장해요. 용은 모든 것을 명령하고 지시하는 권위의 상징이죠. 아버지가 용이 되기도 하고, 기존의 도덕이 용이 되기도 합니다. 분명한 것은 용과의 결전 없이는 절대 개인이 탄생하지 않는다는 것. 그래서 니체는 말합니다. "정신이 더는 주인과 신으로 부르고 싶지 않은 거대한 용은 무엇인가? '너는 해야 한다'가 그 거대한 용의 이름이다. 그러나 사자의 정신은 '나는 원한다.'라고 말한다."[17]

사자의 단계만 해도 우리는 상당히 많이 성장했어요. 하지만 니체의 요구는 한 단계 더 높습니다. 바로 아이의 단계입니다.

> 새로운 가치의 창조, 이것은 사자도 아직 이루지 못한 일이다. 그러나 새로운 창조를 위한 자유를 스스로 창조하는 것, 그것은 사자의 힘이 할 수 있는 일이다.[18]

사자가 자기의 의지를 갖고 새로운 가치를 창조하는 능력을 지닐 때 비로소 도달하는 단계, 그것이 바로 아이의 단계입니다.

아이는 삶의 시작이죠. 삶을 즐기듯이 놀아요. 특별한 놀이 기구가 없어도 스스로 놀이를 만들고, 놀이 규칙을 만드는 존재가 아이입니다. 여러분이 어렸을 때를 떠올려보세요. 놀이 기구가 없더라도 정말 재미있게 많은 놀이를 하면서 지냈잖아요. 그래서 아이처럼 유희하듯이 인생을 사는 게 제일 좋겠죠.

아이에게 내면화된 도덕적 법칙은 'I am'입니다. 그냥 있는 그대

콘스탄틴 한센, 〈코펜하겐 크리스티안스보르궁 앞에서 주사위 놀이를 하는 소년들〉, 1834
아이는 스스로 놀이를 만듭니다. 아이처럼 유희하듯 인생을 살 수 있다면 정말 좋을 겁니다. 있는 그대로의 자신을 긍정하며 삶을 즐기듯 사는 존재가 바로 아이입니다.

로의 자신을 긍정할 수 있는 존재. 다른 사람과 관계를 맺을 때 가장 자신 있는 태도는 타인의 시선을 의식하고 잘 보이려고 꾸미는 것이 아니라, 떳떳하게 자신을 긍정하는 것이죠. 자기에 대한 철저한 긍정, 이것이 아이라는 겁니다. 그래서 '긍정의 힘'이 중요합니다.

아이가 던지는 질문은 '나는 무엇을 창조해야 하는가?'입니다.

아이는 순진무구함이며 망각이고, 새로운 시작, 놀이, 스스로 도는 수레바퀴, 최초의 움직임이며 신성한 긍정이다.

그렇다, 나의 형제들이여. 창조의 유희를 위해서는 신성한 긍정이 필요하다.[19]

실제로 니체는 고통으로 가득 차 있고, 수많은 갈등과 전쟁으로 점철된 삶을 살았어요. 그럼에도 불구하고 어떻게 행복하게 삶을 살아갈 것인지가 그의 과제였습니다. 가장 힘든 문제예요. 나의 삶, 내가 사는 이 사회를 어떻게 긍정할 것인가? 이런 면에서 정신의 최고 단계는 아이입니다. "이제 정신은 자신의 의지를 원하고, 세계를 상실한 자는 이제 자신의 세계를 얻는다."[20]

스스로 불타며 생명을 주는 존재

자기 자신을 되찾는 성장의 과정을 정신의 세 가지 변신으로 서술했습니다. 그렇다면 이런 성장 과정을 거쳐서 초인이 되는 데 필요한 마지막 덕성이 무엇일까요? 니체는 이를 '베푸는 덕'이라고 합니다. 주의할 것은 이것이 기독교에서 이야기하는 자선이나 자비가 아니라는 거예요. 베푸는 덕은 정말 강력한 권력의지를 필요로 하고, 끊임없는 자기 극복 과정에서 겨우 성취할 수 있습니다. 베푸는 덕은 쉽게 얻어지지 않아요.

니체는 '덕성들 그리고 자기 자신의 고유한 덕성'이라는 표현을 씁니다. 모든 개인에게는 자신만의, 단수의 덕성이 필요하다는 뜻이죠. 개인의 덕성이 모일 때, 덕성들이 있을 수 있어요.

> 그대에게 행운이 있다면 그대는 하나의 덕을 지니고 있을 뿐 그 이상의 덕은 지니지 않을 것이다. 그래야만 더 가볍게 다리를 건널 수 있다.
> 많은 덕을 가진다는 것은 돋보이는 일이지만 힘든 운명이기도 하다.[21]

여러 덕성을 다 가지고 있다 보면 덕성들이 서로 충돌할 때 중재해야 하잖아요. 최고의 덕성은 하나의 덕성입니다. 최고의 가치는 유일무이한 가치예요. 니체는 '삶이 혼란스러울 때 삶의 중심을 잡아준다'고 이야기합니다.

우리의 덕성을 찾아가는 과정, 정신의 세 가지 변신 과정은 끊임없는 투쟁인데요. 그것의 궁극적인 목표는 자기 삶의 예술 작품을 만드는 것이라고 말합니다. 자신의 성격에 특정한 스타일을 부여하는 것, 그것이 우리의 덕성이라는 거죠. 사람마다 삶의 방식이 다릅니다. 예술의 양식이 다른 것처럼 말이죠. 그런데 21세기를 살아가

133

는 사람 대부분은 너무 대중적이고, 마지막 인간이 즐기는 수많은 행복을 원하기 때문에 다른 사람과 차별되는 스타일을 가지고 있지 않습니다. 매우 중요한 문제예요.

어떻게 하면 차별화된 삶을 살 수 있을까요? 심리학에서 말하는 소위 욕구의 위계에서 맨 아래에는 물질적 욕구, 맨 위에는 자기실현의 욕구가 있잖아요. 니체가 이야기하는 낙타, 사자, 아이의 단계도 유사하게 볼 수 있을 거예요. 이 중 무엇을 중시하고, 어떻게 살 것인가? 이 질문이 우리가 성장하는 과정에서 상당히 중요하다고 볼 수가 있습니다.

> 그대들의 정신과 그대들의 덕이 대지의 의미에 봉사하도록 하라! 만물의 가치는 그대들에 의해 새로이 정립되어야 한다! 그러므로 그대들은 투쟁하는 자가 되어야 한다! 창조하는 자가 되어야 한다![22]

니체는 투쟁하지 않으면 창조하지 못한다는 메시지를 끊임없이 반복해서 이야기해요. 우리가 사회생활에서는 좋은 게 좋은 거라면서 넘어가는 경우가 있잖아요. 영혼의 투쟁에서도 이렇게 생각할 수 있을 겁니다. 하지만 궁극적 가치를 위해서는 실존적 투쟁이 필요합니다. 그래서 초인은 투쟁하는 자, 스스로 새로운 가치를 창조하는 자, 자신의 덕성을 다른 사람에게 베푸는 자입니다.

우주에서 가장 많이 베푸는 자는 무엇인가요? 차라투스트라가 산에서 내려올 때 태양이 떠오르는 것을 보고, 스스로 불타면서 생명을 주고 빛을 주는 존재가 태양임을 확인합니다. 이처럼 자기 내면에 충실하고 끊임없는 자기 극복을 함으로써 다른 사람에게 새로운 삶의 계기를 제공한다면 그것이 진정으로 베푸는 자입니다. 니체는 이렇게 이야기합니다.

의사여, 그대 자신을 돕도록 하라. 그래야만 그대의 환자에게도 도움이 된다. 스스로를 치유하는 자를 눈으로 보는 것이야말로 환자에게 최상의 도움이 되기 때문이다.[23]

우리에게 나쁘고 가장 나쁜 것은 무엇인가? 그것은 **퇴화**가 아니겠는가? 베푸는 영혼이 없는 곳에서 우리는 언제나 퇴화가 일어나고 있음을 알아차린다.[24]

니체는 '우리는 초인이 되지 않고, 짐승으로 되돌아가려고 하는가?'라고 물었잖아요. 우리가 퇴화를 원치 않는다면 극복할 대상이 무엇인지 스스로 묻게 된다는 것이 니체의 생각입니다. 베풀기 위해서는 먼저 자기 극복을 해야 합니다. 이것이 초인이 되는 데 필요한 덕성의 의미입니다.

2부 1강

고통, 노래를 부르며
이뤄낸 단단함

창조하는 것,
이것이야말로 고통으로부터의 위대한 구원이며
삶을 가볍게 만드는 것이다.
하지만 창조하는 자가 있으려면
고통과 많은 변신이 필요하다.

— 《차라투스트라는 이렇게 말했다》, 2부 〈행복의 섬에서〉, 158쪽.

인간 내면의 괴물, 고통

《차라투스트라》 2부의 핵심 주제는 '권력에의 의지'입니다. 프리드리히 니체가 추구했던 바람직한 인간상은 두말할 나위 없이 초인이죠. 초인이 자기 극복을 하고, 원대한 이상을 실현하려면 무엇이 필요할까요? 니체는 '우리가 살아가면서 수많은 고통을 겪는데, 이고통을 극복하고 승화시키지 못하면 초인이 될 수 없다'고 이야기합니다. 동양과 서양에는 고통에 관한 무수한 문학과 예술이 있는데요. 차라투스트라는 과연 고통을 어떻게 보았을까요? 이것이 이번 강의의 주제입니다.

니체의 유명한 말이죠. 가장 많이 인용되는 문장 중 하나입니다. "나를 죽이지 않는 것은 나를 강하게 만든다."[1] 우리는 살면서 수많은 문제를 경험하잖아요. 수많은 고통도 겪죠. 고통에 무너지지 않는다면 그로 인해 삶이 훨씬 더 단단해지고, 권력의지를 가질 수 있게 된다는 뜻입니다. 마치 다이아몬드 같아요. 다이아몬드와 숯의 원소는 똑같습니다. 탄소로 이루어져 있죠. 고통을 제대로 승화시키지 못한다면 단순한 숯에 불과한데, 오랜 세월 동안 고통을 견뎌낸다면 우리 삶은 다이아몬드가 될 수 있습니다.

"창조하는 것, 이것이야말로 고통으로부터의 위대한 구원이며 삶을 가볍게 만드는 것이다. 하지만 창조하는 자가 있으려면 고통과 많은 변신이 필요하다."[2] 제가 니체를 좋아하는 이유가 있습니다. 지금도 니체의 책을 자주, 많이 읽습니다. 니체가 꿈꾸는 삶은 가볍게 사는 거예요.

사람들을 보면 정말 무겁게 살아가요. 거리에서 다른 사람이 걷는 모습을 한번 살펴보세요. 어떤 사람의 걸음걸이는 가볍고 경쾌한데, 어떤 사람의 걸음걸이는 아주 무겁고 끌려가는 듯합니다. 삶의 과정을 걸음걸이에 비유한다면 경쾌하게, 밝게, 명랑하게 걸어가는 것이 더 좋겠죠. 이것은 개인적 체험에서 나온 니체의 화두였습니다. 고통으로 점철된 삶 속에서 어떻게 가볍게 살 수 있을까? 수많은 고통을 긍정하고 인정하며 삶을 껴안을 수 있을까? 이 같은 문제들이 니체의 고민이었죠.

니체는 고통이 없다면 자기 극복도 불가능하다고 거듭 강조합니다. 고통 없이는 결코 새로운 가치를 창조할 수 없다는 거예요. 이런 삶을 한번 상상해보세요. 아무런 고통도 없고 문제도 없고 고민거리도 없는 삶. 살아가는 데 아무런 문제가 없다면 우리는 어떨까요? 문제를 뜻하는 영어 'problem'은 그리스어에서 왔는데요. 이 그리스어의 본래 뜻은 '길거리에 돌출된 돌부리'라는 뜻입니다. 우리가 평탄한 길을 걸을 때는 넘어질 염려가 없어요. 그런데 돌부리가 툭 튀어나와서 넘어지잖아요. 우리가 제대로 걸어가지 못하고 기우뚱거리게 하는 것이 '문제'죠.

삶의 문제를 어떻게 견뎌낼 수 있을까요? 니체의 관점은 높은 것을 지향하되, 지금의 삶을 극복하고 가치를 창조하려면 어둡고 깊은 내면을 들여다볼 줄 알아야 한다는 것입니다. 내면을 들여다보면 거기에는 천사가 아니라 악마가 도사리고 있다고 해요. 하지만 우리는 악마를 보지 않으려고 외면해요. 대부분 내면을 들여다보지 않죠. 그게 편하기 때문입니다.

니체는 우리 내면에 악마가 있다면 그것은 두말할 나위 없이 고통이라고 이야기합니다. 무엇이 가장 고통스러울까요? 살면서 큰 고통을 느낀 때는 언제였나요? 사랑하는 사람이 죽었을 때, 직업을 상실했을 때, 많은 돈을 잃었을 때, 간절히 원하는 것을 얻지 못했을 때……. 이런 것들이 큰 고통일 수 있겠죠.

차라투스트라의 고통은 '사랑하는 자에게서 사랑받지 못함'이었어요. 내가 사랑하는 대상이 나를 사랑하지 않는다는 느낌을 받을 때, 이만큼 고통스러운 게 없습니다. 니체가 서술하고 있는 차라투스트라의 상황을 한번 살펴봅시다.

차라투스트라는 십 년 동안 고독을 즐기고 깨우침을 얻은 후, 자

141

신이 가진 모든 것을 다른 사람에게 베풀고 나누고 싶었어요. 차라
투스트라가 산에서 내려와 시장에서 초인을 가르쳤지만, 그곳 사람
들은 반응이 전혀 없었죠. 사람들은 그를 존중하지도 않고 사랑하
지도 않았어요. 정말 고통스러운 상황입니다.

사랑해본 사람은 알죠. 내가 정말 사랑하는데 어떤 반응도 없다면
이만큼 고통스러운 게 어디 있겠습니까? 일방적 사랑은 항상 고통
스럽죠. 니체는 "내가 한 말은 어떠한 인간에게도 도달하지 못했다.
나는 인간들에게 다가갔지만, 아직도 그들에게 도달하지 못했다."[3]
라고 말합니다. 이것이 시장에서 초인을 가르치는 차라투스트라의
상황이었어요. 사람들은 초인 사상에 대해 긍정하고 지지하기보다
는 거부하고 조롱을 퍼부었습니다.

니체의 이야기를 계속 들어보겠습니다.

그 후 차라투스트라는 다시 산으로, 자신의 동굴의 고독 속으로 돌
아와 사람들을 멀리했다. 그리고 씨를 뿌려놓고 수확을 기다리는
농부처럼 지냈다. 그러나 그의 영혼은 매우 초조했으며, 그가 사랑
한 사람들에 대한 그리움도 가득했다. 그들에게 줄 것이 아직도 많
이 남아 있었기 때문이다.[4]

다른 사람과 말이 통하지 않았던 차라투스트라는 일정한 거리를
둡니다. 혼자 생활해요. 그런데 고독이 너무 오랫동안 계속되면 사
람을 파괴하죠. 고독도 적절해야 해요. 우리는 고독 속에서도 끊임

없이 사랑하는 사람을 그리워합니다. 이것이 오고 감의 변증법이에요. 이 내용은 예수의 말씀을 연상시킵니다.

> 보아라, 씨를 뿌리는 사람이 씨를 뿌리러 나갔다. …… 가진 사람은 더 받아서 차고 남을 것이며, 가지지 못한 사람은 가진 것마저 빼앗길 것이다. 내가 그들에게 비유로 말하는 이유는 그들이 보아도 보지 못하고, 들어도 듣지 못하고 깨닫지도 못하기 때문이다.[5]

이와 똑같은 이야기를 차라투스트라가 하고 있어요. 보아도 보지 못하고, 들어도 듣지 못하고 깨닫지도 못하는 상황이 얼마나 고통스럽겠습니까.

이렇게 우리는 사람들과 어울려 살다가, 세상의 고통을 감내하려고 종종 자기 자신에게 되돌아옵니다. 내면을 들여다보면 무엇이 있을까요? 르네상스 시대 화가 카라바조(Caravaggio)의 유명한 작품 〈나르키소스〉는 호수에 비친 자기 모습에 반해서 물에 빠져 죽은 나르키소스 신화를 그렸죠. 그런데 니체는 2부 〈거울을 든 아이〉에서 다음과 같이 말합니다.

> 거울을 들여다본 나는 소스라치게 놀라 비명을 질렀고, 나의 마음은 동요했다. 거울 속에서 내가 아니라 악마의 찌푸린 얼굴과 조롱하는 웃음을 보았기 때문이다.[6]

카라바조, 〈나르키소스〉, 1594~1596
그리스 로마 신화 속 청년 나르키소스는 호수에 비친 자신의 아름다운 모습에 반해서 물에 빠져
죽습니다. 그러나 니체는 거울 속에서 악마의 얼굴을 보았다고 말합니다. 우리 내면을 들여다보
면 과연 무엇이 있을까요?

자기 내면에 더 깊이 들어가면 우리는 구원을 얻기보다 인생을 뒤흔들 수 있는 어두운 측면을 보게 된다는 거예요.

내 안의 악마는 고통입니다. 우리가 어떤 고통을 당할 때 악마를 경험할까요? 무엇이 악마와 같은 고통일까요? 니체는 《비극의 탄생》에서 이렇게 설명합니다.

> 최상의 것은 그대가 도저히 성취할 수 없는 것이다. 태어나지 않는 것, 존재하지 않는 것, 무로 존재하는 것. 그러나 그대에게 차선의 것은 바로 죽는 것이다.[7]

아르투어 쇼펜하우어는 염세주의적 태도로 세상을 봤기 때문에 제일 좋은 것은 태어나지 않는 것이고, 다음으로 좋은 것은 태어났다가 일찍 죽는 것이라고 했죠. 그런데 우리가 그렇게 살지는 않아요. 이 이야기는 우리가 살아가는 것이 얼마나 고통스러운지를 강조하는 것입니다.

> 가장 용감하고 고통에 익숙한 동물인 인간은 고통 그 자체를 부정하는 것은 아니다. 인간에게 고통의 의미나 고통의 목적이 밝혀진다고 한다면, 인간은 고통을 바라고, 고통 자체를 찾기도 한다. 지금까지 인류 위로 널리 퍼져 있던 저주는 고통이 아니라, 고통의 무의미였다.[8]

145

고통으로부터 멀어지려고 하면 할수록 인간의 삶은 왜곡되고 굴절되어버려요. 고통을 직시하는 것도 용기입니다. 고통을 당하는 이유를 안다면 우리에게 그 고통이 별로 문제가 되지 않기도 해요. 열심히 공부하는 것, 서너 시간 책상에 앉아 있는 것은 고통스럽죠. 놀고 싶기도 하고 몸이 근질근질하기도 하잖아요. 하지만 참고 열심히 하다 보면 성과를 얻게 되고, 다른 미래가 펼쳐진다는 것을 알기에 우리는 그 고통을 이겨내죠.

악마와 같은 고통은 무의미한 고통입니다. 의미 있는 고통은 고통이 아니에요. 사람이 겪는 가장 심한 고통 중 하나가 여성이 아이를 낳을 때 경험하는 산통이라고 합니다. 그런데 어머니는 이 고통을 견뎌내죠. 아이를 낳기 때문이에요. 새로운 생명을 출산하는 거죠. 이것은 의미 있는 고통이에요. 의미 있는 고통은 우리가 견뎌내요. 하지만 무의미한 고통은 문제가 됩니다. 그래서 니체는 고통이 문제가 아니라 고통의 무의미가 문제라고 말합니다. 인간에게 가장 악마적이고, 괴물 같고, 사악하고, 파괴적인 고통은 무의미한 고통이에요.

무의미한 고통에는 어떤 것들이 있을까요? 600만 명이 강제수용소에 끌려가서 아무런 이유 없이 강제 노역을 하고, 가스실에서 죽어가는 과정. 의미 없는 고통이에요. 사람을 무의미하게 만들었어요. 그래서 가스실에서 죽기 전에 유대인들은 이미 인격을 상실하고 죽은 존재였다고 말할 정도입니다. 그들이 겪은 고통은 정말 아무런 의미가 없었던 거죠.

의미 없는 고통은 우리가 사는 사회를 지옥으로 만듭니다. 우리에게는 종종 무의미한 고통이 들이닥쳐요. 이 같은 존재와 고통의 무의미는 우리가 알게 되면 살아갈 수 없는 진리입니다. "사람들이 자신의 완전한 인식 때문에 파멸한다는 사실은 그 자체로 실존의 근본 속성일 수도 있다."[9] 이 경우 우리는 다시 일어나지도 못할 실존의 위기에 처합니다. 그래서 세계의 근본 고통은 우리의 삶을 파괴해요. 이겨내기 위해 우리에게는 가치가 필요해요. 어떻게 보면 실존이 아무런 의미가 없어요.

영원회귀 사상을 다룰 때 다시 언급하겠지만, 우리는 타인과는 다른 삶을 살아간다고 스스로 착각합니다. 기회가 주어진다면 삶을 훨씬 멋지고 아름답게 살아갈 거라고 확신하죠. 하지만 니체는 '똑같은 삶이 펼쳐질 것'이라고 단언합니다. 삶에는 여전히 고통과 불행이 도사리고 있다고 해요. 이런 사실을 알면 우리가 어떻게 살아갈 수 있나요? 그러니까 위장을 해야 해요. 펼쳐진 것을 감출 수 있는 자기만의 가치가 있어야 합니다. 삶을 위해 심오한 환상이 필요해요. 모든 가치는 환상이에요. 환상이 없는 가치는 없습니다.

이는 불교의 인식과도 통합니다. 우리가 살아가는 이 세계는 환상이에요. 환상을 제거해야 세상의 본질을 깨우칩니다. 그런데 불교에서는 이환제환(以幻制幻), 환상은 또 다른 환상으로만 제거될 뿐이라고 해요. 어떤 환상이 더 가치가 큰지 차이는 있어요. 우리는 모두 각자의 환상을 좇아 달려갑니다.

147

신 없이 고통을 구원하는 법

우리는 고통을 어떻게 구원할까요? 기독교, 이슬람교, 힌두교, 불교 등 모든 종교는 고통을 어떻게 극복할 것인지를 다루고 있습니다. 고통의 문제를 다루는 것이 종교예요. 따라서 앞으로도 종교가 사라질 가능성은 거의 없다고 봅니다.

그전까지는 신에 의한 고통의 구원을 추구해왔습니다. 기독교가 그렇죠. 예수 그리스도가 원죄를 속죄하여 인간이 고통으로부터 구원받을 가능성을 갖게 되었다는 것이 기독교 교리의 핵심입니다. 예수 그리스도의 대속이죠. 우리의 고통을 대신 짊어졌어요. 십자가를 끌고 언덕 위에 올라가 못 박혀 죽는 끔찍한 고통입니다.

이에 대해 니체는 되묻습니다. '너의 고통을 누가 대신 짊어진단 말인가?' 너의 고통은 너 자신이 짊어져야 한다는 말이죠. 우리가 신이 되지 않고서는 고통을 승화시킬 수 없습니다. '만약 신이 존재한다면 내가 신이 아니라는 사실을 어떻게 견뎌낼 수 있단 말인가?'라는 이야기도 해요. 굉장히 독선적이고 오만하게 보일지 모르지만, 이 말은 고통을 스스로 짊어지고 해결해야 한다는 뜻입니다. 고통을 이겨내려면 초인이 되어야 합니다. 자기 극복을 해야 하죠. 그래서 니체는 초인에 의한 고통의 승화를 이야기합니다.

핵심 전제는 '모두에게는 각자의 고통이 있다'는 점입니다. 보편적 고통이란 없어요. 똑같은 감기에 걸려도 각자 느끼는 고통은 달라요. 또 '모두에게는 각자의 구원이 있다'고 합니다. 나만의 고통이 있다면, 그 고통을 극복하고 구원될 수 있는 길이 있다는 거죠. 그 길은 각자 찾아야 합니다. 니체는 수많은 사람의 고통이 각기 다른데 예수 그리스도가 우리 모두의 고통을 대신 짊어졌고, 따라서 모두 천국으로 들어가는 길이 생겼다는 말은 허무맹랑하다고 비판했어요.

과거에는 신이 인간의 고통을 구원할 수 있다고 생각했어요. 우리는 신을 완전무결한 존재로 설정하고 상상하잖아요. 우주 만물을 관장하는 절대적 가치예요. 그런데 인간의 삶은 변화무쌍하고, 계속 움직입니다. 따라서 신에 대한 가르침은 인간의 삶에 적대적이에요. 니체는 "하나인 것, 완전무결한 것, 움직이지 않는 것, 충만한 것, 변하지 않는 것에 대한 이 모든 가르침. 이것을 나는 사악하고 인간 적대적인 것이라고 부른다."[10]라고 말합니다.

신의 세계에는 모순이 없어요. 그런데 인간의 삶은 모순투성이예요. 우리가 '애증 관계'라는 말을 하는데요. 사랑하면서 동시에 증오한다는 뜻입니다. 모순이죠. 인간 세계에만 있는 거예요. 신의 세계에는 애증이라는 것이 없어요. 또 신의 세계에는 필연적인 것만 있고 우연이 없어요. 우리 삶에는 우연히 행운이나 불행이 찾아오죠. 우연 없이는 인간의 삶을 설명할 수가 없어요. 우리의 모든 고통은 필연이 아니라 우연에서 온 거예요.

신은 모든 곧은 것을 구부리고, 서 있는 모든 것을 비틀거리게 하는 사상이다. 무슨 말이냐고? 시간은 사라져버리고, 덧없는 모든 것은 한갓 거짓이어야 한단 말인가?[11]

마치 우리가 사는 세상이 영원한 것처럼 그리는 기독교야말로 우리 삶을 근본적으로 왜곡시킨다고 보고 있어요. 우리 삶은 우연으로 점철되어 있고, 끊임없이 변해요. 오늘은 불행할지 몰라도 내일 행운이 찾아올 수도 있죠.

신은 모순의 제거, 고통의 극복, 우연의 부정이지만, 이는 우리 삶과 다릅니다. 어떻게 신의 구원 없이 고통을 구원할 수 있을까요? 니체가 말합니다.

나에게 그들은 감옥에 갇힌 죄수이며 낙인찍힌 자들이다. 그들이
구세주라고 부르는 자가 그들을 굴레에 묶어놓았다.
거짓 가치와 망상의 말이라는 굴레다! 아, 누군가가 그들을 그 구
원자에게서 구원해줄 것인가![12]

니체는 구세주를 믿지 말라고 합니다. 구세주가 고통을 대속하고 고통을 부정하면 우리는 마치 고통 없는 삶이 가능한 것처럼 착각해요. 구세주 때문에 궁극적으로 삶을 부정하게 된다는 것이 니체의 생각이에요.

초인이 되기 위해서는 구세주로부터의 구원이 필요합니다. 니체는 이렇게 말합니다. "그대들은 모든 구세주보다 더 위대한 자들에 의해 구원받아야 한다. 그대들이 자유에 이르는 길을 찾고자 한다면 말이다!"[13] 니체는 저세상을 믿는 신앙에서 벗어나 지금 여기에서 겪는 수많은 고통의 의미를 성찰해야 한다고 강조합니다. 그러

다 보니 소위 동정이나 이웃 사랑 등 기독교가 추구하는 덕성과 가치를 정면으로 부정해요.

동정은 '같은 감정'이라는 뜻이죠. 다른 사람이 고통을 느끼면 나도 고통을 느끼고, 다른 사람이 기쁨을 느끼면 나도 기쁨을 느끼는 것이 동정입니다. 그런데 동정을 뜻하는 독일어 'Mitleiden'이나 영어 'compassion'은 원래 '함께 고통을 당하다'라는 말에서 유래했어요. 진정한 의미의 동정은 타인의 고통을 함께 나누는 것이라는 의미죠. 그 사람의 고통을 덜어주거나 스스로 고통을 극복할 수 있게 돕지도 않으면서, 누군가를 동정한다고 착각할 수 있다는 이야기입니다.

우리는 언제 수치심을 느낄까요? 니체는 우리가 인간이라는 것을 잊고 짐승으로 퇴화할 때 수치심을 느낀다고 해요. 고통을 이겨내어 새로운 가치로 창조하지 못한 채 고통에 매몰된다면 그것은 짐승과 같다고 이야기합니다. 고통을 딛고 서서 자기 삶의 새로운 토대를 마련할 줄 알아야 하는데, 고통 속에 허우적거리는 사람이 수없이 많잖아요. 실연을 당했다고 세상이 무너진 듯 좌절하는 사람처럼요. "참으로 나는 동정을 베풀면서 행복을 느끼는 자비로운 자들을 좋아하지 않는다. 그들에게는 수치심이 너무도 부족하다."[14] 흥미롭게도 동정을 느끼는 사람이 오히려 수치심이 없다고 합니다. 고통을 자꾸 다른 사람에게 전가한다는 거죠. 니체가 말합니다.

모든 위대한 사랑은 모든 동정을 넘어선다. 위대한 사랑은 사랑의 대상조차 창조하려고 하기 때문이다!

151

창조하는 자들은 모두 "나는 나 자신을 나의 사랑에 바친다. 그리고 **나와 마찬가지로 내 이웃들도** 나의 사랑에 바친다."라고 말한다.[15]

밤이 주는 열망와 고통

니체는 《차라투스트라》 2부에서 세 가지 노래를 들려줍니다. 고통을 승화시키려면 무엇이 필요한지에 관한 것입니다. 세 가지 노래는 밤의 노래, 춤의 노래, 무덤의 노래예요. 보통 고통을 받는 사람은 낮에는 자기의 고통을 쉽게 표출하지 못하죠. 술 한잔 마시거나 슬피 우는 것은 주로 해가 지고 난 뒤 어둠이 깔렸을 때 일어나요. 밤이라는 시간이 참 묘하죠.

고통을 극복하는 첫 번째 단계는 고통을 당해서 슬프다는 감정을 인정하는 겁니다. 그래야 극복할 수 있거든요. 그런데 그다음에 춤을 추게 돼요. 애환의 춤이죠. 춤은 기쁨에서만 나오는 게 아니라 고통으로부터 나오기도 합니다. 그래서 니체가 꼽는 대표적 신이 춤의 신, 도취의 신, 포도주의 신인 디오니소스입니다. 다음에는 무덤의 노래가 나오죠. 묻히지 않으면 부활하지 못해요. 죽어야 부활할 수 있습니다. 밤과 춤과 무덤에 관해서는 곧 자세히 살펴보겠습니다.

앞서 언급했듯이 우리에게 가장 고통스러운 것은 사랑하지만 사랑받지 못하는 것이죠.

디오니소스의 가장 깊은 우울 또한 송가가 되었다. 이에 대한 표시로 나는 '밤의 노래'를 들어보겠다. 이 노래는 빛과 힘의 충일 때문에 그리고 자기의 태양과 같은 본능 때문에 사랑할 수 없는 비운을 타고난 데에 대한 불멸의 탄식을 하고 있다.[16]

끊임없이 베풀고 내어주는데 그것에 대한 보상으로 사랑받지 못하는 고통. 니체는 이것이 자신이 받는 고통이라고 생각했어요. 사랑하는 사람에게 사랑받지 못했거든요. 니체는 살로메를 사랑했지만, 살로메는 니체를 거들떠보지도 않았습니다. 니체는 연애 기술이 부족했어요.

살로메는 정말 매력적이고 지적인 여자였어요. 러시아 출신으로, 당대의 신여성이자 자유 부인이었죠. 니체와 사귀었고, 니체의 친구와도 사귀었어요. 시인 라이너 마리아 릴케와도 사귀었는데, 릴케는 살로메에게 엄청난 영감을 받아서 시집을 냈습니다. 또 살로메는 프로이트의 제자로서 정신분석학을 배워 치료도 한 지성인이었습니다.

니체는 1882년 4월 로마에서 살로메를 만났습니다. 살롱 문화가 유행하던 시기라서 니체를 후원하는 귀족 부인이 둘의 만남을 주선했습니다. 니체는 첫눈에 살로메에게 반했어요. 살로메는 니체에게 여러 정신적 문제, 트라우마를 남깁니다. 살로메에게 사랑받지 못한 고통이 매우 심각했어요. 살로메가 쓴 시 구절은 오히려 니체의 마음을 적나라하게 보여주는 것 같습니다.

루 살로메, 파울 레, 프리드리히 니체의 사진, 1882
니체는 살로메에게 첫눈에 반했지만 그의 사랑은 이루어지지 않았습니다. 사랑하는 사람에게 사
랑받지 못하는 극심한 고통을 겪었죠. 니체는 이 트라우마를 극복할 수 있었을까요?

한 친구가 다른 친구를 사랑하는 것처럼 확실하게 수수께끼 같은
삶, 내가 너를 얼마나 사랑하는지. 내가 네 안에서 환호하고 울지
라도, 네가 내게 행복을 주고 고통을 줄지라도.[17]

노래 이야기로 돌아오겠습니다. 우리는 밤에 노래를 부릅니다. 사
랑이 이루어지기를 열망하면서, 영혼과 영원히 만나기를 갈망하면
서요. 이런 열망과 갈망 없이 살아가는 사람은 한 명도 없습니다. 그
런데 여기에는 항상 고통이 따릅니다.

인생에 한번은 차라투스트라

밤이다. 이제 솟아오르는 모든 샘은 더욱 소리 높여 말한다. 나의 영혼도 솟아오르는 샘물이다.

밤이다. 이제 비로소 사랑하는 자들의 모든 노래가 깨어난다. 나의 영혼도 사랑하는 자의 노래다.

진정되지 않은 것, 진정될 수 없는 것이 내 안에 있다. 그것이 큰 소리로 말하려 한다. 사랑을 향한 열망이 내 안에 있고, 이 열망 자체가 사랑의 말을 속삭인다.[18]

열망은 밤이 우리에게 주는 특권입니다. 사랑에 대한 열망을 키우고, 열망을 노래 부를 수 있는 때가 밤이죠. 밤과 낮이 구분됩니다. 낮은 낮의 언어가 있고, 밤은 밤의 언어가 있어요. 낮의 언어는 산문적이고, 밤의 언어는 운문적입니다. 낮의 언어는 논리적이고, 밤의 언어는 시적입니다. 그래서 우리는 밤에 사랑의 노래를 부릅니다. 밤에 노래를 부르면 누구도 이상하게 생각하지 않아요.

낮은 밝음·이성·진리·선·아름다움·영혼·하늘을 상징합니다. 밤은 어둠·욕망·허위·악·추함·신체·대지를 상징하죠. 니체는 늘 자신을 극복하려면 끊임없이 오르고 또 끊임없이 심연으로 내려가라고 합니다. 낮에는 명확하고 명료하게 인식하고, 밤에는 내면 깊이 자리 잡은 알 수 없는 힘과 욕망 그리고 충동을 이해하려고 노력하라는 이야기예요. 어떻게 우리가 몸과 영혼을 결합하고, 하늘과 대지를 연결하고, 빛과 어둠을 화해하게 할지가 니체의 관심사였습니다.

니체는 '낮이 빛의 언어로 말하면, 밤은 침묵의 언어로 말한다'고 이야기합니다. 빛의 언어는 사물을 명료하게 인식할 수 있다는 점에서 개별화의 언어예요. 밤의 언어인 침묵의 언어는 음악적입니다. 예술로 이야기하자면 낮은 그림이고, 밤은 음악과 춤입니다. 춤을 추면 하나가 되는 통일성을 의미하기도 해요.《차라투스트라》3부에는 춤에 관한 또 다른 장이 있는데, 여기서 유명한 시가 나옵니다.

하나!

아, 인간이여! 조심하라!

둘!

깊은 한밤중은 무엇을 말하는가?

셋!

"나는 잠자고 있었다, 잠을 자고 있었다.

넷!

나는 깊은 꿈에서 깨어났다.

다섯!

세계는 깊다.

여섯!

낮이 생각한 것보다 더 깊다

일곱!

세계의 슬픔은 깊다.

여덟!

기쁨은―마음의 고통보다 더 깊다.

아홉!

고통은 말한다, 사라져라!

열!

그러나 모든 기쁨은 영원을 원한다.

열하나!

　―깊디깊은 영원을 원한다!"

열둘![19]

중력의 영을 극복하는 춤

　우리가 고통을 극복하려면 춤을 출 줄 알아야 합니다. 춤은 한편으로는 고통의 승화를 의미하지만, 다른 한편으로는 삶에 대한 열망과 갈망을 의미합니다. 춤을 춘다는 것은 참 좋은 거예요. 삶에 대한 욕망을 표출하는 데 춤만큼 좋은 게 어디 있습니까? 우리는 너무 굳었어요. 음악이 흐르면 자연스럽게 몸이 흐느적거릴 줄도 알아야 합니다.

　춤을 멈추지 마라, 사랑스러운 소녀들이여! 그대들을 찾아온 이 사람은 사악한 눈길을 가진 훼방꾼도 그대들의 적도 아니다.
　나는 악마 앞에서 신을 대변하는 자다. 그런데 악마는 중력의 영이다. 그대들 발걸음이 가벼운 소녀들이여, 내가 어떻게 신성한 춤에

적의를 가지겠는가? 더군다나 아름다운 복사뼈를 가진 소녀들의
발에?[20]

니체가 문학적으로 표현했죠. 우리는 기존의 관습과 규범에 너무
억눌려 있기에 춤을 추지 못하는 거예요. 춤을 추려면 중력의 영에
서 벗어날 줄 알아야 합니다. 춤을 추려면 몸이 가벼워야 해요. 몸이
가볍지 않으면 춤을 못 춰요. 발레리나가 공중을 가로지르기 위해
서는 얼마나 중력을 이겨내야 할까요. 이 같은 의미에서 춤은 가벼
워야 합니다.

춤은 고대부터 현대에 이르기까지 항상 사랑과 연결되었습니다.
《차라투스트라》에서도 '춤의 노래를 쓸 때, 사실은 사랑의 신 큐피
드를 생각했다'고 이야기하거든요. 큐피드는 원래 욕망(desire)을 의
미합니다. 그래서 '욕망이 없는 자는 사랑할 줄 모르고, 사랑할 줄
모르는 자는 춤출 줄도 모른다'고 해요.

여기서 니체가 로마 신화에서 인용하는 큐피드는 사랑의 신 베누
스와 전쟁의 신 마르스 사이에서 태어났어요. 싸우지 못하는 사람
은 사랑할 줄 모른다는 거죠. 사랑하면 무조건 품고 허용해야 한다
고 생각하지만 진정한 사랑은 끊임없는 전쟁의 과정이기도 합니다.

그래서 춤과 사랑, 욕망은 연결되어 있어요. 이 부분을 쓸 때 니체
가 친구에게 보내는 편지에서 이렇게 이야기합니다.

차라투스트라 2부를 끝까지 읽었다면, 내가 어디에서 나의 '행복한

섬'을 찾았는지 당신에게 분명해질 것입니다. '소녀와 춤을 추는 큐피드'는 오직 이치아(Ischia) 섬에서만 곧 이해될 수 있습니다.[21]

이치아는 이탈리아 서부 아드리아 해안가에 있는 섬이에요. 니체는 이곳으로 여행을 가서 글을 쓰려고 했는데 실제로 가지는 못했습니다. 모티브가 사랑의 신 큐피드라는 점을 알 수 있죠.

춤추려면 끊임없이 중력의 영을 극복해야 한다고 했죠. 중력의 영은 강력한 악마이고, 모든 것을 지시하는 관습과 규범의 지배자이고, 세계의 주인입니다. 우리의 삶을 억누르는 도덕적 규범에서 벗어나지 못하면 춤을 추지 못하는 거죠. 이렇듯 춤은 자유에 관한 여러 의미를 지니고 있어요. 진짜 춤을 추기도 하겠지만, 기존 규범에서 벗어나 얽매이지 않고 자신의 가치를 찾아가는 것도 춤춘다고 표현합니다.

니체의 말을 들어보겠습니다.

인간에게 대지와 삶은 무겁다. 그리고 중력의 영이 그러길 **바란다**! 그러나 가벼워지고 새가 되기를 바라는 자는 자신을 사랑해야 한다. **나는** 이렇게 가르친다.[22]

우리가 가볍게 살려면 자기 자신을 사랑할 줄 알아야 한다고 말합니다. 오늘날 현대인은 자신을 사랑하는 법을 잊어버렸다고 니체는 단언해요. 또 "인간에게는 오직 인간만이 짊어지기 무거운 짐이다!"²³라고 이야기합니다. 우리에게 가장 무거운 짐은 인간이라는 의미겠죠. 계속 억눌려서 어깨 위에 짐을 얹고 살다 보면 우리가 가벼워지려야 가벼워질 수가 없습니다.

중력의 영은 따라서 자신을 사랑하지 못하게 하는 것이에요. 여러 가지가 있을 수 있겠죠. 부모님의 사랑일 수도 있고, 사회의 규범일 수도 있고, 유구한 전통일 수도 있고요. 니체는 이런 것들이 우리를 사랑하지 못하게 한다고 말합니다. "내가 철저히 사랑하는 것은 오직 삶뿐이다. 내가 삶을 증오할 때 참으로 삶을 가장 사랑한다!"²⁴ 그래서 니체가 설정한 삶의 모토는 '자신의 운명을 사랑하라', 즉 '아모르파티(amor fati)'입니다.

세 번째는 무덤의 노래였습니다. 부활하려면 우선 죽어야 합니다. 무덤이 있는 곳에서만 부활이 있는 법이죠. 누구나 부활에 대한 열망이 있어요. '어떻게 부활할 것인가'가 요즘 시대의 화두잖아요. 기업이 휘청거리면 창립 정신으로 돌아가서 부활해야 한다고 이야기하죠. 우리 삶도 거듭 그런 요구를 당합니다.

무엇이 죽어야 하나요? 죽어야 우리가 부활할 수 있다면 도대체 무엇이 죽어야 할지가 분명해야 합니다. 젊은 시절 우리 삶을 억눌렀던 환영과 환상 같은 것이죠. 나의 밤을 훔쳐내어 잠 못 들게 하는 고통이 참 많았어요. 사실 우리를 잠 못 들게 하는 것은 한두 가지가 아니죠. 사랑, 우정, 회사 등등. 니체는 이러한 것들이 어디에서 기인하는지 우리가 제대로 파악할 때 무덤에서 벗어나 부활할 수 있다고 이야기합니다.

"언젠가 좋았던 시절에 나의 순결은 '모든 존재가 내게 신성한 것이기를!'이라고 말했다."[25] 고통이 삶을 강화하는 신성한 것이기를 바랄 수 있어야 한다는 이야기입니다. 매 순간이 신성하기를 바라는 태도로 살아가면 삶은 즐거워요. 반면 매일 똑같은 일상의 반복이라고 생각하면 인생이 괴로워요. 물론 이렇게 생각하기가 참 힘듭니다.

나는 이를 어떻게 견뎌냈던가? 어떻게 이러한 상처를 이겨내고 극복했던가? 어떻게 나의 영혼은 이 무덤에서 다시 살아났던가? 그렇다. 내게는 상처 입힐 수 없는 것, 파묻을 수 없는 것, 바위라도 뚫고 나오는 것이 있다. 그것은 바로 **의지**다. 이 의지는 말없이 그리고 변함없이 세월을 뚫고 걸어간다.[26]

어떤 큰 고통에도 상처를 입지 않으려면 단단한 다이아몬드가 되어야 합니다. 모든 고통을 이겨낼 수 있어야 해요. 바다는 스스로 더러워지지 않으면서 아무리 더러운 물이라도 허용할 수 있거든요. 이런 의지가 필요하다는 것이 니체의 메시지입니다.

삶에 대한 디오니소스적 긍정

니체는 삶에 대한 디오니소스적 긍정을 말합니다. 니체가 예술을 바라보는 두 가지 관점이 아폴론과 디오니소스인데요. 아폴론은 빛의 신이고, 디오니소스는 어둠의 신이에요. 아폴론이 이성의 신이라면, 디오니소스는 도취의 신입니다. 디오니소스는 포도주의 신이기도 하니까요. 또 디오니소스는 고통의 긍정과 승화를 상징해요. "이와 같은 것은 한 번도 쓰이지 않았고, 한 번도 느껴지지 않았으며, 한 번도 그렇게 괴로워했던 적도 없었다. 그렇게 어떤 신이, 디오니소스가 괴로워한다."[27]

디오니소스는 고통의 신입니다. 그리스신화에서 디오니소스는 신 중의 신 제우스와 인간 세멜레 사이에서 태어났어요. 신과 인간이 결합해서 만든 자식이죠. 이 때문에 이중성을 가지고 있습니다. 한편으로는 인간적인 측면이 있고, 다른 한편으로는 인간적인 것을 극복하는 신적인 측면이 있어요.

제우스가 외도해서 디오니소스를 낳았기 때문에 아내 헤라는 화가 났습니다. 하지만 제우스는 힘이 세서 어쩔 수 없었죠. 헤라는 만만한 세멜레를 죽이고, 디오니소스는 추방해버려요. 신들이 사는 세계의 변방인 아시아로 추방하죠. 그래서 디오니소스는 추방당한 신, 실제로 있어야 할 자리에 없는 부재의 신입니다. 그러면서 자기의 구원을 끊임없이 기다리는 신이에요. 항상 술 취할 때 무녀들과 수행자들을 이끌고 나타나서 광란의 춤을 춥니다. 그리고 제우스나 아폴론이 등장하면 다시 사라지는 수난을 당해서, 영원한 고통을 상징합니다.

도자기 같은 예술 작품에서 아폴론과 디오니소스를 구별하기 쉽습니다. 아폴론은 빛의 몽둥이를 들고 디오니소스 곁에는 포도주가 등장하죠. 도취의 신, 광기의 신인 거죠. 그런데 니체는 광기에도 두 가지 종류가 있다고 말합니다. 신선한 광기도 있다고 해요.

디오니소스적 광기는 병이 아니다. 그것은 가장 건강한 형태의 삶의 동반자다. 그것은 삶이 성숙할 때 삶의 가장 깊은 내면으로부터 분출된다. 그것은 어머니의 자궁 속에 있는 광기이다. 그것은 모든 창조의 순간에 있으며, 정리된 실존을 혼돈으로 변화시키며, 그로 인해 원시적 구원과 고통이 도입된다. 그것은 존재의 원시적 야생이다.[28]

삶이 어떤 규범에도 억압되지 않고 있는 그대로 표출되는 모습을 상상한다면 그것이 디오니소스입니다. 따라서 디오니소스는 인간의 내면에 있는 지울 수 없는 의지를 의미해요. "의욕하는 자에게는 되돌아가기를 의욕할 수 없음으로 인한 고통이 있기에, 의욕하는 것 자체와 모든 삶은 징벌일 수밖에 없다!"[29] 끊임없이 자신의 삶을 표출하고자 하는 의지, 이 의지가 결과적으로는 모든 고통을 만듭니다. 의지가 없으면 고통도 없어요. 이어서 니체는 디오니소스적 긍정을 말합니다.

내가 지금까지 이해하고 있는 철학, 내가 지금까지 실행하고 있는 철학은 저주받은 실존의 측면을 자발적으로 찾아가는 것이다. …… 내가 삶을 통해 실현하는 이 실험 철학은 근본적인 허무주의의 가능성마저 시험 삼아 선취한다. 그렇다고 이 철학이 '아니오'에, 부정과 부정에의 의지에 멈춰 서 있다는 것은 아니다. 오히려 이 철학은 그 정반대에 이르기를 원한다. 즉, 그 어떤 삭감, 예외, 선택도 없이 세계를 있는 그대로 디오니소스적으로 긍정하기를 원한다. …… 한 철학자가 도달할 수 있는 최고의 상태, 실존을 디오니소스적으로 마주한다는 것, 이것에 대한 나의 '운명애(Amor Fati)'이다.[30]

살다 보면 수많은 고통을 겪습니다. 고통을 겪지 않으면 살기에 훨씬 좋을 것 같아요. 하지만 그 고통도 인정해야 해요. 모든 것을 인정해서 있는 그대로 긍정하는 것을 디오니소스적 긍정이라고 합니다. 니체는 결국 '너의 운명을 사랑하라'고 말해요.

이번 강의의 주제는 고통이었습니다. 고통을 겪지 않는 사람이 어디 있겠습니까? 고통을 빼놓고 인간의 삶을 논할 수 있을까요? 불가능합니다. 문제는 고통을 어떻게 극복하고 승화해서 나만의 가치를 만들 것인가 하는 점이죠. 니체는 이 문제에 초점을 맞추고 있어요.

마지막으로 니체의 말을 들어보겠습니다.

삶의 가장 낯설고 가장 가혹한 문제에서조차도 삶에 대해 '예'라고 말하는 것. 삶에의 의지, 그것이 내가 디오니소스적이라고 부르는 것이다.[31]

여러분이 어떤 고통을 안고 있든 삶을 긍정하고 삶을 있는 그대로 받아들이는 계기가 되길 바랍니다.

6

2부 2강

권력에의 의지,
누구나 권력을
추구한다

살아 있는 자를 발견하는 곳,
그곳에서 나는 권력에의 의지를 발견했다.
그리고 시중을 드는 자의 의지에서도
주인이 되려는 의지를 발견했다.

— 《차라투스트라는 이렇게 말했다》, 2부 〈자기 극복에 대하여〉, 211쪽.

권력은 악한가

프리드리히 니체 사상의 중심은 권력에의 의지 문제라고 할 수 있습니다. 우리가 살아가면서 꽤 많이 입에 올리는 단어가 권력이 아닐까 싶은데요. 가장 싫어하는 단어 중 하나이기도 합니다. 이중적이죠. 한편으로는 권력을 갖길 원하면서 다른 사람이 가진 권력은 신랄하게 비판하는 것. 이는 권력의 특성이 아닐까 생각합니다.

니체는 우리에게 불편한 질문들을 많이 던져요. 곰곰이 고민할 수밖에 없는 질문인데, 평상시에는 우리에게 굉장히 불편한 문제인 거죠. 그중 하나가 권력입니다. "생명에의 의지? 나는 그 자리에서 항상 권력에의 의지만을 발견했다."[1]라는 니체의 유명한 말이 있죠. 우리가 이야기하는 모든 생명 현상이 엄밀하게는 권력 현상이라고 보는 겁니다. 살아 있다는 것은 권력을 원한다는 의미와 같습니다. 그래서 이렇게도 말했어요. "살아 있는 자를 발견하는 곳, 그곳에서 나는 권력에의 의지를 발견했다. 그리고 시중을 드는 자의 의지에서도 주인이 되려는 의지를 발견했다."[2]

권력은 정말 악한 것일까요? 니체는 '권력에의 의지(Wille zur Macht)'라는 개념을 만들어서 세계적인 철학자가 되었다고 해도 과언이 아닙니다. 세계적인 철학자가 되려면 개념을 잘 만들어야 해요. 우리가 살아가며 만나는 복잡한 현상을 한마디로 포착하는 것은 대단한 능력이거든요. 언어의 예술이 인문학의 정점이라고 생각할 수도 있습니다. 그래서 헤겔은 철학이 '내가 사는 시대를 개념으로 포착하는 것'이라고 이야기해요. 시대정신이라고 생각한 거죠.

니체 이전에도 철학사에서는 '의지'라는 표현을 많이 썼어요. 니체는 쇼펜하우어의 《의지와 표상으로서의 세계》라는 책을 발견하고, 일주일 동안 열병을 앓을 정도로 탐닉했는데요. 이 책의 제목에 의지가 등장하죠. 프랑스 철학자 장 자크 루소도 의지를 다루었고요. 권력이라는 단어도 흔하디흔하죠. 고대 그리스부터 오늘날에 이르기까지 많은 사람이 권력을 이야기했습니다. 인류 최초의 역사서로 손꼽히는 투키디데스의 《펠로폰네소스 전쟁사》는 스파르타와 아테네 간의 27년 전쟁을 다룬 책인데요. 이 책의 핵심 주제가 권력입니다. 니체는 의지와 권력이라는 흔한 두 단어를 결합하여 개념을 만들었습니다.

니체는 현상을 예리하게 분석한 잠언으로 유명하죠. 그가 다음과 같이 현대인을 간단명료하게 규정합니다. "사람들은 완전히 노예처럼 행동하면서도 '노예'라는 낱말을 두려워한다."[3] 현대인은 노예라는 말을 들으면 기겁을 합니다. 그런데 현대인은 대부분 노예적으로 살아간다고 해요. 주인이 되지 못한다는 거죠.

노예는 자기의 의지가 아니라 타인의 의지에 따라 살아가는 사람입니다. 예를 들어 내가 물건을 사고 싶어서 사는 게 아니라 현란한 광고의 유혹에 넘어가서 물건을 구입하는 거죠. 그럼 우리는 상품의 노예, 자본주의의 노예가 되는 거예요. 특정한 욕망이 없음에도 이런저런 것들을 갖고 싶다는 생각이 들면 그것 역시 노예입니다. 이는 앞서 언급했던 마지막 인간과도 연결됩니다. 마지막 인간은 왜 사는지 질문을 던지지 않아요. 삶의 의미가 무엇인지 모르고 그냥 살아가는 거죠. 그러면 결과적으로 노예가 된다고 합니다.

니체는 사람들이 끔찍이 싫어하면서도 가장 많이 원하는 것 중 하나가 권력이라고 말해요. 누구나 권력을 가지기를 원하죠. 남녀노소 차이가 없어요. 권력이라는 단어를 들으면 연상되는 것이 있는데, 권위(authority)·지배(domination)·폭력(violence) 등입니다. 권력이라는 말이 부정적 느낌을 주는 이유는 항상 폭력으로 나타날 가능성이 있기 때문이에요. 많은 사람이 권력의 이면으로 폭력을 생각해요. 실제로 모든 권력은 폭력적 요소를 함축하고 있습니다.

권위는 본래는 자발적 복종에 의해 상대방을 지배하는 것을 말해요. 자발적으로 동의하지 않으면 절대로 권위가 생기지 않아요. 권위와 권위주의는 좀 다르죠. 권위가 있더라도 반드시 권위주의적인 것은 아니에요. 그런데 어떤 위계나 직책을 활용해서 타인의 행위와 생각에 영향을 미치려고 한다면, 그것은 권위주의적인 거예요. 예컨대 학생에게 선생님은 회초리를 들어서 권위 있는 것이 아니라, 지식과 지혜를 가르쳐주고 올바른 길로 인도하기 때문에 권위를 가집니다.

지배는 계급적 요소를 가지고 있습니다. 지배계급, 피지배계급이라는 말을 하잖아요. 모든 자원을 활용해 타인을 자신의 의지에 따라 행동하도록 만드는 것이 지배입니다. 폭력은 상대방의 인격이나 신체를 훼손하는 것을 일컫죠. 따라서 물리적 상해를 끼치지 않는다고 하더라도 폭력을 행할 수 있어요. 언어폭력이 여기에 해당하겠죠.

이러한 측면 때문에 사람들은 권력을 부정적으로 평가했죠. 역사학자 야코프 부르크하르트(Jacob Burckhardt)는 니체의 바젤대학교 선배 교수이기도 했는데요. 그는 "권력은 그 자체 악하다."[4]라고 이야기합니다. 영국의 액튼 경(Lord Acton)은 "권력은 부패한다. 그리고 절대적 권력은 절대적으로 부패한다."[5]라고 말했어요. 두 가지 말을 들으면 우리는 자연스럽게 권력이 정말 나쁜 것이라고 생각하게 됩니다. 이렇듯 권력에의 의지라는 용어는 처음부터 정치적으로 악용될 여지가 있었습니다.

흔히 니체와 아돌프 히틀러를 연관 짓고, 니체가 나치 사상에 선구자적 역할을 했다고 생각합니다. 이는 니체에 대한 잘못된 편견이에요. 권력에의 의지 때문에 생긴 오해입니다. 니체는《도덕의 계

《슈피겔》 1981년 제24호 표지
흔히 니체가 나치 사상에 선구자적 역할을 했다고 생각하지만, 이는 오해입니다. 히틀러는 '권력에의 의지' 개념과 특정 구절을 악용하여 니체를 정치적으로 악용했죠. 그렇다면 실제로 니체는 권력에의 의지에 관해 어떻게 말했을까요?

보》에서 "모든 고귀한 종족의 근거에는 맹수, 즉 먹잇감과 승리를 갈구하며 방황하는 화려한 **금발의 야수**가 있는데 이를 오인해서는 안 된다."[6]라는 유명하지만 동시에 악명 높은 말을 합니다. 이 문장이 히틀러 눈에 딱 들어왔어요. 히틀러는 게르만 민족이 세계에서 가장 탁월하며 모든 것을 지배할 권리가 있다고 생각했습니다. 니체를 정치적 이데올로기로 악용한 거죠. 그런데 앞서 언급했듯이 니체는 사실 강자와 약자가 모두 권력에의 의지를 지니고 있다고 이야기했어요. 히틀러는 니체를 완전히 오용했습니다.

니체 이전에 권력의 문제를 가장 적나라하고 솔직한 방식으로 서술한 사람은 니콜로 마키아벨리입니다. 그는 16세기 르네상스 시대의 정치철학자이며《군주론》의 저자로 유명하죠. 우리의 도덕적 직관을 정면으로 거스르는 주장을 한《군주론》은 금서로 지정되었어요. 재미있는 점은《군주론》을 가장 많이 읽은 사람은 이 책을 금서로 지정한 당대의 교황과 추기경 그리고 성직자였습니다. 니체는 놀랍게도 "마키아벨리보다 더 고약하고 사악한 책 한 권을 지을 것."[7]이라고 말합니다.

이번 여름에 질스마리아에 갈 경우 나의 형이상학과 인식론적 견해의 수정을 시도하려 합니다. 이제 서서히 일련의 전체 분과 학문을 섭렵해야 합니다. 지금부터 다음 5년 동안은 나의 '철학'을 만들어내는 작업을 하기로 결심했기 때문입니다. 나는 이 철학에 들어가기 위해 나의《차라투스트라》를 통해 일종의 현관을 지었습니다.[8]

1884년에 니체가 친구 프란츠 오버베크(Franz Overbeck)에게 보낸 편지입니다.《차라투스트라》는 현관이고 본체는 아직 안 썼다는 이야기죠. 본체는 '권력에의 의지'라는 제목을 단 책이었을 겁니다. 그런데 결국 실패했죠.

니체의 권력의지 사상이 어떻게 오용되었는지를 잘 보여주는 책이 있어요. 니체가 1889년 1월 3일 토리노에서 발작을 일으켜 쓰러진 후, 처음에는 어머니가 그를 간호했어요. 이 소식을 듣고 남미에 있던 누이동생 엘리자베트가 귀국합니다. 이후 니체와 관련된 모든 작업을 엘리자베트가 처리합니다.

엘리자베트는 1894년 나움부르크, 1897년 바이마르에 니체 아카이브를 설립해서 니체가 쓴 모든 원고를 수집합니다. 누이동생 덕택에 우리가 니체의 글을 온전히 읽을 수 있다고 해도 과언이 아니에요. 그런데 엘리자베트는 나쁜 일도 많이 했습니다. 니체는《권력에의 의지》라는 책을 쓰지 않았죠. 구상했지만 책을 쓰지는 않았어요. 그런데 엘리자베트가 니체의 원고를 모아《권력에의 의지》라는 책을 펴냅니다. 니체가 쓰지도 않은 책이 '권력에의 의지'라는 제목을 달고 출간된 거죠.

실제로 니체는 권력에의 의지를 어떤 맥락에서 언급했을까요? 《차라투스트라》2부 〈자기 극복에 대하여〉에서 최초로 '권력에의 의지'라는 용어를 씁니다. 이를 '힘의 의지'라고 번역하기도 하는데, 니체가 너무 정치적으로 오용되다 보니 힘이라는 중립적인 말로 표현한 것인데요. 저는 이렇게 번역하면 안 된다고 생각합니다. 니체가 이 용어를 쓸 때 권력이라는 개념이 부정적인 의미를 함축한다는 점을 충분히 알았기 때문입니다.

이 비밀도 삶 자체가 내게 말해주었다. "보라, 나는 **언제나 자기 자신을 극복해야 하는** 그 무엇이다.

물론 그대들은 이것을 생식에의 의지 또는 목적에의 충동, 좀 더 높은 것, 좀 더 멀리 있는 것, 좀 더 다양한 것에 대한 충동이라고 부른다. 그러나 이 모든 것은 하나이며 하나의 비밀이다."⁹

이 비밀이 다름 아닌 권력에의 의지입니다. 그래서 생명체가 있는 곳 어디서든 항상 권력 현상이 일어나게 마련이라고 이야기합니다. 초인이 되고 자기를 극복하려 한다면 반드시 권력에의 의지가 필요해요. 권력에의 의지가 없으면 적도 없고, 전쟁도 할 수 없고, 자기극복도 할 수 없어요. 초인이 되려면 자신에게서 무엇이 경멸할 만한 것인지를 정확하게 인식하고 그것을 뛰어넘어야 한다고 했었죠. 이를 가능하게 만드는 것이 바로 권력에의 의지입니다.

자기 극복을 위한 거리 두기

니체는 평등주의를 반대합니다. 모든 사람이 똑같다는 것만큼 혐오스러운 사상도 없다고 이야기해요. 우리에게 평등은 무척 익숙하잖아요. 그런데 평등이 무엇인지 질문을 던지면 문제가 간단하지 않아요. 법 앞에서 평등하고, 태어날 때부터 양도할 수 없는 인권을 가지고 있다는 점에서 인간은 평등합니다. 하지만 우리는 다 다르잖아요. 평등이라는 말을 좀 더 정교하게 생각할 필요가 있다는 거죠.

인생에 한번은 차라투스트라

니체는 자기 극복을 하려면 거리를 둘 줄 아는 능력이 필요하다고 이야기합니다. 자기를 너무 좋아하면 절대로 자기 극복을 하지 못해요. 자기를 너무 사랑하면 그리스신화의 나르키소스처럼 자기 사랑에 매몰되어 죽죠. 자기 극복을 하지 못하는 거예요. 이처럼 누군가를 사랑하는 일에는 적절한 거리가 필요합니다.

우리가 사물의 장단점을 제대로 파악하려면 너무 가까이 있어서도 안 되고 너무 멀리 있어서도 안 돼요. 적절한 거리가 있어야 합니다. 니체는 다른 사람과 친밀한 관계를 이루려고 할 때도 적절한 거리를 두어야 한다고 말합니다. 이것을 '거리 두기의 파토스(pathos of distance)'라고 이야기해요. 인식의 관점에서도, 정감을 느낄 때도 적절한 거리가 있어야 합니다. 너무 가까우면 매몰되어 벗어나지 못하고, 너무 멀면 친밀한 관계를 형성하지 못해요. 적절한 거리는 무척 중요합니다.

거리를 두면 모든 사물은 다르다는 점, 차이를 알게 됩니다. 차이를 인식하는 것이 중요해요. 다른 사람과 권력 투쟁을 할 때도 우선 거리를 재봐야 해요. 상대방이 나와 겨룰 만한지 알아야 해요. 그렇지 않으면 권력 투쟁을 하지 못합니다. 이런 관점에서 보면 평등은 커다란 이상이 될 수 없어요. 니체에게 평등은 근본적으로 데카당스, 퇴폐주의였습니다. 모든 사람이 똑같아진다는 것은 다른 말로 개성이 없다는 거죠. 모든 사람이 똑같아진다는 것은 누구나 다른 사람으로 대체될 수 있다는 의미예요.

175

평등은 본질적으로 쇠퇴에 속한다. 인간과 인간 사이의 간격, 계층과 계층 사이의 간격, 유형의 다수성, 자기 자신이고자 하는 의지, 자신을 두드러지게 하고자 하는 의지, 내가 거리 두기의 파토스라고 부르는 것은 모든 강한 시대의 특징이다.[10]

자기 자신이 되려면 끊임없이 타인과 차별화해야 합니다. 그렇지 않으면 자신이 되지 않아요. 거리가 없으면, 똑같아지면 자신이 안돼요. 현대사회는 자꾸 우리의 차이를 제거하고, 우리에게 똑같아지라고 요구합니다. 판에 박은 듯 인재를 찍어내요. 이런 상황이지만 차이를 가지고 있어야 존중받고 인정받는 인재가 됩니다.

자기 극복을 위해서 왜 권력이 필요할까요? 권력은 거리 두기를 의미하고, 거리 두기는 차별화를 의미하기 때문입니다. 싫어하는 것, 원치 않은 것이 있어야 거리 두기가 가능하죠. 우리는 혐오스러운 것은 멀리하고 좋아하는 것은 가까이합니다. 인간의 본성이자 특성이에요. 싫어하는 것을 가까이 두는 사람은 한 명도 없습니다. 얼굴에 나타나요. 따라서 지배할 것이 없다면, 거리 둘 것이 없다면 극복할 것도 없다는 의미예요. 자기 극복이 불가능해져요. 모든 사람이 똑같이 행동하면 차이가 없죠. 왜 다른 사람이 한다고 나도 해야 하는지 질문을 제기할 때, 비로소 자신의 길을 걷게 됩니다.

니체는 '현대의 병은 평등주의'라고 이야기합니다. 그런데 니체의 철학이 반평등주의라고 해서 그가 평등 자체를 부정한 것은 아니에요. 니체의 철학이 반도덕주의라고 해서 부도덕한 행동을 장려하지는 않은 것처럼요. 오해하면 안 돼요. 평등주의를 반대하는 맥락을 분명히 하자면, 평등화는 동질화·획일화·표준화를 의미하기 때문입니다. 이를 철저하게 실행하면 개성 있는 사람이 한 명도 없다는 말이죠.

인간화는 도덕화를 의미해요. 그런데 도덕이 너무 강요되고 보편화되면 모든 사람이 똑같아지기에 문제가 생긴다고 합니다. 앞서 덕에 관해 살펴봤을 때, 진정한 덕성을 가지고 있다면 그 덕성을 결코 다른 사람과 나누지 못할 것이라고 했었죠. 그것은 나만의 덕성이기 때문이죠. 마찬가지로 나만의 미적 감각이 있다면 절대로 표준된 미를 추종하지 않아요. 결과적으로 인간화·도덕화·획일화는 데카당스, 퇴폐주의를 의미하기 때문에 새로운 것을 창조하고 자신을 극복하는 능력이 소실되게 합니다. 그러니까 평등주의를 반대하는 거예요.

> 우리 현대는 자기에 대한 소심한 염려와 이웃 사랑, 노동과 겸허와 공정성과 과학성이라는 덕을 가지고서―수집적이고 경제적이며 기계적으로 의도하는―약한 시대로 드러난다. 우리의 덕은 우리의 약함에 의해 제약되고 요청된다.[11]

현대인은 너무 외부 지향적이어서 실제로는 내면의 방황을 잃어버린 시대에 살고 있다고 니체는 주장합니다.

여기서 타란툴라의 비유가 등장합니다. 타란툴라는 아주 예쁜 독

거미예요. 거미줄을 치고 먹이를 잡아먹죠. 니체는 타란툴라가 자신을 극복하고 높이 비상하는 모든 짐승을 잡아먹는다고 이야기해요. 거미줄을 쳐놓고 그 이상 올라가면 다 잡아먹을 거라고 위협하죠. 그래서 거미줄은 완전한 평등주의를 상징합니다. 조금 달라지려고 하고, 더 높이 올라가려고 하면 막아버려요. 우리 주위에는 타란툴라가 엄청나게 많습니다.

평등주의가 나온 이유는 결국 창조하는 능력을 상실한 무력감 때문이에요. 강한 사람은 다른 이를 지배하는데, 약한 사람은 명령하는 능력이 없어요. 복수심을 갖게 되죠. 그래서 원래 강하고 약한 사람이 따로 있는 것이 아니라 모든 사람은 평등하다고 주장합니다. 이를 통해서 자신의 이익을 보호하려는 사람은 약한 존재죠. 니체는 '창조할 수 없는 무력감에서 복수심이 생기고, 복수심이 만들어 낸 가치관이 평등과 인권의 사상'이라고 뒤집어엎습니다.

왜 현대인은 평등을 원할까요?

그대들 **평등**의 설교자들이여, 영혼을 어지럽게 만드는 그대들에게 나는 비유를 들어 말한다! 그대들은 타란툴라이며 숨어서 복수를 노리는 자들이다![12]

니체에 따르면, 평등을 이야기하는 사람은 대부분 상상의 복수를 하는 사람이에요. 평등의 의지는 어떤 차별도 용인하지 않고, 따라서 엄밀한 의미에서 다양성을 인정하지 않습니다. 사람들이 다양한 방식으로 살아갈 수 있는데도 모든 사람이 똑같은 가치를 추구하면서 사는 것이 평등사회를 의미한다면, 평등사회는 문명의 쇠퇴를 가져올 수 있다고 이야기합니다.

니체는 우리가 평등을 다른 식으로 이해해야 한다고 말해요.

> 그대들 평등의 설교자들이여, 무기력의 폭군적 광기는 그리하여 그대들의 마음속에서 '평등'을 외친다. 그대들의 가장 은밀한 폭군적 욕망이 덕이라는 말로 위장한다![13]

자기의 약함을 위장하고 보호받으려고 새로운 가치를 제시할 수밖에 없는 거죠. 다른 삶, 차이가 있는 삶, 더 풍부하고 여유 있는 삶을 살고자 한다면 우리는 표준화·획일화·동질화의 경향에서 벗어나야 합니다.

그래서 권력에의 의지는 사실 차별화의 의지라고 볼 수 있어요. 권력에의 의지는 단순하게 다른 사람에게 명령하고 지시하려는 게 아니라, 삶을 다른 방식으로 살아가는 데 필요한 힘과 능력이에요. 자기 극복을 위한 차별화 전략이 '거리 두기의 파토스'라고 생각할 수 있습니다.

흔히 니체의 철학을 '도덕적 귀족주의'라고 이야기합니다. 물론 신분을 의미하지 않습니다. 소위 현대사회의 금수저·은수저·흙수저처럼 부모의 자산과 소득에 따른 계층 분류를 옹호하는 것이 절대 아니에요. 삶의 방식에서 귀족이 따로 있다는 거예요. 돈이 아무리 많아도 살아가는 방식이 천박하다면 니체는 경멸스럽기 짝이 없다고 이야기합니다. 가치 귀족주의의 전제 조건은 가치가 다양해야 해요. 가치의 다양성, 이것이 우리 사회를 인간답게 만듭니다.

우리가 살아가는 데 중요한 가치가 딱 하나밖에 없다고 생각해보죠. 그리고 그 가치가 돈이라고 가정합시다. 우리의 삶은 자산과 소득에 따라 결정되겠죠. 이를 받아들일 수 있습니까? 받아들일 수 없어요. 우리는 가치의 스펙트럼을 놓고, 스스로 가치의 위계질서를 정해서 살아갑니다. 가치의 위계질서는 사람마다 다 다르죠. 어떤 것이 나에게 최고의 가치인지를 결정하다 보면, 결과적으로는 독특한 개성이 있는 삶을 사는 거죠. 따라서 니체는 '영혼 안에서 가치관의 갈등과 투쟁을 통해 자기 나름의 고유한 위계질서를 정립하는 것이 자아가 되는 것'이라고 말합니다.

물론 인간은 평등해져서도 안 된다! 내가 이와 다르게 말한다면 초인에 대한 나의 사랑은 도대체 무엇이란 말인가?
인간은 천 개의 다리와 좁은 길을 걸어서 미래를 향해 돌진해야 한다. 그리고 더 많은 전쟁과 불평등이 인간들 사이에 벌어져야 한다. 나의 위대한 사랑이 나에게 이렇게 말하도록 한다![14]

조심해야 할 점은 여기서 전쟁이나 불평등을 오해해서는 안 됩니다. 니체가 사회적으로 더 많은 전쟁과 불평등을 만들어야 한다고 이야기하는 게 아니죠. 인간들 사이에 불평등을 불러일으켜야 한다는 말은 어떤 가치가 고귀하고 저열한지에 관한 투쟁이 있어야 한다는 의미입니다. 이 투쟁이 없이 사회가 발전할 수 있을까요? 모든 문명사회는 야만과의 투쟁이었습니다. 야만의 경계선을 긋지 않고 우리가 어떻게 문명을 발전시키겠습니까? 도저히 용납할 수 없는 것, 경멸스럽기 짝이 없는 것을 규정하고 그것을 제거하려고 노력하지 않는다면 어떻게 문명사회에 도달할 수 있을까요? 니체의 글을 문자 그대로 받아들여서, 그가 전쟁과 불평등을 옹호했다고 생각해서는 안 됩니다.

권력에의 의지로서의 도덕

인간은 살아가는 데 세 가지가 필요합니다. 자신을 인식하고, 삶을 어떻게 살 것인지 결정하고, 새로운 가치를 만드는 능력입니다. 우리는 인식과 도덕과 창조를 빼놓고 삶을 이야기할 수 없어요. 이 세 가지는 다음과 같은 질문과 연관됩니다. '나는 누구인가? 나의 가치는 무엇인가? 나는 어떤 삶을 사는가?'

인식이라는 것은 진리에의 의지를 말합니다. 어떤 진리를 추구할지, 삶의 정답이 있는지를 묻죠. 이 문제에 대해 니체는 이렇게 이야기합니다. "모든 존재자를 사유 가능한 것으로 만들려는 의지, **나는** 그대들의 의지를 이렇게 부른다!"[15] 우리가 어떤 사물을 인식하려면 인식할 수 있도록 만들어야 해요. 예를 들어 방사선가속기가 있어요. 육안으로 절대 볼 수 없는 것을 관찰할 수 있게 해주죠. 방사선 가속기를 통해 우리는 과거에는 알려지지 않았던 것들을 인식할 수 있습니다. 따라서 무언가를 인식할 수 있는 것도 궁극적으로는 권력의 문제입니다. 능력의 문제예요.

도덕은 가치에의 의지입니다. 권력이 가치를 만들어요. 우리가 신경 써야 하는 문제가 무엇인지 어젠더를 설정하는 이는 권력자입니다. 오늘날 전 세계의 문제가 무엇인지 결정하고 논의를 주도하는 나라는 전부 강대국이에요. 니체가 말합니다. "최고의 현자들이여, 이것이 권력에의 의지로서 그대들의 의지 전체이다. 그대들이 선과 악 그리고 가치 평가에 대해 말할 때조차 그렇다."[16] 따라서 무엇이 선이고 악인지를 결정하는 것은 권력입니다. 이것은 언제든지 증명할 수 있어요. 고대부터 현대에 이르기까지 끊임없이 가치의 서판이 바뀌어왔어요. 낡은 서판은 무너지고, 새로운 서판이 지어졌죠.

창조는 삶에의 의지예요. 권력이 자기를 만듭니다.

최고의 현자들이여, 강물은 그대들의 위험이 아니다. 그대들의 선과 악의 종말도 아니다. 저 의지 자체, 권력에의 의지, 지칠 줄 모르는 생식력을 가진 삶의 의지가 그대들의 위험이다.[17]

우리가 살아갈 수 있는 토대, 즉 가치를 스스로 창조할 줄 알아야 한다는 겁니다. 많은 사람이 오해하는데, 가치를 창조해야 한다는 말은 그것이 꼭 새로워야 한다는 의미가 아니에요. 계승한 가치도 스스로 선택한 것이라면 그것은 나의 가치입니다. 오늘날 전 세계 수많은 문화가 교류합니다. 막 뒤섞였어요. 고유한 가치와 이질적 가치를 구분하기도 쉽지 않아요. 그래서 삶을 살아가는 데 필요한 가치를 선택할 수 있는 스펙트럼은 훨씬 더 넓어졌습니다.

왜 니체의 '권력에의 의지'는 전통 철학에서 이야기했던 '의지'와 '권력'보다 훨씬 새로운 것들을 말해줄까요? 니체는 전치사를 하나 붙였어요. 'Will to Power.' 우리의 의지는 항상 권력을 지향한다는 뜻이죠. 지향성 자체가 인간의 삶을 결정합니다. 그러니까 삶은 권력에의 의지라고 볼 수 있겠죠.

니체는 자신의 사상을 영감으로서만 발전시킨 것이 아니라, 당대의 첨단 과학 이론을 통해 증명하려고 무척 노력했습니다. 권력에의 의지도 마찬가지예요. 모든 생물 현상을 연구했어요. 도서관 대출 기록을 통해 니체가 무슨 책을 빌렸고 어떤 연구를 했는지가 자세히 드러납니다. 니체는 단세포 아메바가 어떻게 살아남는지까지 연구했어요. 니체는 아메바의 세포 구조를 이야기했는데요. 아메바는 살아남으려면 끊임없이 바깥의 이물질을 자기 것으로 만들어야 해요. 하물며 아메바조차 권력에의 의지를 지니고 있는데, 인간처럼 복잡한 동물이 권력에의 의지가 없다는 것이 말이 되냐고 묻습니다.

우리의 총체적 충동의 삶을 한 의지의 근본 형태, 즉 권력에의 의지가 형성되고 분화된 것으로 설명할 수 있다고 전제한다면, 모든 유기체의 기능들을 권력에의 의지로 환원할 수 있고 그 권력에의

183

의지 속에서 생식과 영양 섭취의 문제를 해결할 수 있다면, 작용하는 모든 힘을 권력에의 의지로 분명하게 규정하는 것은 정당할 것이다. 세계를 내부로부터 보고, 세계를 그 지적인 성격에서 규정하고 명명한다면, 그것은 바로 권력에의 의지이며, 그 밖의 아무것도 아니다.[18]

니체는 세계의 본성은 권력에의 의지라고 이야기합니다. 증명할수 없을지 모르지만, 니체의 관점에서 본 세계의 모습이죠. 이보다더 좋은 관점이 있을까요? 니체의 세계 해석이 우리에게 많은 것을말해주기 때문에 니체의 철학은 여전히 유효한 거겠죠.

권력의 내적 동기는 욕망, 충동, 생존, 삶에의 의지를 지니고 있어요. 여기에서 무언가를 극복했다는 권력 감정이 필요합니다. "오직삶이 있는 곳, 그곳에 또한 의지가 있다. 그러나 그것은 삶에의 의지가 아니라 권력에의 의지라고 나는 그대에게 가르친다!"[19] 이 세계가 삶에 대한 의지가 아니라 권력에의 의지라고 생각할 때에 모습이 달라집니다. 그 모습의 차이가 무엇인지 한번 스스로 그려보기바랍니다.

권력의 동기는 여러 가지예요. 권력은 힘, 에너지, 세력이죠. 물리적 힘이라기보다는 무엇인가를 새롭게 만들어내는 힘에 가깝습니다. 내면적인 거예요. 다른 사람에게 발휘할 영향력이나 세력 같은 것이죠. 사실 권력에의 의지라고 표현할 때는 권력이 지니는 내면적 요소에 훨씬 더 초점을 맞춘 거예요. 외면적 요소는 힘의 작용이겠죠.

우리의 물리학자가 신이나 세계를 창조했던 '힘'이라는 승리에 찬 개념은 여전히 보완될 필요가 있다. 내가 '권력에의 의지'로, 즉 권력을 나타내는 지치지 않는 요청으로, 혹은 권력의 사용이나 실행으로, 창조적 충동 등으로 표현하는 어떤 내적 세계가 (힘 개념에) 추가되어야 한다.[20]

니체는 아마 뉴턴을 생각했을 겁니다. 근대 초에 힘이라는 개념이 발전할 때, 모든 현상을 힘의 작용과 반작용으로 설명하려 할 때 뭔가가 빠져 있는 것 같다는 뜻이죠. 내면의 무엇인가를 의지로 표현하고, 그것의 궁극적인 모습을 권력에의 의지로 서술한 것이라고 볼 수 있겠습니다.

니체의 사상은 당대의 사회과학자들에게 엄청난 영향을 끼쳤어요. 사회학의 아버지라 불리는 막스 베버 역시 니체에게서 큰 영향을 받았습니다. 베버는 권력에 대한 니체의 정의는 가장 간단하고 명료하다고 이야기합니다. 권력이라는 것은 사회적 관계 내에 어떤 기회나 저항에도 불구하고 자신의 의지를 관철시킬 가능성을 의미한다고 말해요. 즉, 권력에는 저항이 필요합니다.

권력 없이 자유를 얻을 수 없습니다. 두 사람 이상의 관계에서는 반드시 지배자와 피지배자의 관계가 형성됩니다. 순간적으로 변동이 될 뿐이죠. 사람들 사이의 관계가 지배자와 피지배의 관계라는 것은 부정적인 것이 아닙니다. 하지만 이 관계가 고착되면 부정적이에요. 늘 지배하는 사람은 지배하기만 하고, 지배당하는 사람들은 지배당하기만 한다면 그건 부정적인 거예요. 순환이 되어야 해요.

또 권력은 목적을 실현하는 의지가 있기 때문에 필요해요. 우리가 결혼하고 같이 살아가는 이유가 무엇일까요? 더불어서 더 좋은 삶을 살려고 결혼하지, 더 불행한 삶을 살려고 결혼하는 사람은 없죠. 상대방도 나와 똑같이 생각하기를 원합니다. 자신을 향상하고 자기 극복을 하면서 서로 원만한 관계를 맺기를 바라죠.

니체는 자기 극복에 대한 세 가지 명제를 제시합니다. 첫 번째, '모든 생명체는 순종하는 존재다.' 우리가 순종하고 복종할 가치가 존재하지 않는다면, 우리는 살아남지를 못해요. 순종과 복종은 상당히 좋은 미덕입니다. 단 강요된 순종이면 안 된다는 거죠. 누가 억지로 시켜서 순종해서는 안 됩니다.

두 번째, '자기 자신에게 순종할 수 없는 존재에게 명령이 내려진다.' 스스로 따를 수 있는 가치를 선택하는 사람은 자신에게 순종할 수 있는 존재예요. 그런데 스스로 결정하지 못해요. 바깥에 있는 사람이 결정합니다. 부모님의 말을 듣습니다. 선생님이나 선배의 말을 따라요. 쉽게 이야기하면 자신을 따르지 못하면 반드시 다른 사람의 명령을 받게 될 것이라는 말입니다.

세 번째, '순종보다 명령이 어렵다.' 늘 명령하고 결정해야 하는 일이 제일 어렵습니다. 어떻게 해도 욕을 먹기가 쉬워요. 새로운 길을 제시하고, 새로운 가치를 설정하고, 새로운 목적을 추구하는 일은 정말 어렵죠. 세 가지 명제는 우리에게 세 가지 질문을 던집니다. '내가 따르는 가치가 있는가?' '나는 나의 가치를 따를 수 있는가?'

'나의 가치를 창조할 수 있는가?'

오직 삶이 있는 곳, 그곳에 또한 의지가 있다. 그러나 그것은 삶에
의 의지가 아니라 권력에의 의지라고 나는 그대에게 가르친다!
살아 있는 자에게는 삶 그 자체보다 더 높이 평가되는 것이 많다.
그리고 이러한 평가를 통해서 말을 하는 것이 바로 권력에의 의지
다![21]

도덕은 무능한 자의 복수

약자도 권력을 추구합니다. 인간의 묘한 본성이고, 사회적 메커니
즘입니다. 강자가 영원히 지배할 것 같지만 아닙니다. 세상은 항상
뒤집어집니다. 니체는 "약자는 강자를 섬겨야 한다고 약자는 자신
의 의지를 설득하면서, 그의 의지는 좀 더 약한 자의 주인이 되려고
한다."[22]라고 말합니다. 망나니의 예가 있는데요. 망나니는 사형수를
처형하는 사람이죠. 동양에서도 서양에서도 가장 천한 직업 중 하
나였어요. 그런데 망나니는 엄청난 권력을 휘둘렀어요. 사형수의 부
모나 친척에게 고통스럽게 죽이길 원치 않는다면 돈을 내놓으로고
협박했습니다. 다수의 문헌에 기록된 내용입니다.

약자는 자신을 보존하려고 강자와는 다른 도덕을 발전시키는데
요. 이를 '노예도덕'이라고 합니다. 니체는 주인도덕과 노예도덕 개

〈1573년 9월 10일 함부르크에서 해적을 처형하는 모습〉
사형수를 처형하는 망나니는 역사적으로 가장 천한 직업이었지만, 사형수의 가족에게 엄청난 권력을 휘둘렀습니다. 약자도 권력을 추구했다는 말이죠. 이것이 인간의 묘한 본성이고, 사회적 매커니즘입니다.

념을 이야기해요. 명령하는 자가 가치를 세우고 창조하는 것이 주인도덕이에요. 노예도덕은 복종하는 자의 가치 창조입니다.

고대사회에는 주인도덕만 있었어요. 니체는 1200년 이어진 로마 제국이 붕괴한 이유는 기독교적 가치관이 보편화되고 공인되었기 때문이라고 말해요. 기독교 가치관은 이웃을 사랑하라는 도덕을 가지고 나왔죠. 니체는 강자의 도덕이 아니기에 사랑에 완전히 거부감을 가집니다. 기독교적 가치관은 천국에 갈 것이라는 기대감을 심어주어 결국 강자의 도덕을 이겼습니다. 따라서 니체에게 기독교적 도덕은 노예도덕이에요.

어느 언어에서나 신분을 나타내는 의미에서의 '고귀한', '귀족적인'
이 기본 개념이며, 여기에서 필연적으로 '정신적으로 고귀한', '귀
족적인', '정신적으로 고귀한 기질의', '정신적으로 특권을 지닌'이
라는 의미를 지닌 '좋음'이 발전해 나오는 것이다. 언제나 저 다른
발전과 평행해 진행되는 또 하나의 발전이 있는데, 이는 '비속한',
'천민의', '저급한'이라는 개념을 결국 '나쁜'이라는 개념으로 이행
하도록 만든다.[23]

귀족들이 만드는 고귀한 가치는 항상 선한 것이었습니다. 그런데
기독교가 들어오면서 이것이 뒤집어져요. 약자에 의한 가치 전도가
일어나요. 그리스 로마의 귀족적 가치는 항상 고귀한 것, 강력한 것,
아름다운 것이었어요. 남성적 가치관, 가부장적 가치관을 예로 듭니
다. 남성은 용기를 가지고 전쟁터에서 싸우는 강한 전사이기에 아
주 고귀한 가치였어요. 그 시대에는 남을 배려하고 상냥한 사람은
남성답지 못하다는 이야기를 들었죠. 비천한 도덕이었던 거예요. 그
런데 기독교가 이것을 뒤집어엎어요. 남을 사랑하고 배려하는 가치
가 오히려 선한 것으로 여겨지는 가치의 전도가 이루어졌다고 이야
기합니다.

도덕에서의 노예 반란은 원한(Ressentiment) 자체가 창조적이 되고

가치를 낮게 될 때 시작된다. 이 원한은 실제적인 반응, 즉 행위에 의한 반응을 포기하고, 오로지 상상의 복수를 통해서만 스스로 해가 없는 존재라고 여기는 사람들의 복수이다.[24]

여기서 르상티망(Ressentiment)이라는 개념이 나옵니다. 우리말로 한, 원한의 감정이에요. 원한 감정은 언제 생길까요? 피해를 입고도 직접 복수할 능력이 없을 때 생겨요. 능력이 없기에 상상의 복수를 합니다.

니체는 이를 '무능의 간계'라고 표현합니다. 무력감에서 생긴 복수심을 가진 사람들은 무능력한 자신의 특성을 오히려 좋은 것, 선한 것으로 치장합니다. 이는 가치관의 측면에서 노예의 반란이에요. 노예도덕은 우리가 악한 인간과는 다른 존재, 즉 선한 인간이 되자고 유혹하는데요. 여기서 악한 인간은 우리를 지배하는 자, 강한 자, 고귀한 자를 일컫습니다. 그래서 니체는 다음과 같이 이야기합니다.

억압당한 자, 유린당한 자, 능욕당한 자가 복수심에 불타는 무력감의 간계에서 "우리는 악한 인간과 다른 존재가 되도록 하자, 즉 선한 존재가 되게 하자! 그리고 선한 인간이라는 능욕하지 않는 자, 그 누구에게도 상처 주지 않는 자, 공격하지 않는 자, 보복하지 않는 자, 복수를 신에게 맡기는 자, 우리처럼 자신을 숨긴 채 사는 자, 모든 악을 피하고 대체로 인생에서 요구하는 것이 적은 자, 즉 우리처럼 인내하는 자, 겸손한 자, 공정한 자이다."라고 스스로를 설득하지만, 이것은 본래 "우리 약자는 어차피 약하다. 우리는 우리의 힘이 미치지 못하는 일은 아무것도 하지 않거니와, 이것은 좋은 것이다."라고 말하는 것에 불과하다.[25]

여우와 포도에 관한 이솝 우화를 들어보셨나요? 마치 르상티망과 비슷합니다. 여우는 포도가 너무 먹고 싶었어요. 팔짝팔짝 뛰고 매달려보지만 도저히 닿지를 않아서 포도를 따지 못했죠. 여우가 뭐라고 했을까요? "저 포도는 시어서 맛이 없을 거야." 이것이 노예도덕과 똑같은 태도입니다. 내가 오르지 못할 것은 원래 나쁘다고 생각하는 경향이 르상티망이에요.

무력감을 가진 사람은 끊임없이 자기를 기만합니다. 자기가 약하다는 것을 알지만, 약한 것이 나쁜 것은 아니라고 스스로 기만하죠. 그리고 상상의 복수를 합니다. 상대방은 원래는 강한 것이 아니고 악한 것이라고 평가하죠. 이것이 타성이 되면 부정적 힘이 지배하게 돼요. 니체는 결국 문명에 퇴화를 가져온다고 결론 내립니다.

니체는 복수의 정신이 무력감에서 오는 폭군의 망상이라고 단언합니다. 복수는 별로 바람직한 현상은 아니죠. 즉각적으로 행위를 통해서 대응하는 능력을 키우는 것이 진정한 권력에의 의지입니다. 부당한 일에 맞서 반항하는 것은 권력에의 의지에 충실한 능동적 대응 방법이에요. 그런데 즉각 대응하지 못하고 집에 와서 온갖 상상을 하고 망상을 하면 세상이 바뀝니까? 안 바뀝니다. 니체는 그것이 약자의 도덕, 노예의 도덕이라고 본 거예요. 우리는 어떻게 우리의 의지를 구원할까요? 인간에게 가장 중요한 것은 권력에의 의지입니다. 어떤 상황에서도 자신의 의지를 지키고 구원하면 삶을 극복할 수 있습니다.

그대들 가치를 평가하는 자들이여, 그대들은 선과 악에 대한 그대들의 평가와 말로써 폭력을 행사한다. 이것이 그대들의 숨겨진 사랑이자 영혼의 빛이며 전율이며 흘러넘침이다.
그러나 그대들의 가치 평가로부터 좀 더 강력한 폭력, 새로운 극복이 자라난다. 이것에 의해서 알과 껍데기가 깨어진다.
선과 악에서 창조자가 되려는 자는 우선 파괴자가 되어 가치를 파괴해야 한다.
이렇게 하여 최고의 악은 최고의 선에 속한다. 그러나 최고의 선은 창조적인 선이다.[26]

니체는 삶에 대한 처절한 성찰을 바탕으로 자신을 극복하고자 할 때, 우리에게 가장 필요한 것이 권력에의 의지라고 이야기합니다. 이러한 권력의지를 가지고, 모든 일에 능동적인 삶을 살아가기 바랍니다.

7

3부 1강

영원회귀,
이 순간을 제대로
살고 있는가

모든 것은 가고, 모든 것은 되돌아온다.
존재의 수레바퀴는 영원히 굴러간다.
모든 것은 죽고, 모든 것은 다시 꽃 피어난다.
존재의 세월은 영원히 흘러간다.

— 〈차라투스트라는 이렇게 말했다〉, 3부 〈치유되고 있는 자 2〉, 390쪽.

삶의 가장 무거운 짐, 영원한 반복

영원회귀 사상은 《차라투스트라》 3부의 가장 핵심적 문제라고 할수 있습니다. 그런데 가장 오해를 많이 받는 사상이기도 합니다. 사실 설명하기가 무척 어렵습니다. 이번 강의에서는 영원회귀 사상이우리가 살아가는 데 도대체 어떤 의미를 지니고 있는지에 초점을맞추어 이야기해보려고 합니다. 프리드리히 니체는 《즐거운 학문》에서 이런 이야기를 합니다.

'너는 이 삶을 다시 한번, 그리고 무수히 반복해서 다시 살기를 원하는가?'라는 질문은 모든 경우에 최대의 중량으로 그대의 행위 위에 얹힐 것이다! 이 최종적이고 영원한 확인과 봉인 외에는 더 이상 아무것도 요구하지 않기 위해서는, 어떻게 그대 자신과 그대의 삶을 만들어나가야만 하는가?[1]

우리가 삶에 만족하고 그런대로 잘 살았다는 느낌을 받는다면 좋겠지만, 그렇게 생각하는 사람이 많지 않은 것 같습니다. 저는 이 글을 접하고 난 후 제 방식으로 실존적 문장을 만들었습니다. '너의 삶을 다시 한번 살기를 원할 수 있도록 매 순간 그렇게 살아라.' 지나간 순간은 다시 돌아오지 않습니다. 하지만 우리는 삶을 영원한 반복으로 생각하죠.

니체 철학의 핵심 문제가 무엇인지 질문을 던지면 저는 이렇게 대답할 수 있을 것 같습니다. '너는 삶을 어떻게 만들어갈 것인가? 너는 어떻게 자신을 창조할 것인가? 너는 다른 사람들과 어떻게 다른 개성을 가진 사람인가?' 이런 질문이 니체의 사상 전반에 깔려 있습니다. 《차라투스트라》 역시 마찬가지죠.

이제부터 영원회귀 사상을 네 단계로 살펴볼 텐데요. 먼저, 우리에게 가장 무거운 짐은 무엇일까요? 니체는 두말할 나위 없이 영원히 반복되는 삶이라고 이야기합니다. 두 번째로, 그렇다면 이 무거운 짐에서 벗어날 수 있는 길은 무엇일까요? 니체는 이를 위해 엄청난 용기와 건강이 필요하다고 이야기해요. 쉽지 않다는 거죠. 그다음으로 니체는 영원회귀가 자신에게 어떠한 실존적 의미를 갖고 체험되었는지 말합니다. 이론적으로 증명하려는 것이 아니라, 본인의 체험을 이야기하면서 다른 사람들은 체험을 통해 삶을 대하는지 질문을 던지는 거죠. 마지막으로 우리가 삶을 긍정할 수 있는 세계관과 시간관을 가져야 한다고 이야기합니다.

삶의 가장 무거운 짐은 영원한 반복입니다. 사실 일상의 반복을 고통스럽지 않게 생각하는 사람은 별로 없습니다. 그것이 의미가 있든 의미가 없든, 이것만큼 우리를 짜증 나고 고통스럽게 만드는 것도 없죠. 매일 아침 일어나면 밥을 먹고, 직장에서 일하거나 학교에서 공부하고, 저녁에 돌아오는 행위를 반복하죠. 사실 고통의 원천은 반복입니다. 매일 똑같이 반복된다는 것. 우리는 때로 싫증이나 불쾌감을 말하지만, 그보다 더 큰 고통은 권태와 지루함이죠.

20세기 독일이 낳은 위대한 철학자 마르틴 하이데거는 인간에게 가장 실존적인 감정, 정서는 두 가지라고 이야기합니다. 먼저 불안이 있어요. 불안에는 대상이 없습니다. 어디에서 불안감이 오는지 몰라요. 그저 막연한 불안감이 있는 거예요. 그래서 하이데거는 그것을 '실존적 정서'라고 말합니다. 우리가 공포를 느끼는 것은 어떤 대상이 있기 때문이죠. 대상이 없는데도 불구하고 문득문득 엄습하는 이 같은 감정을 불안이라고 합니다.

또 하나의 깊고 어두운 감정은 지루함, 권태입니다. 견디기 너무 어렵죠. 참을 수 없는 감정입니다. 벗어나려고 자신을 자극하지만 쉽게 물러나지도 않아요. 끊임없이 반복돼요. 이렇듯 고통의 원천은 반복이라는 겁니다. 누구나 반복의 과정에서 벗어나길 원하잖아요.

결혼 생활을 생각해보면 처음에는 사랑으로 모든 것이 새롭고 환희에 가득 차지만 2~3년만 지나면 감정이 변화하죠. 이 시기에 아기를 갖기도 하잖아요. 아이를 갖는 것만큼 기적적인 체험도 없죠. 새로운 생명이 태어나면 모든 것이 새롭습니다. 권태롭고 지루하던 가정에 환한 웃음이 번지고 기쁨이 생겨요. 그런데 그것도 2~3년이에요. 아이가 크면 기쁨도 있지만, 또 다른 고통의 연속이거든요. 반복이 고통의 원천이라면 어떻게 견딜 수 있을까요? 니체는 3부 〈환영과 수수께끼에 대하여〉에서 삶의 수수께끼를 이야기합니다.

> 차라투스트라는 이틀 동안 아무 말도 하지 않았으며, 슬픔으로 인해 냉정해지고 귀머거리가 되어 어떤 눈짓이나 어떤 물음에도 대답하지 않았다. 그러다가 이틀째 되는 날 저녁, 그는 여전히 입은 다물고 귀만은 다시 열었다. …… 듣고 있는 동안 마침내 그의 혀가 풀리고 마음의 얼음이 부서졌다.[2]

여기서 우리가 던질 수 있는 질문은 '도대체 무엇이 차라투스트라를 침묵하고, 귀도 열리지 않고, 보지도 못하는 상태로 만들었는가?'입니다. 실존의 우울은 점진적으로 찾아오지 않아요. 어느 날 갑자기 찾아옵니다. 마치 도둑처럼 살그머니 찾아오지 소리를 내면서 오지 않아요. 어느 날 갑자기 우울해집니다. 인생이 아무런 의미도 없는 거예요. '이 생이 똑같이 반복되는 거야?'라는 생각이 드는 거예요. 비관주의에 빠지는 거죠. 이것이 니체의 실존적 상황이었습니다.

니체는 신체적·정신적 건강 문제, 친구와의 다툼, 살로메와의 실연 등으로 인해 엄청난 고통을 겪었어요. 더 힘든 것은 삶을 도저

인생에 한번은 차라투스트라

히 바꿀 수가 없다는 것이었어요. 아무리 노력을 해도 똑같이 반복돼요. 이 사람은 아픈 사람이었잖아요. 매일매일 구토와 두통이 반복되었습니다. 차라투스트라가 침묵하게 된 이유는 어느 날 갑자기 이 삶이 영원히 반복된다는 생각이 들었기 때문이에요. 과학적 근거도 증거도 없어요. 어느 날 그렇게 인식하고 통찰하게 된 거죠.

오늘날 한국이 '헬조선'이라고 하며 젊은 세대가 겪는 고통과 불안은 50~60대가 생각하는 차원을 훨씬 넘어섭니다. 젊으니까 그렇다는 말은 전혀 위로가 되지 않아요. 전에는 '젊어서 고생은 사서도 한다'고 했습니다. 때로는 좌절도 하고 절망도 하고 실연도 하는 것이 젊음이라고 이야기했어요. 지금 젊은 세대가 겪는 고통은 아무리 열심히 해도 내일 나의 삶이 전혀 나아질 것 같지 않다는 데에서 오는 절망감입니다. 질적으로 달라요. 우리나라만이 아니라 전 세계 모든 젊은이가 겪는 문제예요. 오늘의 삶이 내일 반복되고, 내일의 삶이 모레 반복되는 이 불안감을 우리가 어떻게 극복할 수 있을까요?

우리는 자신이 원하는 삶을 살지 못하고 왜 똑같은 일을 반복할까요? '실수하는 것은 지극히 인간적이다. 영원히 계속되는 것은 악마다.'라는 라틴어 속담이 있습니다. 인간은 인간이기 때문에 실수하죠. 실수하지 않는 사람은 인간이 아니에요. 그런데 변하지 않는 것은 악마라는 겁니다. 인간은 항상 바뀌어요. 과거의 나와 현재의 나와 미래의 내가 달라질 수 있는 것이 인간의 강점이에요. 과거와 현재와 미래의 내가 똑같은 것은 악마적이라는 거예요.

변함의 가능성이 없는 세계는 지옥과 같은 세계 아니겠어요? 내

일은 뭔가 달라질 거라는 작은 희망이라도 붙들고 있어야 우리가 인간적일 수 있어요. 상대방이 변할 거라는 가능성에 속아 몇십 년 동안 함께 살아가는 사람이 있죠. 긴 세월 동안 견뎌내는 힘은 변할 거라는 희망과 기대 때문이거든요. 그런 게 없다면 절망적인 거죠.

삶은 반복될 것이다

반복을 악마라고 하는데, 왜 니체는 영원히 회귀하고 반복해야 한다고 말할까요? 니체는 '영원회귀의 인정은 삶을 의미 있게 만든다'고 말합니다. 영원히 반복된다는 것을 전적으로 인정하고 온전히 끌어안을 때 비로소 우리의 삶에 의미를 부여할 수 있다는 뜻이에요. 이러한 인정과 긍정의 효과가 뭘까요? 매 순간이 달라져요. 어제 아침에도 빵을 먹고, 오늘 아침에도 빵을 먹고, 내일 아침에도 빵을 먹으리라는 것은 똑같은데 그 순간을 내가 어떻게 대하느냐에 따라 빵의 맛이 전혀 달라지는 거죠.

이런 인생의 수수께끼 이야기를 한 곳이 델포이의 신탁입니다. 〈환영과 수수께끼에 대하여〉는 고대 그리스의 전통으로 되돌아가자는 내용을 담고 있습니다. 델포이에 가보면 정말 기둥만 남았어요. 디오니소스 신전, 아폴론 신전의 기둥만 남아 있습니다. 그리스신화에서 아폴론이 거대한 뱀 피톤을 죽였는데, 이 뱀은 미래를 예견하는 능력이 있었어요. 델포이는 피톤의 피를 뿌린 곳이기에, 이곳에

존 콜리어, 〈델포이의 여사제〉, 1891
사람에게 미래는 영원한 수수께끼입니다. 델포이의 신탁은 바로 삶의 수수께끼에 대한 신의 목소리였습니다. 차라투스트라가 들은 신의 목소리는 과연 무슨 내용이었을까요?

서 미래를 알 수 있었다고 합니다. 사람들은 델포이에서 자신의 미래가 어떻게 될지 수수께끼를 풀죠. 즉, 델포이의 신탁은 삶의 수수께끼에 대한 신의 목소리와 같은 것이라고 볼 수 있어요.

델포이의 신탁을 받는 신전에는 두 글귀가 있었는데, 하나는 '너 자신을 알라.'이고, 다른 하나는 '지나치지 마라.'입니다. 인생에 지침이 되는 글이라고 할 수 있죠. 끊임없이 자기를 성찰하는 인식 과정에서 너무 지나치거나 모자람 없이 실천까지 한다면 이는 인생을 가장 잘 사는 방법입니다. 차라투스트라의 신탁은 반복되는 무의미한 삶을 사는 인간이 존재의 가치를 가질 방법에 관한 것이었어요. 어떻게 하면 무의미한 존재가 자신에게 의미를 부여할 수 있는지 물었죠. 이에 대해 신의 목소리는 '네가 사는 삶과 이 삶의 터전은 영원히 반복되고 반복될 것이다.'라고 대답했습니다. 차라투스트라는 그 목소리를 듣고 자기의 삶을 완전히 바꾸는 깨우침을 얻은 거죠.

니체는《차라투스트라》3부 〈방랑자〉에서 이렇게 이야기합니다. "나는 방랑자이며 산을 오르는 자다. 나는 평지를 사랑하지 않는다. 그리고 나는 오랫동안 한자리에 가만히 있지 못하는 것 같다."[3] 같은 자리에 있다고 하더라도 우리는 방랑자가 될 수 있어요. 니체는 평지를 사랑하지 않는다고 했습니다. 삶의 질곡과 불행이 없으면 평탄한 삶이죠. 평지에서 살아가는 것과 똑같아요. 그러면 행복할 것 같지만, 니체에 따르면 그것은 행복한 삶이 아닙니다.

그것은 그냥 되돌아온다. 그것은 마침내 집으로 돌아올 뿐이다. 나의 고유한 자아, 그리고 자신을 떠나 오랫동안 낯선 곳을 떠돌며 온갖 사물과 우연 사이에 흩어져 있었던 것이.[4]

서양문학, 서양철학의 핵심 모티브는 귀향입니다. 고향으로 돌아오려면 무엇부터 해야 하나요? 집으로 돌아오려면 먼저 집을 떠나야 합니다. 고향을 떠나 타지에 있을 때 비로소 우리에게 고향이 있어요. 마찬가지로 자기 자신을 떠나지 못하는 사람은 자신을 확인할 수 없습니다. 환상과 망상에 불과하죠. '너 자신을 알라.'라는 말은 자신을 알기 위해서 나와 다른 것을 경험해야 한다는 의미입니다.

차라투스트라가 산에서 내려와 시장으로 가서 초인 사상을 전파하다가 조롱과 조소만 받고 다시 산으로 올라갑니다. 그럼에도 함께 길을 갈 길동무를 찾으려고 '얼룩소'라는 도시로 내려가서 행복의 섬에서 사람들을 만나죠. 우리가 무엇을 위해 살아야 할지, 궁극적으로 추구해야 할 가치가 무엇인지 등을 이야기하는데, 어떤 때는 자신의 말이 다른 사람의 귀에 전혀 도달하지 않는 좌절을 겪어요. 그러고 나서 차라투스트라는 다시 산으로 돌아갑니다. 이것이 귀향과 귀환의 모티브예요.

〈방랑자〉에서 '가장 고독한 자의 환영'은 철저하게 타인에게서 고립되어 있을 때 비추어지는 이미지와 같은 것입니다. 자신의 내면을 들여다보는 것을 상징적으로 의미하죠. 그 후 얻게 되는 인식이 지혜의 돌입니다. 마치 델포이의 신탁에 우리의 미래를 알려주는 지혜의 돌이 있는 것처럼, 차라투스트라에게도 살 만한 가치가 있음을 알려주는 지혜의 돌이 있어요.

지혜의 돌은 세 가지 명제로 표현할 수 있습니다. 첫째, '인간이란 결국 자기 자신만을 체험하는 존재다.' 앞서 자신으로 돌아오려면 자신을 떠나야 한다고 했죠. 예컨대 다른 나라로 여행을 갈 때 그 나라의 사람과 문화, 정신을 만난다고 생각하지만, 사실 이런 낯선 것을 통해서 자신을 마주합니다. 외지에서 궁극적으로 체험하는 것은 나인 거예요. 나의 낯선 면, 이질적인 면, 견딜 수 없는 성격은 여기 있으면 몰라요. 우리는 떠나야 해요. 그러다 보면 자신의 새로운 면을 체험하게 됩니다. 우리가 결국 체험하는 존재는 자기 자신이라는 것. 수많은 책을 펼쳐 보고, 수많은 사람과 만나서 대화하고, 수많은 경험을 한다고 하더라도, 결과적으로 우리가 얻는 것은 자신에 대한 새로운 인식이라는 거죠.

둘째, '가장 높은 것은 가장 깊은 것에서 나와 그 높이에 도달해야 한다.' 운동의 법칙과도 같습니다. 이 말은 평지에서 늘 평탄한 것만 보던 사람은 높이의 고귀함을 모른다는 거예요. 처절하게 경험하고 인간의 악마적 측면을 받아들이고 난 이후에 우리는 이 모든 것을 극복할 수 있는 고귀하고 숭고한 가치를 알게 된다는 거죠.

셋째, '모든 던져진 돌은 떨어지기 마련이다.' 물리법칙에 의하면 위로 던진 돌은 반드시 떨어지기 마련이죠. 아주 당연한 이야기인데요. 모든 던져진 돌은 떨어지기 마련이다, 바로 너의 정수리 위로. 이 말은 이상과 가치를 높이 추구할수록 감당하는 것은 자신이라는 의미입니다.

우리가 겪는 수많은 고통은 어떤 면에서 다른 사람보다는 자기 생각 때문인 경우가 많아요. 저는 니체가 현대의 스토아 철학자라고 생각하는데요. 스토아 철학자는 우리가 느끼는 분노는 다른 사람의 행위 때문이 아니라 다른 사람의 행위에 대한 우리의 생각 때문이라고 이야기합니다. 스토아 철학자들은 평온한 삶을 추구하거든요. 평정심을 잃지 않으려면 엄청난 수련과 훈련이 필요하죠. 그중 하나가 통제할 수 있는 것과 없는 것을 구별하고, 통제할 수 있는 것은 노력하고 통제할 수 없는 것은 그냥 내버려두는 것이에요. 아무리 노력해도 도달할 수 없는 것은 그냥 내버려둬야 합니다.

지혜의 돌은 차라투스트라가 산에서 내려와 계곡을 헤매고 이리저리 돌아다니며 얻게 된 인식이었습니다. 그러면서 그리스신화의 시시포스와 같이 끝없이 무의미하게 반복되는 인간의 삶은 근본적으로 이성으로는 설명할 수 없다고 해요. 카뮈나 사르트르가 논의했던 1960년대 실존주의 철학을 상징하는 단어가 'absurd'인데요. 우리나라 말로 '터무니없고 부조리하다'는 뜻이에요. 인생이라는 것은 이해가 안 된다는 이야기죠. 인생이라는 게 원래 그런 건데 왜 억지로 이치에 맞도록 하려고 쓸데없는 고통을 당하느냐는 이야기입니다. 받아들이라는 말이에요.

삶을 깊이 보는 것만큼 인간은 고통도 깊이 본다.
그러나 용기는, 공격하는 용기는 최고의 살해자다. '그것이 삶이었던가? 좋다! 그렇다면 다시 한번!'이라고 말함으로써 용기는 죽음

조차 죽인다.[5]

인간이 무의미한 삶을 반복할 수밖에 없다는 사실을 좀 공격적으로 생각하라는 뜻이죠. 이런 태도만이 우리를 영원히 반복되는 삶의 굴레로부터 해방시켜준다고 이야기합니다.

영원회귀는 위대한 건강을 요구한다

영원회귀를 인정하려면 우리에게 필요한 것이 도대체 무엇일까요? 니체는 '위대한 건강'이 필요하다고 말합니다. 건강하길 원하지 않는 사람은 한 명도 없을 거예요. 그런데 고향을 떠나지 않으면 고향을 알 수 없는 것처럼 아프지 않으면 건강의 의미를 모릅니다. 니체는 '불행을 경험하지 않은 사람은 행복을 경험할 수 없고, 병을 체험하지 않은 사람은 건강이 무엇인지를 모른다. 따라서 이 세상에는 불행 없는 행복이란 없고, 병 없는 건강은 없다.'라고 말합니다. 그러면서 모든 병을 제거하면 건강해질 거라고 생각하지만 그렇지 않으며, 병과 더불어 살아갈 줄 알아야 한다고 이야기합니다.

우리는 근본적으로 조금씩은 병자예요. 조금은 다 아픈 사람이에요. 예를 들면 육체적으로는 건강할지 모르지만 정신적으로는 약간 병들었을 수 있죠. 위대한 건강이란 우리가 살아가는 데 병이 필요하다는 사실을 인정하고, 병을 수용하는 능력을 지닌 것이 건강이라고 합니다. 사람들은 모든 고통을 제거하려고 해요. 하지만 니체는 고통이 부정적인 것만은 아니며 우리 삶의 자극제가 될 수도 있다고 이야기합니다.

최고의 쾌락은 최고의 고통과도 맞물려 있어요. 성 과학자들은 우리가 오르가슴을 느낄 때 표정은 완전히 고통스러울 때와 똑같다고 이야기하거든요. 고통스러운 표정을 짓지 않고 히죽 웃으면 그것은 이상한 거예요. 고통이 삶의 자극제라고 한다면 어떻게 이 고통을 우리가 수용할 수 있을까요? 여기서 '비극적 파토스(고통)'라는 개념이 등장합니다. 파토스 중의 파토스인 긍정의 파토스로 어떻게 전환시킬 것인가? 고통을 경험했다고 해서 그것을 무조건 제거하려고 노력하지 말라는 거죠. 때로는 고통을 즐기는 것도 필요해요.

차라투스트라에게 가장 견디기 힘든 고통은 우리 삶이 영원히 반복된다는 사실이었습니다. 그래서 영원회귀 사상은 '가장 깊은 심연의 사상', 견디기에는 너무 무거운 '최대의 중량', 인간이 발전시킬 수 있는 '사상 중의 사상'이라고 이야기합니다. 니체에게 차라투스트라는 '삶의 대변자, 고뇌의 대변자, 둥근 고리의 대변자'인데요. 차라투스트라가 어떻게 영원회귀 사상을 감당할 수 있는지에 대해 다음과 같이 말합니다.

실재에 대해 가장 가혹하고도 가장 무서운 통찰을 하는 그가, '심연처럼 가장 깊고 어두운 사유'를 생각하는 그가, 그럼에도 불구하고 어떻게 그 사유에서 삶에 대한 반박을 목격하지 않고, 삶의 영

207

원한 회귀에 대한 반박조차 목격하지 않으며, 오히려 모든 것에 대한 영원한 긍정 자체일 수 있는 근거를 하나 더 갖게 되는가 하는 것이다.[6]

영원히 회귀한다는 사실이 삶에 대한 반박이 아니라, 삶을 긍정하는 근거를 갖는 것이라고 하죠. 살아가면서 나만 영원히 반복하는 것이 아니라 지긋지긋한 인간들도 영원히 돌아오거든요. 그것까지 받아들이고 수용하고 견뎌내는 힘이 영원회귀 사상의 핵심이라고 이야기합니다. 삶은 근본적으로 고통이지만, 영원회귀 사상은 이 고통을 삶에 대한 긍정으로 바꾸는 프리즘 같은 역할을 합니다.

영원회귀 사상은 세계의 생성과 소멸에 관한 천지창조 신화와 연관되어 있어요. 가장 오래된 인류 문명으로 손꼽히는 힌두 문명과 이집트 문명을 예로 들 수 있습니다. 영원히 회귀한다는 사상은 불교의 전통이기 때문에, 많은 사람이 니체가 쇼펜하우어를 통해 불교에서 영감을 받았다고 의심하는데요. 니체는 고대 그리스 전통으로부터 영원회귀 사상에 도달했다고 이야기해요. 고대 그리스 전통은 이집트 문명의 영향을 받았고, 서양에도 영원회귀 사상의 근원이 있었다는 거죠. 동양의 기원에는 힌두교의 시바가 등장합니다. 힌두교 사원에서 흔히 볼 수 있는 '시바의 춤'은 원으로 형성되어 있어요. 서양과 동양 모두 영원회귀를 마치 춤추듯이 묘사하고 있다는 점에서 같습니다.

또 이집트 문명에는 우로보로스라는 자기 꼬리를 문 뱀이 있어요.

인생에 한번은 차라투스트라

테오도로스 펠레카노스, 〈우로보로스〉, 1478
영원회귀 사상은 세계의 생성과 소멸과 관련이 있습니다. 《차라투스트라》 곳곳에 등장하는 우로
보로스는 자기 꼬리를 문 뱀으로, 세계의 기원과 종말이 똑같은 지점입니다. 기원과 종말, 탄생과
죽음이 반복되는 것이 바로 영원회귀입니다.

자기 꼬리를 물었으니 원이 되죠. 이러한 묘사가 《차라투스트라》 곳
곳에서 등장하거든요. 꼬리를 문다는 것은 무엇을 의미할까요? 머
리와 꼬리, 기원과 종말이 똑같은 지점입니다. 세계가 창조되어 발
전을 거듭하다가 종착지에 이르는 모습이 하나의 원으로 묘사되었
죠. 시간의 문제도 있습니다. 인간이 탄생했다가 죽어가는 것, 일상
이 반복되는 것, 역사적 기억과 미래의 방향을 설정하는 것이 모두
시간의 문제죠. 영원회귀는 시간의 문제입니다.

나 이전에는 디오니소스적인 것을 이렇게 철학적 파토스로 변형시키지는 않았었다. 비극적 지혜가 결여되어 있었던 것이다. 나는 소크라테스 이전의 두 세기 간의 위대한 그리스 철학자들에게서 그런 지혜를 찾아보았지만 헛수고였다. …… '영원회귀'에 대한 가르침, 즉 무조건적이고도 무한히 반복되는 만사의 순환에 대한 가르침, 차라투스트라의 이 가르침은 결국 헤라클레이토스가 먼저 가르쳤을 수도 있었으리라. 헤라클레이토스에게서 그들의 거의 모든 근본적인 생각들을 물려받았던 스토아학파는 적어도 그 흔적은 갖고 있다.[7]

영원회귀 사상을 고대 그리스 사상으로부터 가져왔다는 말입니다. 그중 하나가 헤라클레이토스와 스토아학파라고 이야기해요. 영원회귀의 사상적 기원입니다.

1881년 8월, 니체에게 결정적인 사건이 벌어집니다. 니체는 질스마리아의 호숫가를 걷고 있었는데, 피라미드처럼 생긴 바위 앞에서 번개처럼 머리를 스치는 생각이 있었어요. '아! 내가 아무리 노력하더라도 나의 삶은 영원히 반복되는구나!' 그러고 나서 이 사상을 정리하게 되죠. 영원회귀 사상은 체험적 사건이었습니다.

이제 나는 차라투스트라의 내력을 이야기하겠다. 이 책의 근본 사상인 영원회귀 사유라는 그 도달될 수 있는 최고의 긍정 형식은 1881년 8월의 것이다. 그것은 "인간과 시간의 6천 피트 저편"이라고 서명된 채 종이 한 장에 휘갈겨졌다. 그날 나는 질바플라나 호수의 숲을 걷고 있었다. '주르레'에서 멀지 않은 곳에 피라미드 모습으로 우뚝 솟아오른 거대한 바위 옆에 나는 멈추어 섰다. 그때 이 생각이 떠올랐다.[8]

니체는 매일 산책을 했거든요. 돈이 없으니까 아침에 일어나서 간단히 빵과 커피를 먹고 두세 시간 산책했어요. 사람이 많이 살지 않는 고지대에서 문득 사상이 찾아와 노트에 휘갈겨 썼습니다. 니체는 반복되는 일상에서 삶의 지혜를 얻는데, 왜 우리는 일상의 의식을 반복해도 삶이 버겁게 느껴지는 것일까요? 실존적 체험 없이는 삶의 지혜를 얻을 수 없어요. 용기를 가지고 각자 걸려 넘어지는 문제와 싸우다 보면 어느 날 갑자기 떠오르는 게 있습니다. 한마디의 문장일 수도 있고, 뺨을 스치는 바람일 수도 있고, 어떤 사람의 눈길일 수도 있어요.

모든 것은 가고, 모든 것은 되돌아온다. 존재의 수레바퀴는 영원히 굴러간다. 모든 것은 죽고, 모든 것은 다시 꽃 피어난다. 존재의 세월은 영원히 흘러간다.

모든 것은 꺾이고, 모든 것은 새로 이어진다. 똑같은 존재의 집이 영원히 지어진다. 모든 것은 헤어지고, 모든 것은 다시 인사를 나눈다. 존재의 바퀴는 영원히 자신에게 충실하다.

모든 순간에 존재는 시작한다. 모든 여기를 중심으로 저기라는 공

211

인용문의 핵심은 마지막 문장에 있어요. 우리는 시간이 직선으로 나아간다고 생각해요. 어떤 목표를 향해서 간다고 삶의 목적을 설정하죠. 그러면 미래와 목적을 위해서 현재와 과거를 희생하거나 단순한 수단으로 생각할 수도 있습니다. 그런데 니체는 '모든 존재는 영원히 반복된다'고 이야기합니다. 영원히 반복되는 원은 어디가 시작이고 어디가 끝일까요? 원에서는 어느 지점이나 시작점인 동시에 종착지입니다.

여러분은 혹시 십 년 후를 위해서 사십니까? 십 년 뒤에는 죽을 수도 있는데요. 은퇴하기 위해서 사는 사람이 있나요? 열심히 일하다 보니 어느 순간 은퇴하는 것이지 은퇴를 위해서 일하는 사람은 없을 거예요. 뭔가 새로운 게 열릴 거라는 망상과 착각을 하고 저는 열심히 기다리고 있습니다. 매 순간이 삶의 시작이고 종착지라는 이야기예요. 과거, 현재, 미래를 직선적으로 보지 말라는 뜻입니다.

영원회귀의 실존적 체험

영원회귀를 어떻게 실존적으로 체험할 수 있을까요? 니체는 1881년 8월의 어느 날 영원회귀 사상을 체험한 이후, 첨단 과학 지식을 총동원해서 영원회귀 사상을 증명하려 했습니다. 당시 니체는 읽을 만한 과학책을 모두 읽었어요. 영원회귀는 대개 세 가지 차원의 의미를 지니고 있습니다. 우주론적 의미, 윤리적 의미, 규범적 의미입니다.

영원회귀의 우주론적 의미는 과학적이에요. 영원회귀를 이론적으로 설명하려 합니다. 당시 에너지보존법칙이 활발히 논의되었는데요. 우주에 있는 에너지가 항상 일정하게 보존된다는 것은 과학적으로 증명된 거예요. 니체는 '에너지 존속에 관한 명제는 영원회귀를 요구한다'고 했습니다. 19세기 이전 사람들은 열과 운동을 독립적인 현상으로 파악했어요. 어떤 질량을 가진 물체를 태우면 열이 발생하고 에너지를 만들어내요. 열과 역학적 운동이 변환될 수 있다는 사실을 알게 된 것은 엄청난 과학적 발견이었어요.

아인슈타인은 여기서 한 걸음 더 나아가 질량도 에너지의 한 종류라는 것을 증명해냈습니다. 어떤 물체가 질량을 갖고 있다는 것은 구체적인 실체로 존재한다는 것을 의미해요. 우리는 특정한 시점에 이 세상에 태어나 일정 기간을 살다가 특정한 시점이 되면 다시 티끌과 먼지로 사라집니다. 그렇지만 에너지보존법칙에 따르면 나를 구성했던 에너지는 이 우주 속에 보존되어 있습니다. 우리가 사라진다고 해서 우리를 구성했던 에너지가 사라지는 것은 아니에요.

만약 에너지 총계는 유한한데 에너지가 보존되고 시간이 무한하다면, 사물의 변화는 영원합니다. 빅뱅이 일어나고 우주가 생기고 생명체가 탄생했다면 이런 과정은 영원히 반복되고, 따라서 특정한 생명체도 영원히 회귀할 수밖에 없다는 거예요. 영원회귀는 이렇게 과학 이론으로 설명할 수가 있어요. 물론 설명된다고 해서 이해되는 것은 아니에요. 문제는 영원회귀 사상이 우리의 삶에 어떤 영향을 끼치는가 하는 겁니다.

차라투스트라는 난쟁이와 대화를 나눕니다.

> 만물 가운데서 걸을 **수 있는** 것이라면 이미 언젠가 이 오솔길을 걷지 않았겠는가? 만물 가운데서 일어날 **수 있는** 일은 이미 언젠가 일어나고 행해지고 지나가버리지 않았겠는가?[10]

모든 것이 이루어지고 형성되고 일어날 것이라면 틀림없이 이 오솔길을 걸어서 일어났을 거라는 이야기죠. 성문에서 돌이켜보면 저쪽으로는 과거의 무한한 시간이 흘러온 것이고, 미래로도 앞으로 무한한 시간이 흘러갈 것입니다. 그 두 시간이 만나는 지점은 순간이라는 거죠. 성문에 이르는 순간이었잖아요. 그러면서 이런 이야기도 합니다.

> 달빛 속에 느릿느릿 기어다니는 이 거미와 이 달빛 자체, 영원한 사물들에 대해 함께 속삭이며 성문을 가로질러 나 있는 길에 앉아 있는 나와 그대, 우리는 모두 이미 존재했음이 분명하지 않은가?[11]

둘째, 영원회귀의 윤리학은 삶과 실존에 대한 태도입니다.

그러한 생각이 그대를 지배하게 되면, 그것은 지금의 그대를 변화시킬 것이며, 아마도 분쇄시킬 것이다. '너는 이 삶을 다시 한번, 그리고 무수히 반복해서 살기를 원하는가?'라는 질문은 모든 경우에 최대의 중량으로 그대의 행위 위에 얹히게 될 것이다![12]

영원회귀 사상은 삶에 두 가지 효과를 일으킬 수 있을 겁니다. 이 엄청난 사상을 그대로 받아들여 삶을 철저하게 변화시키거나 아니면 삶을 파괴하는 거죠. 견뎌낼 수 있는 용기와 힘이 있어야 해요. 니체는 소위 사고의 실험을 합니다.

어느 날, 혹은 어느 날 밤에 악령이 너의 가장 깊은 고독 속으로 살며시 찾아들어 이렇게 말한다면 그대는 어떻게 하겠는가. '네가 지금 살고 있고, 살아왔던 이 삶을 너는 다시 한번 살아야만 하고, 또 무수히 반복해서 살아야만 할 것이다. 거기에 새로운 것이란 없으며, 모든 고통, 모든 쾌락, 모든 사상과 탄식, 네 삶에서 이루 말할 수 없이 크고 작은 모든 것이 너에게 다시 찾아올 것이다. 모든 것이 같은 차례와 순서로, 티끌 중의 티끌인 너도 모래시계와 더불어 그렇게 될 것이다.[13]

우리는 새로운 것을 꿈꾸고, 새로운 삶이 시작될 것이라고 믿습니다. 그럼에도 불구하고 모든 고통과 쾌락과 사상과 탄식, 크고 작은 모든 것이 반복된다면 어떻게 살 거냐고 묻죠. 영원회귀가 진리인지 거짓인지는 중요하지 않아요. 지금 삶을 제대로 살고 있는지 묻는 것이 중요합니다.

니체는 영원회귀를 감당하는 힘에 관해서 초인을 이야기합니다. "초인에 대한 전망 이후에 소름 끼치는 방식으로 영원회귀 학설, 지금 견딜 수 있다!"[14] 문제는 영원회귀를 견뎌낼 수 있느냐는 거죠. 일상의 반복으로부터 오는 수많은 고통을 견뎌낼 수 있냐? 단순한 끈기의 문제가 아닙니다. 고통을 전환해서 삶의 자극제로 만들 수 있느냐는 문제입니다.

셋째, 영원회귀의 규범적 의미는 일상생활의 결정 기준이 됩니다. "네가 다시 살기를 바랄 수 있도록 그렇게 살아라! 그것이 과제이다. 어쨌든 너는 그렇게 할 것이다."[15] 니체의 이 말은 우리에게 칸트를 연상시킵니다. 칸트는 나의 행위가 과연 도덕적 법칙에 부합하는지를 알기 위해서는 정언명법의 검증을 거쳐야 한다고 말합니다. "너의 행위의 규칙이 보편적 법칙이 될 것을 네가 동시에 의욕할 수 있는, 오직 그런 규칙에 따라서만 행위하라."[16]라는 것이 도덕적 정언명법이에요. 칸트의 문장과 니체의 문장이 비슷하죠.

다시 살고자 원할 수밖에 없는 그런 삶을 살라는 것을 우리는 실존명법이라고 해요. 우리가 죽음의 순간을 맞이할 때 과거를 돌이켜보면서 삶이 괜찮았고 그대로 다시 살기를 바랄 수 있다면 굉장히 멋지게 산 거예요. 그렇게 살라는 거죠. 이는 영원회귀 사상을 이론적으로 접근하지 말라는 거예요. 주를레 바위에서 영원회귀 사상이 번개처럼 다가왔을 때 니체의 삶이 변한 것처럼 나를 변화시킬 수 있는 인식과 통찰을 하라는 이야기입니다. 그것이 결국 행복의 지름길이 아닌가 생각합니다.

행복하려고 노력하면 행복해지지 않는다는 것이 니체의 통찰입니다. 행복은 좀 더 높은 가치를 추구하며 매 순간 충실할 때 따라오는 것이라고 이야기해요. 결과적으로 영원회귀는 우주론적 의미든 윤리적 의미든 규범적 의미든, 실존적 체험과 삶을 연관시킬 때 우리에게 의미 있습니다.

그렇다면 실존적 체험을 어떻게 표현할까요? 영원회귀는 어떻게 경험될까요? 차라투스트라와 난쟁이가 나눈 대화가 나옵니다.

"멈춰라, 난쟁이여!" 내가 말했다. "나인가, 아니면 그대인가? 하지만 우리 둘 중에 더 강한 자는 나다. 그대는 나의 심연의 사상을 알지 못한다! 이 사상을 그대는 감당할 수 없을 것이다."[17]

이 무거운 사상을 어떻게 감당할 수 있을지가 중요하다는 이야기죠. 뱀을 문 양치기의 비유를 통해서도 니체가 영원회귀를 대하는 태도가 드러납니다.

"대가리를 물어라! 물어뜯어라!" 이렇게 내 안에서 그 무엇이 외쳤다. 나의 공포, 나의 증오, 나의 구역질, 나의 연민, 내게 있는 좋고 나쁜 것이 한꺼번에 내 안에서 소리를 질렀다.[18]

공포와 증오와 구역질이 연민을 불러일으킨 것은 영원한 반복이 었죠. 이제 삶을 어떻게 견딜 것인가? 결과적으로 우리가 단단해져 야 한다는 거예요. 앞서 언급한 위대한 건강을 찾아야 한다는 겁니 다. 건강해야 한다는 것은 단단해져야 한다는 의미예요.

그대들이 운명이 되기를 마다하고 가차 없는 자가 되기를 마다한 다면, 어떻게 그대들은 나와 함께 승리할 수 있겠는가?
다시 말해 창조하는 자들은 단단하다. 그러므로 마치 밀랍 위에 찍 듯 수천 년 위에 그대들의 손을 찍는 것을 그대들은 더없는 행복으 로 생각해야 한다. ……
단단하게 되어라![19]

순간의 긍정, 삶의 긍정

단단해진 태도는 삶에 어떤 이점을 줄까요? 그것은 삶을 긍정하 는 능력을 가져다준다는 것이 니체의 인식입니다. 모든 것이 가고 또 모든 것이 되돌아오지만, 이러한 순환과 반복의 과정에서도 모 든 순간이 의미 있다는 것을 아는 것이 중요해요. 이 순간을 구성하 는 요소에는 부정적인 것도 있고 긍정적인 것도 있는데요. 모든 것 을 긍정할 때 우리 삶은 훨씬 더 빛난다고 이야기합니다. 그리고 시 간을 원으로 본 것처럼 순간도 원으로 봅니다. 순간은 자기의 꼬리를 문 뱀의 모습과 같이 시작점인 동시에 도착점이에요. 순간이 계속 이어져서 결과적으로 시간이 되는 것이지, 순간이 시간 속의 하나가 아니라는 거죠. 순환적 시간관은 순간과 영원회귀를 동일하게 파악합니다.

이 성문을 가로질러 나 있는 길을 보라. …… 그것은 두 개의 얼굴을 갖고 있다. 두 길이 여기서 만난다. 지금까지 이 두 길을 끝까지 가본 사람은 없다.

뒤쪽으로 나 있는 이 기나긴 오솔길, 이 길은 하나의 영원으로 이어진다. 그리고 밖으로 나 있는 저 기나긴 오솔길, 그것은 다른 하나의 영원이다.

그 두 길은 서로 모순된다. 그것들은 서로 정면으로 부딪친다. 그리고 여기, 이 성문에서 두 길이 마주친다. 성문의 이름이 위쪽에 '순간'이라고 쓰여 있다.[20]

과거에서 미래로 이어지는 그 시작점은 어디일까요? 순간이죠. 지금 이 순간이에요. 우리는 과거로부터 시작해서 이 순간까지 달려왔다고 생각해요. 많은 사람이 이렇게 생각하죠. 그런데 우리가 생각하는 삶의 과거는 어디에서부터 구성될까요? 지금 이 순간으로부터 과거로 투영해서 구성돼요. 과거의 기억을 하나씩 낚시질하듯 모아요. 어떤 과거를 가질 것인가는 과거가 결정하는 것이 아니라, 지금 순간이 결정하는 겁니다. 지금 행복한 삶을 살고 있다면 기억

7. 3부 1강 — 영원회귀, 이 순간을 제대로 살고 있는가

의 덫에 걸리는 과거의 기억이 달라져요. 반대로 지금 불행한 삶을 살고 있다면 과거의 기억이 다른 모습으로 나타나죠. 그런데 우리는 착각을 하는 겁니다. 미래도 역시 마찬가지예요. 미래도 우리가 지금 이 순간에 투사하는 거예요.

니체는 어떻게 영원회귀를 극복할 수 있을지 델포이의 신탁을 받았어요. 그랬더니 성문에 '순간'이라고 되어 있었죠. 니체는 주를레 바위를 보면서 순간이라는 의미를 깨우친 거예요. 삶은 영원히 반복되는데, 영원히 반복되는 삶을 극복할 수 있는 것은 순간을 긍정하는 것입니다. 이 순간은 모든 것이 시작점이자 종착점이기에 생성을 긍정한다는 의미이기도 해요.

'순간을 사랑하라'는 것은 '너의 운명을 사랑하라'는 아모르파티입니다. 여기서 운명은 결정론을 말하는 것이 아니에요. 미래가 미리 정해져 있고 나의 의지는 전혀 개입되지 않는다는 뜻이 아닙니다. 삶은 매 순간에 나의 삶을 어떻게 살 것인지를 결정하는 것에 따라서 달라져요. 미래만이 아니라 과거도 달라집니다.

니체의 영원회귀 사상의 핵심은 결국 이 삶의 순간이 영원히 반복되기를 바랄 정도로 충실하게 살라는 이야기입니다. 과거와 미래를 결정하는 것은 지금 그리고 여기의 순간입니다.

영혼은 저마다 다른 세계를 갖고 있다. 저마다의 영혼에게 다른 영혼들은 저편의 세계다. …… 나에게, 어떻게 나의 바깥이 있을 수 있는가? 바깥은 없다![21]

내가 세계의 중심이고 내가 사는 지금이 영원이라는 사상은 결과적으로 이 세상에는 어떤 것도 없어서는 안 되고 모든 존재는 영원한 가치가 있다는 의미입니다. 우리가 생각하기에는 쓸모없는 존재일지 모르지만, 니체의 관점에서는 그런 존재는 없습니다. 이것이 니체 사상의 아주 매력적인 부분이에요.

영원회귀 사상은 무겁고 어둡습니다. 과학 이론으로는 이해하기 참 힘든 사상이기도 해요. 하지만 그것이 우리에게 실존적 체험으로 다가올 때 삶은 변화될 수 있다고 니체는 이야기합니다. 마지막 인용문을 읽고 이번 강의를 마치겠습니다.

다시 생겨나려면 소멸하기를 원해야 한다―한 날에서 다른 날로. 백 개의 영혼을 통한 변신―그것이 너의 삶, 너의 운명이 되도록 하라.[22]

8

3부 2강

아모르파티,
운명을 사랑하는
사람의 춤

삶에 대한 그대들의 사랑이
최고의 희망에 대한 사랑이 되게 하라.
그리고 그대들의 최고의 희망이
삶에 대한 최고의 사상이 되게 하라!

— 《차라투스트라는 이렇게 말했다》, 1부 〈10. 전쟁과 전사들에 대하여〉, 87~88쪽.

방랑을 통해 얻는 것

이번 강의의 주제는 '어떻게 우리는 자신을 사랑할 수 있을까'입니다. 인용문으로 시작하려 하는데요.

인간에게 대지와 삶은 무겁다. 그리고 중력의 영이 그러길 **바란다**! 그러나 가벼워지고 새가 되기를 바라는 자는 자신을 사랑해야 한다. **나는** 이렇게 가르친다.[1]

이는 제 인생 목표이기도 합니다. 젊었을 때부터 좀 가볍게 살고 싶었어요.

프리드리히 니체는 '신이 있다면 나는 춤추는 신만 사랑할 것이다.'라고 말할 정도로 무거운 세상을 가볍게 견뎌낼 수 있을지가 《차라투스트라》의 화두입니다. 삶과 세상이 무겁지 않은 사람이 어디 있겠습니까? 하루하루가 힘들고 일상이 반복되어도 우리는 다음 날 일어나서 뚜벅뚜벅 삶을 살아가잖아요. 억지로가 아니라 정말 삶을 즐겁고 명랑하게 살아갈 방법은 없을까요?

이제까지 니체는 온갖 패러디를 통해 기독교의 최고 가치인 사랑을 비판했음에도 결과적으로 다시 사랑으로 돌아옵니다. 하지만 내용이 달라졌죠. 어떤 사랑인지가 문제입니다. 니체는 초인이 되어 세상을 구원할 수 있는 유일한 길은 사랑이라고 이야기합니다. 따라서 사랑하는 법을 배워야 합니다. 교육과 훈련이 필요해요. "자신을 사랑하는 법을 **배우는 것**은 오늘이나 내일을 위한 계율이 아니다. 오히려 이것은 모든 기술 중에서 가장 정교하고 가장 교묘하며 가장 커다란 인내심이 요구되는 궁극의 기술이다."[2]라고 이야기합니다. 지금부터 니체가 차라투스트라의 입을 빌려 우리에게 권하는 사랑의 기술을 짚어보겠습니다.

우리는 태어나서 죽을 때까지 끝없는 방랑을 합니다. 방랑하지 않는 사람은 없을 거예요. 아무리 모범생인 학생도 어느 순간에는 방랑하고 방황하거든요. 왜 방랑을 할까요? 상식적으로 이야기하면 자신의 본래의 모습을 찾으려고 방랑하죠. 여행을 떠나는 목적 중 하나가 자신의 참모습을 얻기 위함이라고 하지 않았습니까.

니체가 마지막으로 쓴 자서전 《이 사람을 보라》의 부제는 이렇습니다. "사람은 어떻게 있는 그대로의 자기가 되는가?"[3] 아주 간단한 문장이잖아요. 사람은 어떻게 본래의 자기가 되는가는 니체가 추구한 철학적 목표라고 해도 과언이 아니에요. 우리가 방랑하고 방황하고 여행을 떠나는 이유는 내가 되기 위해서죠. 방랑은 어떻게 보면 자기 자신으로 되돌아가는 길입니다.

차라투스트라가 산에서 십 년 동안 자신의 정신과 고독을 즐기다가 어느 날 산에서 내려오잖아요. 시장으로 내려왔다가 많은 사람의 조소와 조롱을 받고 실망해서 다시 산으로 올라가는 상승과 하강의 길을 반복합니다. 결과적으로 어디에 머물 수 있는지, 진정한 나는 누구인지에 대한 답을 찾아가는 여행이자 방랑이었어요. 이는 기독교에서 이야기했던 특정한 덕성으로는 이룰 수 없는 일이었습니다. 방랑의 길을 통해 그 사람의 독특한 성격을 만들게 되죠.

차라투스트라의 길은 니체의 삶을 닮았습니다. 흔히 니체의 삶을 십 년 단위로 이해할 수 있다고 하는데요. 1869년에 바젤대학교 교수가 되고, 1879년까지 십 년 동안 교수를 하다가 너무 아파서 그만두고 방랑의 길을 떠났습니다. 여기서 분명한 것은 니체에게 있어 핵심 문제는 자신의 삶이었던 거예요. 어떻게 견뎌내고 삶을 아름답게 살아갈 수 있을지 답을 얻으려고 떠났습니다.

앞으로 내가 어떤 운명을 맞이하고 어떤 체험을 하든, 거기에는 방랑과 산을 오르는 일이 있을 것이다. 인간은 결국 자기 자신만을 체험할 뿐이다.[4]

산이라는 것은 고귀한 동경과 이상, 꿈을 의미하죠. 꿈을 가지지 않는 자는 절대 방랑하지 않습니다. 집에 머물죠. 방랑은 어딘가 내 삶에 맞는 곳을 찾거나 내 삶을 새롭게 보는 관점을 얻으려는 목적이 있어요.

독일 낭만주의 화가 카스파어 다비트 프리드리히의 작품 〈안개 바다 위의 방랑자〉는 운무를 내려다보는 방랑자의 모습을 그렸어요. 이 사람은 운무에 둘러싸인 산봉우리들을 바라보고 있죠. 앞모습을 보여주지 않고 뒷모습을 보여줍니다. 이 사람이 어떤 표정을 짓고 있는지, 어떤 염원을 갖고 있는지 우리는 알지 못합니다. 길을 떠나는 사람의 모습이 너무 많이 닮아서, 프리드리히는 니체의 사상을 성취한 화가라는 생각도 듭니다.

방랑을 통해 얻은 최고의 덕성은 무엇일까요? 니체는 사랑과 초인과 권력에의 의지를 말하는데요. 우리가 수많은 장애물을 극복할 수 있는 권력에의 의지를 지니고 초인이 되었을 때, 이 삶을 통해 궁극적으로 지향하는 최고의 덕성은 사랑입니다. 최고의 권력자는 베풀 수 있는 자라고 이야기합니다.

《차라투스트라》 3부는 사랑에서 시작해서 사랑으로 끝납니다. 〈방랑자〉에는 "**사랑**은 가장 고독한 자의 위험이다. **살아 있기만 하면** 그 무엇이든 사랑하는 것은 가장 고독한 자에게는 위험한 일이다!"[5]라는 이야기가 나오는데요. 고독한 자는 살아 있는 모든 것을 사랑한다는 뜻이죠. 〈일곱 개의 봉인〉에는 "그대를 사랑하기 때문이다, 아, 영원이여!"라는 문장이 일곱 번이나 반복돼요. 차라투스트라

카스파어 다비트 프리드리히, 〈안개 바다 위의 방랑자〉, 1818
한 방랑자가 운무에 둘러싸인 산봉우리들을 바라보고 있습니다. 꿈을 가지고 방랑을 하며 새로운 삶을 살고자 하는 듯합니다. 이 사람은 어떤 표정을 짓고, 어떤 염원을 갖고 있을까요?

가 궁극적으로 도달하는 지상의 목표, 지상 최고의 덕은 사랑이라는 겁니다.

사랑하려면 우리에게 무엇이 필요할까요? 우리의 삶은 수많은 여정으로 점철되어 있습니다. 높은 산과 깊은 계곡이 있고, 그다음에는 끝을 알 수 없는 심연이 도사리고 있거든요. 니체는 자신을 지극히 경멸할 수 있는 자만이 자신을 사랑할 수 있다고 말합니다. 여기서 경멸은 무엇을 의미할까요? 자기가 극복하고자 하는 그런 대상, 특성, 성격 등을 알지 못하는 사람이 어떻게 다른 사람을 사랑할 수 있겠냐고 이야기합니다. 결과적으로 사랑이란 삶의 이중성, 비극적 특성에 대한 통찰이라고 볼 수도 있습니다.

> 나는 이제 마지막 정상, 내게 그토록 오랫동안 남겨진 것 앞에 서 있다. 아, 더없이 험난한 나의 길을 이제 올라가야 한다! 아, 나의 더없이 고독한 방랑을 시작해야 한다. ……
> 이제 비로소 그대는 위대함에 이르는 그대의 길을 간다! 정상과 심연, 그것은 이제 하나로 연결되었다![6]

정상에 오르내리다가 자신이 꿈꿔온 최고의 덕목 위에 서 있다는 거죠. 내면의 강력한 힘과 권력에의 의지를 지녔다면 우리가 이해할 수 없는 일과 맞닥뜨려도 쉽게 절망하지 않는다는 말이죠. 꿈과 고통스러운 현실을 연결하는 것이 사랑이라는 겁니다. 사랑하면 자신에게 필연적으로 다가오는 삶의 수많은 어두운 측면도 긍정할 수밖에 없다고 이야기합니다. 그래서 삶의 정상과 심연을 철저하게 경험하고 극복한 사람은 인생이 비극적일지라도 웃으며 바라볼 힘을 가지게 됩니다.

우리 인생이 비극이라도 그 비극을 온전히 수용하고 긍정하면서 가볍고 명랑하게 살아갈 수는 없을까요? 이를 위해서는 두 가지가 필요합니다. '자기 자신을 사랑하기'와 '가볍게 살기'예요. 이 두 가지는 상보적인 전제 조건이죠. 자신을 사랑해야 가볍게 살 수 있고, 가볍게 살 수 있어야 자신을 사랑할 수 있어요. 세상을 어렵게 살아가는 사람은 대부분 자기 자신을 사랑하지 못해요. 이것이《차라투스트라》의 3부 모토입니다.

> 높이 오르려 할 때 그대들은 위를 올려다본다. 그런데 나는 이미 높은 곳에 있기에 아래를 내려다본다.
> 그대들 중에 그 누가 웃으면서 높이 올라와 있을 수 있는가?
> 가장 높은 산에 오르는 자는 모든 비극적 유희와 비극적 심각함을 비웃는다.[7]

정상에 오른 사람은 이미 수많은 계곡과 급류를 경험했잖아요. 만약 다른 봉우리로 가려면 내려가야 해요. 그리고 다시 힘들게 올라가야 합니다. 이런 과정을 웃으면서 받아들일 수 있는 사람은 자신을 사랑할 수 있다고 이야기합니다.

무엇이 사랑의 정상이고 심연일까요? 인생은 희극과 비극의 아주 묘한 결합체죠. 하나만 있는 게 절대 아니에요. 인생은 비극만이 아니라 희극도 있어요. 니체의 초기 저서《비극의 탄생》은 빛과 그림자의 이중적 측면, 희극과 비극의 이중적 측면이 우리 삶을 구성하는 핵심적 요소라고 설명합니다. 사랑해본 사람은 알잖아요. 사랑에는 기쁨만 있는 것이 아니라 견딜 수 없는 아픔도 있죠. 그렇다고

231

가슴이 찢어지도록 아프기 싫어서 사랑하지 않겠다고 결론 내릴 필요는 없어요.

위대한 결혼을 위한 비법

우리는 어떤 사랑을 원할까요? 서양철학에서는 사랑에 아가페, 에로스, 카리타스, 필리아 네 종류가 있다고 이야기합니다. 먼저 아가페는 인간에 대한 신의 사랑입니다. 이 사랑은 수직적이에요. 위에서 아래로 내려가는 사랑입니다. 자식에 대한 부모의 사랑도 아가페적 사랑이죠.

에로스는 인간 사이에 성적 사랑이에요. 우리가 생각하는 사랑은 대부분 여기에 포함됩니다. 가끔 어떤 사람들이 플라토닉러브를 했다고 말하는데, 저는 그것이 모순이라고 생각합니다. 모든 인간의 사랑은 에로틱한 사랑입니다. 열정도 있고 정념도 있죠. 우리가 신은 아니거든요. 그것을 어떻게 극복하고 승화하는가는 전혀 다른 문제예요. 그로 인해 정신적인 것이 들어갈 수도 있겠죠.

카리타스란 신을 위한 인간 사이의 사랑이에요. 다른 사람에 대한 연민과 배려가 카리타스죠. 자선을 베푸는 사례를 떠올릴 수 있습니다. 필리아는 인간 사이의 우정입니다. 인격 대 인격의 만남이죠. 동성이건 이성이건 관계가 없습니다. 동성 사이에만 우정 관계가 성립하는 건 아니거든요.

아가페는 신적인 사랑입니다. '네 이웃을 네 몸과 같이 사랑하라' 나 '원수를 사랑하라' 등 성서에 나오는 수많은 이야기가 신적인 사 랑을 바탕으로 하죠. 인간 사이에서는 사실상 불가능한 일이에요. 반면 에로스는 인간 사이의 사랑이에요. 'love'와 'sex'가 결합되어 있는 것이 에로스죠. 에로틱하다는 것은 인간의 핵심을 건드린다고 볼 수 있습니다.

에로스는 어떻게 작동할까요? 에로스는 항상 대상을 지향해요. 사랑하는 사람이 생기면 그의 특성이 눈에 들어옵니다. 에로스적인 사랑에 빠지면 좋은 면만 보이죠. 특정한 면만 보이는 거예요. 그래 서 '사랑할 만한 면이 있어서 그들을 사랑한다.'라는 표현은 에로스 에 바탕을 둔 사랑을 잘 설명합니다. 헤어질 때는 '내가 생각했던 그 사람이 아니야. 내가 잘못 봤어.'라고 말하죠. 사랑하면 항상 우상을 만들어요. 우상은 자기가 좋아하는 것들로 이루어진 거예요. 상대방 을 자기가 좋아하는 것들로만 빚어낸 인형처럼 생각해요.

신적인 사랑은 그렇지 않아요. 신적인 사랑은 '그들은 사랑받고 있 어서 사랑받을 가치가 있다.'라는 문장으로 표현됩니다. 사랑하는 행 위 자체가 상대에게 특정한 가치를 부여하는 건 신만이 할 수 있는 거 예요. 이와 유사한 사랑을 한다면 상당히 신적인 사랑을 하는 거예요.

이런 관점에서 몸과 욕망의 존재인 우리는 어떻게 인간적 사랑을 신성하게 만들 수 있을까요? 사랑하는 사람을 만나서 함께할 때 이 사랑을 신성하게 만드는 방법은 모두의 과제거든요. 니체에게도 이 는 핵심적 문제였습니다. 이에 관해 니체는 위대한 결혼을 위한 다섯 가지 방법을 제시합니다. 첫째, 사랑으로 결혼하지 마라. 둘째, 영원한 사랑을 약속하지 마라. 셋째, 좋은 자식을 만들어라. 넷째, 채찍을 잊지 마라. 다섯째, 최고의 친구와 결혼하라.

첫째, 사랑으로 결혼하지 마라. 우리는 모두 낭만적 이데올로기에 빠져 있어요. 결혼 제도가 발전한 지 200년밖에 안 됐습니다. 200년 전에는 사랑으로 결혼한 사람이 거의 없었습니다. 결혼하는 날 상대방을 처음 보는 경우도 참 많았죠. 옛날에는 가문 사이의 약속을 지키려고, 경제적 여건을 개선하려고 결혼했어요. 그런데 오늘날에는 사랑이 결혼의 필수적 전제 조건이라고 생각하잖아요. 니체는 사랑이 이기주의의 가장 솔직한 표현이라고 이야기해요.

소유에 대한 갈망을 가장 분명하게 드러내는 것은 이성 간의 사랑이다. 사랑에 빠진 사람은 그가 동경하는 사람에 대한 무조건적 독점을 원한다. 그는 사랑하는 사람의 영혼과 육체에 대한 무조건적 권력을 원한다. 그는 홀로 사랑받기를 원하고, 다른 사람의 영혼 안에 최고의 대상, 가장 갈망할 만한 대상으로서 머물며 상대방을 지배하려 한다.[8]

사랑에 빠진 사람은 무조건적인 독점을 원합니다. 오로지 나를 위해 있어주기만을 바라는 것이 낭만주의적 사랑의 핵심이라는 거예요. 상대방을 온전히 사랑한다고 생각할지 모르지만 사실 그렇지 않다고 말합니다. 니체는 사랑과 소유욕에 대한 예를 듭니다.

인생에 한번은 차라투스트라

아무리 아름다운 경치라 해도 거기서 석 달 동안 살면 그곳에 대한 우리의 사랑이 식게 되어 먼 바닷가가 우리의 소유욕을 자극하게 될 것이다. 소유물은 소유에 의해 시시한 것이 된다. 우리 자신에게서 느끼는 쾌락도 우리 자신 안에 있는 것을 항상 새로운 것으로 변모함으로써 스스로를 유지하려 한다.[9]

칸트는 "결혼은 그들의 성적 특성을 평생 동안 상호 소유하기 위한 서로 다른 성의 두 인격의 결합"[10]이라고 했어요. 성적 쾌락의 배타적 독점권이 일부일처제의 핵심 이데올로기라는 뜻입니다. 그런데 이게 깨지고 있어요. 현대에는 일부일처제가 여러 측면에서 깨졌습니다. 다양한 가족 형태가 생겼고, 이혼율이 높아졌어요. 일부일처제가 점점 성립하지 않는다는 방증입니다. 상대방을 소유하려는 감정으로 결혼할 경우 결국 그것이 오래 계속될 수 없다는 이야기예요.

둘째, 영원한 사랑을 약속하지 마라. 영원한 사랑은 새빨간 거짓말입니다. 영원히 사랑하는 것만큼 실현할 수 없는 거짓도 없다는 거죠. 영원한 사랑을 약속하지 말고 영원한 사랑의 행위를 약속하라고 합니다. 여기에는 아주 미묘한 차이가 있습니다.

행동은 약속할 수 있으나 감정은 약속할 수 없다. 왜냐하면 감정은 의지대로 되는 것이 아니기 때문이다. 어떤 사람을 항상 사랑하겠다고 또는 미워하겠다고, 또는 항상 그에게 충실하겠다고 약속하는 사람은 자신의 힘이 미치지 못하는 것을 약속하는 것이다. ……

누군가를 언제까지나 사랑하겠다는 약속은 다음과 같은 의미를 지닌다. 내가 너를 사랑하는 한 나는 너에게 사랑의 행위를 입증할 것이다. 내가 너를 사랑하지 않게 되더라도, 다른 동기에 의해서일지라도 나는 똑같은 행동을 너에게 보여줄 것이다.[11]

영원한 사랑을 맹세하지만, 시간이 흘러 갑자기 나를 긁어대는 데도 사랑의 감정이 생길까요? 감정을 약속한다는 건 허황됩니다. 하지만 행동은 약속할 수 있어요. 어려움이 닥쳤을 때 항상 옆에 있겠다거나, 아프면 옆에서 간호해주겠다는 것들이죠. 그런데 가만히 생각해보면 관계를 지속시켜주는 것은 행위이지 감정이 아니에요. 니체가 아주 예리하게 본 거죠. 감정은 식어요. 격정적인 시기는 2~3년이면 지나가 버려요. 그럴 때 행위를 약속하면 그 관계는 계속된다고 말합니다.

셋째, 좋은 자식을 만들어라. 사랑이 식어가고 권태기에 빠질 만하면 부부는 아기를 갖게 되거든요. 아기는 관계에 활력을 불러일으키죠. 아기를 갖는다는 것도 이중적 의미가 있어요.

여자에게 있는 모든 것이 수수께끼다. 그리고 여자에게 있어서 모든 것은 '하나의' 해결책을 가지고 있으니, 그것은 바로 임신이다. 여자에게 남자는 하나의 수단이다. 목적은 언제나 아이다.[12]

여기서는 니체의 말을 비유적으로 이해해야 합니다. 두 사람이 사랑하면 항상 열매를 맺게 마련인데, 그 열매를 아이로 비유한 거죠. 아이가 될 수도 있지만 두 사람만의 결과일 수도 있습니다. 상대방에 대한 사랑의 감정을 억지로 지속하려고 애쓰기보다는 두 사람이 무언가를 창조하려고 노력하라는 의미예요.

또 아이는 초인을 의미합니다.

> 창조한 자들보다 더 나은 사람 하나를 창조하려는 두 사람의 의지를 나는 결혼이라고 부른다. 이러한 의지를 실현하는 상대방에 대한 외경심을 나는 결혼이라고 부른다.[13]

나로 인해 사랑하는 사람이 좀 더 나아지고, 사랑하는 사람으로 인해 내가 좀 더 나아진다면 그것은 일종의 초인이 되는 것과 같아요. 그렇지 않다면 결혼할 이유가 없죠. 결혼은 윈윈 관계가 되어야 하고 시너지 효과가 나야 합니다.

넷째, 채찍을 잊지 마라. 이 말을 차라투스트라에게 건네준 사람은 늙은 여자입니다. 늙은 여자는 삶의 질곡을 다 거치고 나름의 지혜를 얻은 존재를 의미하죠. 채찍은 맹목적 사랑에서 벗어나서 상대방에게 완전히 매몰되지 않도록 경계하는 도구입니다. 결혼하면 흔히 일심동체가 된다고 하잖아요. 새빨간 거짓말이에요. 일심동체가 되면 사랑의 관계가 아니에요. 너무 동질화시키고 균질화시키려 하면 절대적 폭력을 의미할 뿐입니다. 오랜 세월 함께해서 비슷해진다고 하더라도 우리는 전혀 다른 존재이고 인격입니다. 그래서 니체는 서로에게 채찍이 될 수 있는 관계를 유지하도록 경고하죠.

다섯째, 최고의 친구와 결혼하라. 최고의 사랑은 우정, 필리아라고 하거든요. 고대 그리스와 로마의 현인들은 최고의 인간관계를 우정이라고 보았어요. 니체는 "가장 좋은 친구는 아마 가장 좋은 아내를 얻게 될 것이다. 왜냐하면 성공적인 결혼은 우정의 재능에서 나오기 때문이다."[14]라고 이야기했습니다. 우정은 상대방을 삶의 동반자로 여기지 결코 독점하거나 지배할 대상으로 여기지 않는다는 거예요. 따라서 상대방과 친구가 되면 결혼이 오래갈 수 있다고 말합니다.

> 때로는 지상에도 서로에 대한 두 사람 사이의 소유욕이 일종의 새로운 욕망과 소유욕에, 다시 말해 그들을 초월해 있는 이상을 향한 보다 높은 공동의 갈망에 자리를 비켜주는 일종의 사랑의 속편이 있다. 그러나 이런 사랑을 누가 알고 있는가? 누가 이런 사랑을 경험했는가? 그것의 올바른 이름은 우정이다.[15]

자기를 사랑하는 궁극의 기술

이제까지 타인과의 사랑을 살펴봤는데요. 타인과의 사랑이 완성되려면 궁극적으로 필요한 최고의 기술은 자기를 사랑하는 법입니다. 니체는 이렇게 말했습니다.

그대들이 내게 "삶은 감당하기 어렵다."라고 말한다. 하지만 무엇 때문에 그대들은 아침에는 자부심을 지녔다가 저녁에는 체념하는가? 삶은 감당하기 어렵다. 그러나 내게 그처럼 다정한 체하지 마라! …… 우리가 삶을 사랑하는 것은 삶에 익숙해져서가 아니라 사랑에 익숙해졌기 때문이다.

사랑에는 늘 약간의 망상이 들어 있다. 그러나 그 망상 속에는 늘 약간의 이성도 들어 있다.[16]

잘 사는 사람이든 못 사는 사람이든 삶은 가벼운 게 아닙니다. 그럼에도 사람을 사랑하는 것은 우리가 사랑에 익숙하기 때문이지, 삶 자체가 가볍기 때문은 아니라는 거죠. 뒤집으면 삶을 가볍게 견뎌내기 위해서는 우리가 사랑할 줄 알아야 합니다. 사랑 속에는 우리가 인생을 살아갈 지혜와 이성이 들어 있다는 이야기입니다.

삶에 대한 그대들의 사랑이 최고의 희망에 대한 사랑이 되게 하라. 그리고 그대들의 최고의 희망이 삶에 대한 최고의 사상이 되게 하라!

그러나 그대들은 그대들의 최고의 사상을 나의 명령으로 받아들여야 한다. 인간은 극복되어야 할 그 무엇이라는 것 말이다.

그러므로 그대들은 순종과 전쟁의 삶을 살도록 하라! 오래 산다는 것이 무슨 소용이란 말인가! 어떤 전사가 보호받기를 바라는가![17]

239

초인 사상이 궁극적으로 추구하는 것은 삶에 대한 사랑입니다. 니체가 정면으로는 부정했던 기독교적 사랑의 덕목이 돌아오는 것 같다는 느낌을 받을 수 있어요. 다시 한번 말하지만, 니체의 사랑은 다른 사람에 대한 헌신적 태도가 아닙니다. 사랑은 이타적 태도에서 오는 자기 상실이 아니에요. 고통을 승화시키기 위한 자기 극복이 결과적으로는 자기 사랑의 밑거름이 된다고 이야기합니다.

> 그대들에게 이웃 사랑을 권하란 말인가? 차라리 나는 그대들에게 이웃에게서 달아나 가장 멀리 있는 자를 사랑하라고 권한다!
> 가까이 있는 이웃에 대한 사랑보다는 가장 멀리 있는 자, 미래에 올 자에 대한 사랑이 더욱 고귀하다.[18]

이것은 기독교에 대한 패러디입니다. 기독교는 이웃 사랑을 강조하는데, 차라투스트라는 멀리 있는 사랑을 강조해요. 아이러니하게도 우리는 가까이할 수 없는 무언가를 가진 사람을 존중하거든요.

독일 철학자 발터 베냐민(Walter Benjamin)은 '아우라'라는 개념을 발전시켰습니다. 어떤 예술 작품이 유일무이하고 이례적인 가치를 담고 있을 때 풍기는 분위기를 아우라라고 하는데요. 일상에서도 '저 사람은 독특한 아우라가 있어.'라고 이야기하잖아요. 가까이 있어도 도저히 가까이할 수 없는 것이 느껴질 때 우리는 아우라를 이야기합니다. 니체는 진정으로 상대방을 사랑하려면 내가 마음대로 할 수 없는 독특한 무엇인가가 상대방에게 있다는 것을 인정해야 한다고 이야기합니다. '멀리 있는 자'는 이를 상징하죠.

사랑을 통해서 이루어지는 변신 과정을 살펴보겠습니다. 첫째, 자신을 견뎌내지 못하는 자는 자신을 충분히 사랑하지 못한다. 둘째, 사랑하는 자만이 경멸할 수 있다. 셋째, 무엇보다도 자기 자신을 믿도록 하라. 자신을 믿지 않는 자는 언제나 거짓말을 한다. 넷째, 그대는 그대 자신의 불꽃으로 스스로를 불태워버려야 한다. 다시 태어나려면 우선 재가 되어야 한다.

자신을 진정한 의미에서 경멸할 수 있는 자만이 자신을 사랑할 수 있다는 역설입니다. 자기가 싫어하는 면을 견뎌내고 그것을 좋은 방향으로 변화시킬 수 있는 의지를 가질 때 우리는 그것까지도 사랑할 수 있다는 거죠. 따라서 사랑하는 자만이 경멸할 수 있어요. 약점을 있는 그대로 사랑하라는 뜻은 아닙니다.

또 니체는 자신을 믿지 않는 자는 언제나 거짓말을 한다는 재미있는 표현을 하는데요. 자신을 믿지 않고 자신의 모습이 원하는 것과 다르면 우리는 가면을 쓰고 위장하고 기만하죠. 그러니까 거짓말을 한다는 거예요. 《차라투스트라》를 읽다 보면 수많은 비유가 등장하는데, '정직한 자는 걸어갈 때 소리가 나지만 자신을 위장하는 자는 고양이처럼 아무런 소리도 내지 않으면서 다가온다'는 구절이 있습니다.

마지막으로 다시 태어나려면 재가 되어야 한다고 말해요. 차라투스트라가 산에서 내려올 때 처음 만난 사람이 차라투스트라를 보고 '얼굴이 훨씬 신선해지고 좋아졌으며 내려오는 걸음걸이가 경쾌하다'고 이야기했습니다. 재에서 다시 태어난 피닉스의 전설이 들어 있는 거죠. 스스로를 불태우려면 자신을 무조건 감추고 억압하려고 하지 말고 드러내고 직시할 수 있어야 합니다. 쉬운 일이 아니죠. 하지만 이런 과정을 거치지 않으면 절대로 자신을 사랑하지 못합니다. 그래서 궁극의 기술은 자기를 사랑하는 법입니다.

인간은 온전하고 건강한 사랑으로 자신을 사랑하는 법을 배워야 한다. 나는 이렇게 가르친다. 자기 자신을 견디느라 헤매고 돌아다니지 않도록 하기 위해서다.[19]

자기 자신을 사랑하는 방법은 네 가지입니다. 첫째, 숨겨져 있는 자신을 찾아라. 델포이 신전에 쓰여 있는 경구 '너 자신을 알라.'가 암시하듯, 우리는 자신을 잘 알지 못합니다. 자신을 편견과 선입견으로 바라봐요. 부모, 형제자매, 친구 등 주변 사람들도 엄청난 역할을 합니다. 자신에 관한 이야기를 여러 번 듣다 보면 진짜 성격이 무엇인지 잘 모르게 되거든요. 따라서 자신을 알라는 수수께끼를 풀기 위해서는 자기 자신의 내면을 들여다볼 줄 알아야 합니다. 그러려면 고독이 필요해요. 우리는 고독할 때 비로소 자신과 마주하게 됩니다.
둘째, 강요된 자기를 파괴하라.

거의 요람에 있을 때부터 사람들은 우리에게 묵직한 말과 가치를 지참금으로 넣어준다. '선'과 '악'. 그 지참금은 이렇게 불리며, 그 지참금 때문에 사람들은 우리의 삶을 용서한다.[20]

우리는 태어나면서부터 스스로 선악을 판단할 수 있는 존재가 아니죠. 부모님이 우리에게 강요했어요. 긍정적인 가치라고 생각하는 것을 이야기하면 그것은 폭력이 아니라고 생각할지 모르겠지만, 사실 인간의 성장은 끊임없이 강요된 자아를 만들어가는 과정이라고 봐도 과언이 아닙니다.

나에게 강요된 선과 악의 석판을 깨부수고 자신만의 독자적인 가치관을 갖는 것이 중요합니다. 기존의 규범이 필요 없다는 뜻은 아니에요. 우리가 부모 없이 어떻게 살아갈 수 있나요. 기존의 관습과 규범 없이 어떻게 사회생활을 합니까. 항상 필요하죠. 그럼에도 그것을 성찰하고 극복하고 자기만의 가치를 가질 수 있도록 노력하라는 의미입니다.

셋째, 고상한 외관을 만들어라. 니체는 본질적인 자아, 변하지 않는 영혼 같은 소리가 나오면 진절머리를 칩니다. 그리고 "고상하게 치장한 고상한 껍데기가 중재해야 한다. 사람들은 껍데기와 아름다운 겉모습과 영리한 맹목성을 **갖추는** 기술도 배워야 한다!"[21]라고 이야기해요. 우리는 다른 사람에게 항상 외관으로 드러나지 속이 드러나는 건 아니라는 거죠.

때로는 상대방에게 자신을 아름답게 위장하고 치장하고 기만할 수 있는 기술도 필요합니다. 가면이라는 뜻을 지닌 라틴어 '페르소나'처럼 자신의 정체성을 확인할 수 있는 자신만의 가면을 갖는 것이 중요해요. 본래의 모습을 보여주려 하지 말라고 합니다. '친구에게 너의 벌거벗은 모습을 보여주면 아마 그 친구는 너에게 분노하고 악마에게 팔아넘길 것'이라고 해요. 진면목을 보게 되면 우리는 그 사람을 좋아하지 않게 된다는 뜻이겠죠.

그렇다면 어떻게 자기 자신을 찾아갈까요? 넷째, 자기만의 취향을 가져라. 요즘 사람들이 이야기하는 '취향 존중'과 맞아떨어지죠.

> 모든 것의 맛을 볼 줄 아는 완전한 만족감. 이것이 최선의 취향은 아니다! '나'와 '그렇다'와 '아니다'를 말할 줄 아는, 아주 반항적이고 까다로운 혀와 위장을 나는 존경한다.[22]

모든 음식을 좋아하는 건 취향이 없는 거죠. 탕수육을 소스에 찍어 먹을지 소스를 부어 먹을지 분명하게 결정해야 합니다. 이렇게 작은 데서부터 그 사람의 인격이 형성된다는 이야기죠.

사랑하는 자이고 싶은가, 아니면 기생충이 되고 싶은가? 차라투스트라가 시장으로 내려와서 만난 마지막 인간, 이들은 기생충입니다. 니체가 기생충을 아주 적절하게 정의했는데요. "이 짐승은 사랑하지는 않으려고 하면서 사랑을 먹고 살기를 원했다."[23]라고 했습니다. 현대인 중 이런 사람이 많다는 거죠. 본인은 다른 사람에게 베풀려 하지 않으면서 사회나 다른 사람이 주는 이점은 누리려는 사람이 기생충입니다.

사랑하는 방법, 베푸는 방법도 교육과 훈련이 필요합니다.

> 자신의 아이들을 위해 차라투스트라는 자기 자신을 완성해야만

에드바르 뭉크, 〈해수욕하는 남자〉, 1899

자기만의 취향을 가져야 합니다. 니체는 아주 작은 차이를 포착하고 그것을 분명히 말할 줄 아는 사람을 존경한다고 이야기했습니다. 이렇게 자신만의 인격을 형성하고 자신을 사랑하는 사람만이 초인을 향해 다가갈 수 있습니다.

한다.

사람은 근본적으로 자기 아이와 자기 일만을 사랑하기 때문이다.
그리고 자기 자신에 대한 커다란 사랑이 있다면, 그 사랑은 잉태의
징조다.[24]

인간은 이기적입니다. 이것이 나쁘지는 않아요. 하지만 자신에 대
한 커다란 사랑이 있다면 그 사랑은 초인을 잉태합니다.

아모르파티, 운명을 사랑하라

사랑한다는 것은 우리의 운명일까요? 차라투스트라는 처음에 열
정 가득한 마음으로 산에서 내려와 사람들에게 자신이 깨우친 가르
침을 전달하려 하죠. 그런데 거듭할수록 지칩니다. 차라투스트라의
말이 사람들의 귀에 도달하지 않아요. 영혼에 도달하지 않아요. 그
래서 좌절과 절망을 겪어요. 다시 산으로 올라가 고독 속에서 수양
하다가 살아 있는 친구들이 그리워서 시장으로 내려와 다른 사람들
과 대화를 나누는 과정을 거듭합니다. 이런 과정을 거치면서 차라
투스트라가 얻게 된 궁극적 진리는 모든 것이 돌고 돈다는 영원회
귀 사상이죠. 그리고 '아모르파티, 너의 운명을 사랑하라'는 궁극적
사랑의 명법이 나옵니다.

'너의 운명을 사랑하라'라는 말이 무엇일까요? 먼저 자신을 있는

그대로 받아들이고 수용하라는 뜻입니다. 내 실존이 어찌할 수 없는 운명처럼 여겨질 때, 그것보다 자신의 존재 의미를 부여하는 것은 없어요. 나의 존재가 여기에 있는 것이 운명이라면, 이 말처럼 내존재에 가치를 부여하는 게 어디 있겠어요? '자기 자신을 체험하라'는 뜻이죠. 두 번째로 자기 사랑을 통한 세계 사랑을 이야기합니다. '너의 운명을 사랑하라'는 것이 너 자신만을 사랑하라는 뜻이 아니라, 자신과 얽힌 세계와 사람들을 모두 긍정해야만 자기 자신을 사랑하는 것이기 때문이죠. 결과적으로는 자기 사랑을 통해서 세계를 사랑하고 이 땅을 사랑하라는 이야기로 흘러갑니다.

새해에 ─ 나는 아직 살아 있다. 나는 아직 생각한다. 나는 아직 살아야만 한다. 아직 생각해야만 하니까. 나는 존재한다. 고로 나는 생각한다. 나는 생각한다. 고로 나는 존재한다. 오늘날에는 누구나 자신의 소망과 가장 소중한 생각을 감히 말한다……

나는 사물에 있어 필연적인 것을 아름다운 것으로 보는 법을 더 배우고자 한다. 그렇게 하여 사물을 아름답게 만드는 사람 중 하나가 될 것이다. 네 운명을 사랑하라. Amor Fati. 이것이 지금부터 나의 사랑이 될 것이다! 나는 추한 것과 전쟁을 벌이지 않으련다. 나는 비난하는 자도 비난하지 않으련다. 눈길을 돌리는 것이 나의 유일한 부정이 될 것이다. 무엇보다 나는 언젠가 긍정하는 자가 될 것이다.[25]

아모르파티에는 두 가지 의미가 있어요. 사물을 아름답게 만드는 사람, 필연적인 것을 아름다운 것으로 보는 법. 이 사람만이 자신의 운명을 사랑할 수 있다는 거죠. 사물을 아름답게 만드는 것, 필연적인 것을 아름다운 것으로 보는 법 두 가지는 모순적으로 보입니다. 우리는 운명론이 삶을 스스로 개척하고 자발적으로 사랑하는 것과는 반대라고 생각하잖아요. 이는 운명론을 결정론으로 오해하기 때문에 그렇습니다.

철학적으로 운명론은 결정론이 아닙니다. 결정론을 믿는 사람은 사주팔자를 보러 가서 내일 무슨 일이 일어날지 예측할 수도 있겠죠. 그런데 운명론은 운명이 정해져 있다는 결정론이 아니라면, 우리가 변화시킬 수 없는 것은 무엇인가요? 우리는 과거를 변화시킬 수 없어요. 이것은 우리의 운명이에요. 그런데 니체는 과거를 받아들이고 수용함으로써 앞으로의 삶을 원하는 방식으로 바꿀 수 있다고 생각하는 것이 진정한 의미의 운명론이라고 이야기합니다. 이런 의미에서 아모르파티는 삶을 새롭게 해석함으로써 자신의 운명을 사랑하라는 사상이죠.

아모르파티에는 두 가지 의미가 함축되어 있습니다. 하나는 나의 존재를 판단하는 사람은 없다는 뜻이에요.

사람들은 필연이며, 한 조각 운명이다. 사람들은 전체에 속하며, 전체 안에 있다. 우리의 존재를 판결하고 측정하며 비교하고 단죄할 수 있는 것은 없다.[26]

인생에 한번은 차라투스트라

내 존재에 책임을 물을 사람은 누구도 없어요. 신의 뜻, 우주의 의지도 아닙니다. 우리는 여기에 있어요. 우리가 여기 존재하기 때문에 살아갈 수밖에 없죠.

따라서 나는 나의 존재에 대해서 책임이 없다는 뜻이에요. 내가 이렇게 태어나고 이런 성격을 가진 것이 나의 책임이 아니라는 거예요. 나의 책임이 아니면 그것을 있는 그대로 받아들일 수 있죠. 받아들일 수밖에 없습니다. 따라서 이 세상에는 없어야 할 것은 하나도 없어요. 다른 사람의 관점에서 부정적이고 열등할지는 몰라도 나의 존재는 필연적입니다. 이러한 태도를 니체는 운명론이라고 이야기합니다.

다른 하나는 나의 존재는 필연적이라는 뜻입니다. "각 개인은 미래와 과거로부터의 운명이며, 앞으로 도래할 것과 앞으로 될 모든 것에 대한 또 하나의 법칙, 또 하나의 필연성인 것이다."[27] 이 두 가지를 토대로 우리가 삶을 바라본다면 운명을 통해서 자신의 삶을 자유롭게 발전시키는 능력을 발견합니다.

결론적으로 니체는 너의 목적을 스스로 설정하라고, 그것이 너의 운명이라고 이야기합니다.

우리는 현재의 우리 자신이 되고자 한다! 새롭고, 일회적이고, 비교불가능하고, 자기 스스로가 입법자이고, 자기 스스로를 창조하는 인간이 되고자 한다.[28]

니체가 초인으로서 그리고자 하는 인간의 유형은 간단해요. 이렇게 새롭고 비교불가능한 사람이 다른 데 있는 게 아니라는 거예요. 스스로가 삶의 목적과 법칙을 설정할 수 있는 입법자가 되고, 스스로를 창조하는 인간이 될 때, 우리는 비로소 자기 자신을 진정한 의미에서 사랑할 수 있다고 니체는 이야기합니다.

> 도대체 인간이 존재한다는 것, 그가 이러저러한 성질을 갖고 있다는 것, 그가 바로 그런 상황과 바로 그런 환경에 처해 있다는 것에 대해 누구도 책임이 없다. 그의 존재의 운명은 이미 존재했었고 또 앞으로도 존재할 모든 것의 운명에서 분리될 수 없다. 그는 특정한 의도나 특정 의지나 특정 목적의 결과가 아니다.[29]

니체는 우리가 특정한 시점에 이 땅에 태어나서 특정한 시점에 이 땅을 떠날 때까지, 내가 여기에 살았다는 것이 꼭 있어야만 하는 운명이 될 수 있도록 지금 그렇게 살라고 합니다. 그것이 '너의 운명을 사랑하라'라는 말의 진정한 의미인 거죠.

《차라투스트라》의 〈머리말〉을 다시 한번 기억해보겠습니다. "춤추는 별을 낳으려면 자신의 내면에 혼돈을 지니고 있어야 한다."[30] 우리는 모두 자신의 별을 잉태하고 현실에 굳게 발을 딛고 살아가며, 고통 속에서도 동경과 이성을 잃지 않으려고 끊임없이 노력해야 합니다. 그래야 우리 자신을 조금 더 견뎌낼 수 있고, 스스로를 자랑스럽게 여길 수 있으며, 이 세상이 조금 더 아름다워집니다.

4부 1강

우월한 인간,
도움을 요청하다

그대들 우월한 인간들이여,
우월한 인간이란 없다.
우리는 모두 평등하다.
인간은 인간일 뿐이다.
신 앞에서 우리는 모두 평등하다!

— 《차라투스트라는 이렇게 말했다》, 4부 〈우월한 인간에 대하여 2〉, 502~503쪽.

차라투스트라는 초인이 되었는가

시작이 있으면 끝이 있게 마련입니다. 우리는 이제 이야기의 막
바지에 이르렀습니다. 니체가 '최종 부'라고 명명한《차라투스트라》
의 4부 이야기를 하려 합니다.《차라투스트라》는 치열한 자기 인식
을 통해 진정한 자기를 발견하고 지상에서의 삶의 중심을 찾아가는
과정을 그린 성장소설과 같은 이야기입니다. 이 이야기는 사실 하
나의 문학작품처럼 매우 치밀하게 고안된 엄격한 구조를 지니고 있
습니다. 이 이야기가 소위 말하는 기승전결(起承轉結)의 구조로 구
성되었다면, 4부는 이야기의 주제를 끝맺는 마지막 부임이 틀림없
습니다. 니체가 '4부 및 최종 부'라고 굳이 강조한 것을 보면 의심의
여지가 없습니다.

253

차라투스트라의 여정을 주의 깊게 함께했다면, 우리가 마지막에 기대하는 것은 같을 듯합니다. 이야기를 시작하게 만든 문제가 풀릴 거라는 예상입니다. 대부분의 문학작품에서 그렇듯 긴장과 기대가 최고조에 오른 클라이맥스에서 사건은 대부분 해결되기 마련이죠. 그렇다면 초인을 가르치려고 산에서 내려온 차라투스트라의 일은 실현되었을까요? 다시 인간이 되려고 한 차라투스트라는 드디어 초인이 된 것일까요? 우리는 이 물음에 대한 대답을 〈4부 및 최종 부〉에서 기대합니다. 물론 우리 자신도 차라투스트라처럼 초인이 될 수 있는 지혜와 지식을 얻을 것이라는 소망도 이루어지길 바랍니다.

여기서 의문이 생깁니다. 차라투스트라는 이미 3부에서 사상 중의 사상, 심연처럼 가장 어둡고 심오한 사상인 영원회귀를 깨닫고 세상에 대한 무한한 긍정을 천명했기 때문입니다. 차라투스트라의 통찰은 이미 영원회귀 사상과 함께 정점에 도달했는데 왜 4부가 필요할까요? 〈머리말〉의 마지막 문장처럼 이 이야기는 차라투스트라의 몰락과 함께 시작되었습니다. 3부 〈치유되고 있는 자〉에서 니체는 차라투스트라의 몰락이 끝났다고 말합니다.

나는 나의 말을 했고, 나의 말 때문에 부서진다. 나의 영원한 운명이 바라는 것이 그것이다. 나는 예고자로서 파멸의 길을 가는 것이다! 이제 몰락하는 자가 그 자신을 축복할 때가 왔다. 이렇게 차라투스트라의 몰락은 끝난다.[1]

이렇게 차라투스트라의 모든 사건을 해결하고 끝을 내는 대단원의 막이 내렸다고 생각했는데, 왜 4부가 필요했을까요? 사실 니체도 3부와 함께 차라투스트라가 완성된 것으로 생각했어요. "그해 겨울, 당시 내 삶을 처음 비추었던 니스의 평온한 하늘 아래에서 나는 《차라투스트라》 3부를 얻었다. 《차라투스트라》가 완성되었다."[2] 니체는 당시의 상태를 이렇게 묘사합니다. "몸이 도취되었다. '영혼'은 개입시키지 말자. 누군가는 종종 춤추는 나를 볼 수 있었을 것이다."[3] 차라투스트라의 몰락과 함께 시작된 비극이 이렇게 해피엔드로 끝난 것처럼 보였습니다.[4]

그런데 니체는 1885년 〈4부 및 최종 부〉를 단지 40권만 자비로 출판하여 몇몇 친지에게 보냅니다. 니체가 당시 쓴 편지들을 살펴보면 특히 두 가지가 눈에 띕니다. 하나는 니체가 이 마지막 부가 "대중을 위한 것이 아니라고" 거듭 강조하고 있다는 사실입니다.

차라투스트라의 네 번째 (마지막) 부가 있습니다. 일종의 섬세한 대단원인데 대중을 위한 것은 아닙니다. 나의 전제 차라투스트라와 관련하여 '대중'과 '공중'이라는 낱말은 대략 '유곽'과 '창녀'와 같은 의미로 들립니다.[5]

대중에게 초인을 가르치려 했던 니체가 왜 4부를 대중에게서 분리한 것일까요? 4부는 누구를 위한 것일까요?

또 눈에 띄는 것은 4부에서 진행되는 이야기의 음조와 색깔이 이

255

전 부와는 확연히 다르다는 것입니다. 니체 스스로 이 점을 고백합니다. "어릿광대의 기분으로 창작된 일종의 신의 모독"[6]이기 때문에 마지막 부는 출판될 수 없다고 합니다.

차라투스트라의 말은 풍자적이고 익살스러우며, 거의 카니발의 분위기를 연출합니다. 이러한 변화는 우리를 당황스럽게 합니다. 이전의 세 부에 걸친 차라투스트라의 이야기는 심각하고 진지하며 깊이가 있었는데, 모든 것이 갑자기 익살스러운 풍자극으로 바뀝니다. 물론 모든 독자와 청중이 이러한 변화를 알아차리는 것은 아닙니다. 차라투스트라의 진지함과 심각함에 빠져든 사람들은 비극이 희극으로 변화한 것을 감지하지 못합니다.

이 때문에 어떤 학자들은 4부를 다른 차라투스트라 이야기와 어울리지 않는 별책으로 생각하는 경향이 있습니다. 그렇지만 저는 이러한 반전이 사실 차라투스트라 이야기의 클라이맥스이고, 차라투스트라 가르침의 핵심이라고 생각합니다. 형세가 뒤바뀌는 반전이 없다면 차라투스트라 이야기는 재미가 없을 겁니다.

그럼에도 의문은 여전히 남아 있습니다. 왜 《차라투스트라》 4부는 대중을 위한 것이 아닐까요? 오늘날에는 4부로 된 《차라투스트라》가 아주 당연한 것으로 받아들여지지만, 니체 자신이 1887년 출판을 허가한 《차라투스트라》는 오직 3부로만 구성되어 있습니다. 4부로 된 《차라투스트라》는 니체가 발작을 일으키고 정신적으로 사망한 이후인 1893년에 처음 출간되었습니다. 니체가 자비로 출간하여 친지에게 보낸 4부의 인쇄본을 모두 돌려받기를 원한 것을 보면,[7] 《차라투스트라》의 4부는 오직 니체 자신만을 위한 책임이 틀림없습니다.

우리의 의심은 더욱 고조되고 증폭됩니다. 니체는 왜《차라투스트라》의 4부를 자신만을 위해 쓴 것일까요? 그 이유를 알기 위해서는 우선 4부의 주제가 무엇인지 알아야 합니다. 4부의 주제는 '차라투스트라의 마지막 유혹'[8]입니다. 삶의 심연에서 건져 올린 영원회귀 사상을 통찰한 차라투스트라가 마지막으로 시험을 받는 것입니다.

> 나는 '차라투스트라의 유혹'으로서 어떤 경우를 창작한 적이 있다. 즉 도움을 청하는 엄청난 소리가 차라투스트라에게 들려오고, 동정이 최후의 죄처럼 그를 엄습하여 그에게 자신을 등지게 하려는 경우를. 이런 경우에 동정을 극복하는 것, 이런 경우에 자기 자신의 과제의 높이를, 소위 사심 없는 행동들 안에서 작동하고 있는 훨씬 더 비천하고 단견적인 충동들로부터 스스로를 순수하게 유지하는 것. 이것이 시험이며, 아마도 차라투스트라가 치러야만 하는 마지막 시험일 것이다. 그의 힘에 대한 진정한 증거일 것이다.[9]

《차라투스트라》의 마지막 부에서 차라투스트라에게 도움을 긴박하게 청하는 사람들은 소위 '우월한 자'로 불리는 사람들이에요. 우월한 자들은 글자 그대로 번역하면 '보다 높은 인간들(Die höheren Menschen, the higher men)'입니다. 그들은 천박하고 비천한 마지막 인간들보다 높은 인간들이에요. 그들은 분명 '마지막 인간'의 유형에 속하지는 않지만 '초인'이 된 것은 아닙니다. 그들 모두는 위대한 인간처럼 보이지만 실제로는 아직 아니라는 사실에 고통을 당하고 있습니다. 우월한 인간들은 차라투스트라의 여정 마지막에 등장하는 인물들이긴 하지만 동시에 초인으로 넘어갈 다리와 같은 인물들입니다. 니체는 바로 이러한 우월한 인간들에 대한 동정을 극복해야 비로소 초인이 될 수 있다고 말합니다. 차라투스트라는 마지막 부분에서 다시 처음의 물음으로 돌아갑니다. '차라투스트라는 초인이 되었는가?'

차라투스트라의 마지막 죄

차라투스트라의 마지막 대단원에서 초인 대신 '우월한 인간들'이 등장한다는 것은 참으로 기이한 일입니다. 이것도 일종의 반전입니다. 니체에 관한 이야기를 하면 가장 많이 하는 질문 중 하나가 '초인이 누구인가?'입니다. 이런 질문은 대부분 단념과 포기의 우울한 기분을 동반합니다. 우리가 설령 초인은 될 수 없을지라도 지금보다는 좀 더 나은 인간, 보다 높은 인간, 우월한 인간은 될 수 있을 것이라는 희망의 끈은 놓지 않습니다.

여러분은 기억하실 겁니다. 차라투스트라가 산에서 내려와 시장에서 초인을 가르칠 때 아무것도 알아들을 수 없다는 듯한 군중의 표정이 눈에 선합니다. 차라투스트라는 〈머리말〉에서 이렇게 말합니다. "이들은 나의 말을 이해하지 못한다. 나의 입은 이들의 귀에 맞지 않는 것이다."**10** 이에 차라투스트라는 전략을 바꿔 경멸스러운 존재 '마지막 인간'에 관해 이야기합니다. 그러자 차라투스트라는 예상치 못한 군중의 반응을 보게 됩니다. "아, 차라투스트라. 우리에게 그 마지막 인간을 주시오. 우리를 그 마지막 인간으로 만들어주시오! 그러면 그대에게 초인을 선사하겠소!"**11**

초인보다 마지막 인간에 환호하는 시대에 차라투스트라는 자신이 쉽게 이해될 수 없음을 이미 알고 있었습니다. 그렇다면 차라투스트라의 방랑이 끝나는 시점에 그는 이제 이해된 것일까요? 《차라투스트라》의 최종 부에 등장하는 '우월한 인간들'은 차라투스트라의 사도로 불릴 만큼 그의 가르침을 이해한 것일까요?

《차라투스트라》 4부는 '우월한 인간'에 관한 이야기입니다. 더 정확하게 말하면 우월한 인간들에 대한 동정심으로 인해 차라투스트라가 마지막 시험에 드는 이야기입니다. 차라투스트라가 세계를 있는 그대로 긍정하는 영원회귀 사상을 깨닫고 그의 머리가 하얗게 셀 정도로 상당한 세월이 흐른 뒤 어느 날 일어난 일입니다.

총 20장으로 구성된 4부는 열 번째 장인 〈정오에〉를 중심으로 전반부와 후반부로 나뉩니다. 전반부는 차라투스트라가 도움을 청하는 긴박한 소리에 이끌려 여덟 명의 우월한 인간들을 차례로 만나 자신의 동굴로 초청하는 이야기이고, 후반부는 동굴 안에서 우월한 인간들과 최후의 만찬을 하고 축제를 하는 이야기입니다. 이 모든 일은 하루 동안 일어나고, 자정의 종소리와 함께 끝납니다. 다음 날 아침 위대한 정오를 암시하는 솟아오르는 태양을 바라보면서 차라투스트라의 대단원은 막을 내립니다. 차라투스트라의 몰락이 끝난 것이 아니라 새롭게 시작된다는 반전이 일어난 것입니다.

영원회귀의 사상을 아무리 깨우치더라도 차라투스트라의 여정은 끝나지 않습니다. 차라투스트라의 가르침을 따른다고 해도 결코 지극한 행복에 이르지는 못합니다. 니체가 말하는 "우리의 위대하고도 머나먼 인간 왕국, 차라투스트라의 천년왕국"[12]은 아직 실현되지 않은 것입니다.

모든 것을 초월하고 만물의 진리를 인식했다고 생각하는 백발의 노인이 동굴 앞 바위 위에 홀로 앉아 있는 모습을 상상해보세요. 그가 행복해 보일까요? 차라투스트라의 짐승들조차 궁금했던 모양이에요. "아, 차라투스트라여, 그대는 자신의 행복을 기다리고 있는가?"라는 질문에 차라투스트라는 이렇게 대답합니다. "행복이 무슨 소용인가! 나는 이미 오래전부터 행복을 얻으려고 노력하지 않았다. 내가 뜻을 두고 있는 것은 나의 일이다."[13]

여러분은 차라투스트라를 읽으면서 행복을 찾으셨나요? 아니면, 적어도 행복에 이르는 지혜를 얻으셨나요? 우리가 차라투스트라를 읽은 것은 너무도 많은 삶의 불행과 고난, 실패와 좌절에도 불구하고 삶과 행복한 화해를 하는 지혜를 얻기 위해서였습니다. 차라투스트라가 '있는 그대로의 자신이 되라'고 우리를 유혹했기 때문입니다. 차라투스트라는 여전히 인간을 초인으로 기르고자 하는 사육자이고 훈육 교사입니다. 차라투스트라의 행복은 초인을 기르는 일에 있는 것이죠. 그는 여전히 사람들이 필요합니다. 그렇지만 차라투스트라는 아직 사람들 사이로 내려갈 준비가 되어 있지 않습니다.

지금부터는 인간들이 **이 위로** 올라오는 것이 좋겠다. 나는 아직도 내가 내려갈 때를 알리는 신호를 기다리기 때문이다. 언젠가는 그래야겠지만 아직은 인간들 사이로 내려가고 싶지 않다.[14]

차라투스트라의 전략이 바뀌었어요. 사람들을 기쁘게 할 복음을 갖고 낮은 곳으로 내려가는 대신에 사람들을 자신이 있는 높은 곳으로 유혹하는 것입니다. 4부의 첫 장이 〈제물로 바친 꿀〉로 시작하는 것은 우연이 아닙니다. 인간 낚시꾼 차라투스트라가 자신이 있는 높은 산으로 사람들을 꾀려고 던진 미끼는 바로 '행복'입니다.

여기서 우리가 추측할 수 있는 것은 차라투스트라의 가르침을 따르는 우월한 인간들이 행복하지 않을 수 있다는 것입니다. 차라투스트라의 가르침을 받아 마지막 인간 유형은 극복했지만 아직 초인이 되지 않은 '우월한 인간들'이 도움을 청하는 것은 바로 행복 때문입니다. 차라투스트라가 처음 만난 예언자는 이렇게 말합니다.

행복, 이처럼 묻혀버린 자들과 은둔자들에게서 어떻게 행복을 찾아낸단 말인가! 나는 최후의 행복을 여전히 행복의 섬에서, 그리고 잊힌 저 멀리 바다 사이에서 찾아야만 하는가?
하지만 모든 것은 같고, 아무것도 보람이 없으며, 찾아다니는 것도 소용없다. 행복의 섬들도 더는 존재하지 않는다![15]

예언자는 차라투스트라가 있는 산 위로 올라와 봤자 아무 소용 없을 것이라고 비꼽니다. 산 위에서 동굴 속의 동굴과 은둔자들의 은신처는 찾아낼 수 있을지 몰라도 행복의 새로운 금광맥은 찾아내지 못할 것이라고 말합니다. 예언자가 말하는 은둔자는 두말할 나위 없이 차라투스트라입니다. 많은 사람은 속세를 떠난 '자연인들'이 행복할 거라고 여기지만, 그것은 착각일 뿐입니다. 이에 대해 차라투스트라는 진정한 행복은 여전히 존재한다고 확언합니다.

예언자는 차라투스트라에게 우월한 인간들의 외침에 대응하라고 요구합니다. 우월한 인간들이 처해 있는 곤경을 이해하고 공감하고 동정심을 느끼라는 겁니다. 사실 우월한 인간들의 문제는 차라투스트라의 가르침에서 기인했다고 해도 과언이 아닐 겁니다. 만약 제가 이 세상을 살아가면서 중요한 것은 가치이지 단순한 기술이 아니라고 강조하면서 인문학적 성찰을 하라고 누군가를 설득했다면, 그가 인문학을 전공으로 선택하여 발생한 문제에 대해 저도 책임이 있겠죠. 차라투스트라가 우월한 인간들에 대해 동정심을 갖는 것은 지극히 자연스러운 일입니다.

그런데 차라투스트라가 우월한 인간들을 동정하는 것은 그를 마지막 죄로 유혹하는 것입니다. 동정은 왜 차라투스트라의 마지막 죄이고 마지막 시험일까요? 니체는 2부부터는 새로운 부를 시작할 때마다 《차라투스트라》의 인용문을 일종의 표어처럼 앞세웁니다. 4부의 표어는 2부 〈동정하는 자들에 대하여〉에서 가져온 문장입니다.

언젠가 악마가 내게 "신에게도 자신의 지옥이 있으니, 인간에 대한 신의 사랑이 그것이다."라고 말했다.

또 최근에 나는 악마가 "신은 죽었다. 인간에 대한 동정 때문에 신은 죽었다."라고 말하는 것을 들었다.[16]

니체는 자신의 동정심을 극복할 수 있는 높이를 가지지 못하면 결코 진정한 의미의 사랑을 할 수 없다고 단언합니다. 초인이 되기 위해 마지막으로 넘어야 하는 장애물은 바로 동정입니다. 예수 그리스도의 경우에서 알 수 있듯이, 인간을 동정하는 바람에 신이 죽었다면 신이 죽은 시대에 출현해야 할 초인 역시 우월한 인간들에 대한 동정 때문에 죽을 수 있다는 것입니다. 차라투스트라의 마지막 부는 이처럼 차라투스트라가 극복해야 할 문제에 관한 한 편의 드라마입니다.

우월한 인간의 자기 조소

우리는 수많은 곤경과 고난을 극복하고 무언가를 성취한 사람들을 위대하다고 말합니다. 그들은 분명 평범한 사람보다 더 높은 것을 이룬 사람이고, 비천한 사람보다 우월한 사람입니다. 차라투스트라는 예언자의 권유에 따라 도움을 청하는 소리를 듣고 우월한 사람들을 차례로 만납니다. 4부 〈도움을 청하는 외침〉과 〈정오에〉

사이의 일곱 장은 '우월한 인간들'과의 만남을 서술하고 있습니다. 〈환영 인사〉 장에서 묘사하고 있는 것처럼 이들은 모두 동굴에 모이게 됩니다.

> 차라투스트라는 그의 동굴로 뛰어 들어갔다. 그런데 보라! 이 같은 아우성 뒤에 어떤 광경이 그를 기다리고 있었던가! 거기에는 그가 낮에 만났던 자들이 모두 한자리에 앉아 있었다. 슬픔에 잠긴 예언자, 오른편 왕과 왼편 왕, 정신의 양심을 지닌 자, 늙은 마술사, 교황, 자발적으로 거지가 된 자, 그림자, 그리고 나귀가 거기에 모여 있었다. 그런데 더없이 추악한 자는 하나의 왕관을 쓰고 두 개의 자줏빛 허리띠를 두르고 있었다. …… 우월한 인간, 그가 바로 나의 동굴에 앉아 있다니! 그러나 놀랄 일이 무언가! 제물로 바친 꿀과 나의 행복에 대한 교활한 감언으로 그를 나에게로 유혹한 것은 나 자신이 아니었던가?[17]

예언자, 두 명의 왕, 거머리 같은 정신의 양심을 지닌 자, 마술사, 마지막 교황, 더없이 추악한 자, 자발적으로 거지가 된 자, 그림자. 아홉 명의 우월한 인간들과 나귀, 그리고 차라투스트라의 짐승인 독수리와 뱀을 포함하면 모두 열둘의 사도가 차라투스트라와 함께 만찬을 하게 됩니다. 동굴 속의 만찬은 의심의 여지없이 예수의 최후의 만찬에 대한 패러디입니다. 그렇지만 여기에서 중요한 것은 이들 모두가 각자의 고통을 갖고 있다는 것입니다. 차라투스트라가

인생에 한번은 차라투스트라

레오나르도 다빈치, 〈최후의 만찬〉, 1495~1498
차라투스트라는 아홉 명의 우월한 인간들, 나귀, 독수리, 뱀과 함께 만찬을 합니다. 이들 모두 고통을 갖고 있습니다. 아이러니하게도 이들에게 고통을 불러일으키는 것은 바로 자신의 성과라고 생각하는 것이었습니다.

우월한 인간들을 찾아다니다 헛수고만 하고 자신의 동굴로 돌아왔을 때 자신의 동굴에서 들려오는 도움을 청하는 외침을 듣게 됩니다. 여러 사람이 외치는 소리였지만 마치 한 사람의 입에서 나온 목소리처럼 들렸다는 사실에서 알 수 있듯이, 우월한 인간들이 지닌 고통은 같은 것이에요. 그것은 우월한 인간들이 자신의 성과로 생각하는 것들이 사실은 고통을 불러일으킨다는 것입니다.

차라투스트라가 만난 왕은 어떤 점에서 우월한 인간일까요? 왕으로서 지상의 최고 권력을 가졌기 때문에 우월한 것은 아닐 겁니다. 이들은 '왕들이 무슨 소용인가!'라는 차라투스트라의 말을 이해한 사람들입니다. 권력이 아무리 크다고 해서 인간됨의 높이가 향상되는 것은 아니니까요. 두 명의 왕은 차라투스트라의 가르침을 이해했다고 할 수 있습니다.

최고의 인간이 지상에서도 최고의 지배자가 되어야 하기 때문이다. 이 지상에서 힘 있는 자들이 곧 최상의 인간이 아니라면, 인간의 모든 운명 중에서 그보다 더 가혹한 불행은 없다. 이런 경우에 모든 것은 거짓이 되고 비뚤어지고 기괴해질 될 것이다.[18]

최고의 인간은 글자 그대로 가장 높이 있는 인간입니다. 왕은 세속적인 의미에서 가장 높이 있는 인간입니다. 우리가 혐오하는 많은 정치인이나 대통령과 같은 지도자는 지체 높은, 다시 말해 사회적 신분이나 지위가 높은 사람들입니다. 이상적으로는 최고의 인간이 최고의 지배자가 되어야 하는데, 현실에서는 최고의 지배자 대부분은 최고의 인간이 아닙니다. 마지막 인간과 같은 천민들이 오히려 최고의 권력을 갖고 있습니다.

두 명의 왕은 이 사실을 분명히 알고 있습니다. 그래서 그들은 자신이 속해 있는 '상류사회'로부터 도피하여 자신보다 더 높은 우월한 인간을 찾아 길을 떠난 것입니다. '참으로 금박을 입힌 가짜이며

인생에 한번은 차라투스트라

요란하게 화장을 한' 천민이 스스로 귀족이라고 자칭하는 사회가 상류사회라고 조소합니다. 두 왕은 이러한 상류사회에 구역질을 느낍니다. 그들은 자신들도 권력과 결탁하여 온갖 폭리를 취하는 가짜가 되었다는 것을 잘 알고 있습니다. 그들은 지금 자기혐오의 고통에 시달리고 있는 것입니다. 실제로는 으뜸가는 자들이 아니지만 그런 척해야 한다는 사실에 구역질을 느끼고 있는 것이죠.

그렇다면 이들의 문제는 무엇일까요? 이들은 상류사회로 부상한 천민 사회에 불편함을 느끼지만 여전히 상류사회의 가치에 길들여진 것은 아닐까요? 몸은 상류사회에 익숙해져 있으면서도 마음만 상류사회로부터 도피하여 초인을 찾는 것은 아닐까요? 아니면 거꾸로인지도 모르겠습니다. 몸은 자신들보다 우월한 자를 찾아 차라투스트라가 있는 산에 있지만, 마음은 여전히 편하고 쾌적한 상류사회에 있는 것은 아닐까요?

이 물음에 대한 대답이 어떠하든 이상과 현실의 괴리가 고통의 원인이라는 것은 분명합니다. 이들은 최고의 지배자가 최고의 가치를 대변하지 않는다는 사실을 너무나 잘 인식하고 있지만 이렇게 잘못된 가치 전도를 바로잡을 힘과 능력은 없죠. 마지막 인간은 세계가 타락했다는 사실조차 인식하지 못한 채 현실에 만족한다면, 우월한 인간은 세계가 타락했다는 것을 알면서도 현실에 안주합니다. 이것은 비극일까요, 아니면 희극일까요?

이러한 자기 모순과 자기 조소가 차라투스트라가 만난 모든 우월한 인간에게서 일어납니다. 정신의 양심을 가진 자는 거머리처

9. 4부 1강 ― 우월한 인간, 도움을 요청하다

럼 진리에 집착하지만, 사물의 바닥까지 파고드는 정신을 통해 "지식 바로 곁에 나의 캄캄한 무지가 자리를 잡고 있다."[19]는 것을 알게 됩니다. 마술사는 어떻습니까? 그는 세계의 진리가 우리가 만들어낸 하나의 허구라는 사실을 알고 있지만, 그는 모든 사람을 속이는 마술사가 된 것입니다. 차라투스트라는 이런 마술사의 이중성을 꿰뚫어 봅니다. 그들은 자신이 맡은 역할을 "그저 놀이 삼아 연기했을 뿐"인 겁니다.

마술사는 이렇게 고백해요. "나는 위대한 인간을 연기로 보여주려했고, 많은 사람을 설득했다. 하지만 이러한 거짓말은 나의 능력에 버거웠다. 이러한 거짓말로 나는 부서지는 것이다."[20] 자신이 위대하지 않다는 것을 알면서도 위대한 척 연기하고 있다는 사실을 고백하는 사람이 우월한 인간입니다.

〈일자리를 잃음〉 장에서 등장하는 마지막 교황은 차라투스트라의 핵심 사상을 받아들입니다. 그는 신이 죽었다는 사실을 일종의 교리처럼 받아들입니다. 신이 없다면 모든 교리가 파괴되어야 하는데 신의 죽음이 다시 교리가 된 셈이죠. 교황의 말은 신이 죽은 시대의 우월한 인간들이 느낄 고통을 말해줍니다.

나는 이 늙은 신을 마지막 임종까지 섬겼다.
하지만 이제 나는 일자리를 잃어 모실 주인도 없지만, 그렇다고 해서 자유롭지도 않다. 추억에 잠길 때 말고는 한시도 즐겁지 않다.[21]

신의 죽음을 부정할 수는 없지만, 그것이 우리를 자유롭게 하지는 못한다는 것이지요. 신의 살해자인 '더없이 추악한 자'도 자유롭지 않기는 마찬가지입니다. 그는 입으로는 차라투스트라의 가르침을 반복합니다. "모든 창조하는 자는 냉혹하다. 모든 위대한 사랑은 동정을 넘어선다."[22] 그는 동정심을 갖지 말라고 경고하지만, 사실 자기 연민에 빠져 있습니다. 자신의 정신적 풍요를 위해 모든 물질적 부를 버린 '자발적으로 거지가 된 자'도 지상에서의 행복을 얻지 못했습니다.

또 차라투스트라의 발꿈치를 쫓아다닌 '그림자'는 어떻습니까? 그는 차라투스트라의 가르침을 성실하게 따랐지만, 그의 가르침대로 살 수는 없었던 것입니다. 그는 결국 이렇게 말합니다.

'어디 있는가, **나의** 고향은?' 나는 이렇게 묻고 또 찾고 있다. 찾아보았지만 찾지 못했다. 아, 영원히 모든 곳에 있고, 아, 영원히 어디에도 없는, 아, 영원한 부질없음이여![23]

그림자는 고향에 대한 추구, 지상에서의 행복에 대한 추구가 자신의 불행이었다고 고백합니다. 차라투스트라가 만난 우월한 인간들이 초인의 삶을 살고 있지 않다는 것이 분명하게 드러납니다. 그들은 모두 마지막 고비를 넘지 못한 것입니다. 그들은 초인을 닮고자 하지만 결코 초인이 될 수 없는 인간의 유형들입니다. 그것이 어쩌면 우리의 모습일 것입니다.

사실, 마지막 부의 압권은 〈나귀 축제〉입니다. 인간의 비극이 희극으로 바뀌고, 희극이 다시 비극으로 전환됩니다. 반전에 반전이 이어지는 클라이맥스라고 할 수 있어요. 우월한 인간은 모두 나름대로 삶의 진리를 터득하고 차라투스트라의 가르침을 따르지만 여전히 너무 진지하고 심각합니다. 그들은 차라투스트라처럼 춤추듯이 가볍고 명랑하게 살 수 없습니다.

　그들이 삶의 심연에 관한 진지한 대화를 나누다가 갑자기 경건하게 기도하는 모습을 상상해보세요. 그것도 무릎을 꿇고 앉아 나귀를 숭배하는 모습을 보면 웃음이 절로 나오지 않습니까? 나귀는 우월한 인간들이 기도할 때마다 "이-아."라고 외치며 대답합니다. 차라투스트라가 말할 때마다 "예, 그렇습니다!"라고 대답하는 사도들의 모습을 연상시킵니다. 이를 이상하게 생각하는 차라투스트라에게 결정적인 단서를 제공합니다. "형태가 없는 신을 숭배하기보다는 차라리 이런 형태의 신을 숭배하겠다!"[24]

　나귀를 숭배하는 우월한 인간들이 초인일 리 없습니다. 초인을 가르치려 산에서 내려온 차라투스트라의 프로젝트가 결정적으로 실패했다는 증거죠. 처음에는 시장의 군중에게 조소를 당하고, 자신을 따르는 제자들에게 오해를 받고, 마지막으로 자신의 가르침을 삶에 적용한다고 믿었던 우월한 인간들마저 마지막 단계를 넘지 못한 것입니다. 만약 차라투스트라가 이러한 우월한 인간들의 처지에 공감하고 동정심을 느낀다면, 다시 말해 죽은 신 대신에 나귀를 숭배하는 우월한 인간들의 상황을 이해한다면, 차라투스트라는 결코 초인이 되지 못할 겁니다. 차라투스트라는 결국 홀로 남게 되었어요. "나는 나를 따르는 자들을 위한 율법일 뿐, 만인을 위한 율법은 아니다. 그러나 내게 속하는 자들은 강한 뼈대에 가벼운 발을 가져야 한다."[25] 다른 사람의 가르침이 아니라 나만의 법칙이 문제인 겁니다.

위대한 인간의 정원술

니체가 《차라투스트라》 4부에서 그리는 우월한 인간이 초인에 대한 패러디라면, 그것은 동시에 자기 자신에 대한 아이러니이기도 합니다. 자신이 이룩한 성과가 만족과 행복 대신에 고통을 초래한다면, 우리는 자신의 성과에 대해 거리를 둘 필요가 있습니다. 자신이 이룩한 것이 실제로는 대단하지 않다고 생각하는 약간은 냉소적인 태도죠. 니체는 4부에서 이렇게 말하는 것처럼 보입니다. '초인이 무슨 소용이란 말인가?' 이러한 말은 우리를 맥빠지게 만듭니다.

우리는 왜 초인을 필요로 했던 것일까요? 이렇게 《차라투스트라》의 마지막에 우리는 다시 출발점으로 되돌아갑니다. 삶의 문제의 영원한 회귀인 셈이지요. 신의 죽음으로 실현된 허무주의 시대에 사람들이 아무런 목표도 없이 살아가는 것이 우리의 출발점이었습니다. 시장과 천민이 지배하는 시대는 평등의 시대입니다. 니체는 4부 〈우월한 인간에 대하여〉에서 이를 다시 확인합니다. "그대들 우월한 인간들이여, 우월한 인간이란 없다. 우리는 모두 평등하다. 인간은 인간일 뿐이다. 신 앞에서 우리는 모두 평등하다!"**26**

영웅과 천재는 이미 낯선 낱말이 되었습니다. 영웅의 사전적 의미는 지혜와 재능이 뛰어나고 용맹하여 보통 사람이 하기 어려운 일을 해내는 사람입니다. 신에 도전하고 신과 어깨를 겨누는 일들을 숙명처럼 받아들였던 사람들이 영웅입니다. 니체는 "무엇이 영웅적으로 만드는가?"라고 물으면서 "최고의 고통과 최고의 희망을 향해 동시에 나아가는 것"**27**이라고 대답합니다.

영웅이 사라졌다는 것은 우리가 감내할 최고의 고통도, 우리가 품을 수 있는 최고의 희망도 사라졌다는 것을 의미합니다. 보통 사람들이 감히 꿈꾸지 못하는 새로운 가치를 창조하고 실현하는 천재도 사라졌습니다. 오늘날 현대인들은 시장에서, 다시 말해 천민 앞에서 평등해진 것입니다.

니체는 이러한 상황에서 벗어나려고 초인을 꿈꿨습니다. 신이 죽은 시대가 우리의 현재라면, 신이 죽은 상황에서 스스로를 극복하는 것이 인간의 미래입니다. 그래서 니체는 "나의 첫 번째이자 유일한 관심사는 **초인**이다. 인간이 **아니다.**"**28**라고 말하죠. 차라투스트라는 신이 죽은 시대의 유일한 자로서 이렇게 묻습니다. "어떻게 인간이 극복될 수 있는가?" 여기서 우리는 《차라투스트라》의 전체 주제가 '자기 극복'임을 알 수 있습니다. '권력에의 의지'와 '영원회귀 사상'은 모두 신이 죽은 시대에 인간의 자기 극복에 도움을 주는 정신적 도구입니다.

니체에 의하면 우리는 천민의 시대에 살고 있습니다. 천민은 자기 극복에는 관심이 없고 지상에서의 작은 행복과 만족에 집중합니다.

이런 자들은 지칠 줄 모르고 묻고 또 묻는다. "어떻게 하면 인간은 가장 좋게 가장 오래 그리고 가장 안락하게 살아남을 수 있는가?" 이렇게 물음으로써 그들은 오늘의 주인이 된다.[29]

초인인가, 아니면 천민인가? 양자택일을 강요받는 시대적 상황에서 초인의 길을 선택할 때 우리는 비로소 위대해질 수 있습니다. 《차라투스트라》의 마지막 부분에 등장하는 우월한 인간들이 비록 초인을 희화한 캐리커처처럼 보일지라도 그들은 자기 극복을 염원했다는 점에서 초인의 길을 선택한 사람들입니다. 그러므로 그들은 오늘날 허무주의 시대에 가능한 위대한 인간의 모습을 보여줍니다.

인간의 위대함은 처음부터 니체의 주제였습니다. 니체는《반시대적 고찰》의 3부 〈교육자로서의 쇼펜하우어〉에서 위대한 인간이 문명의 과제라고 선언합니다. "인류는 끊임없이 노력해 위대한 인간을 낳아야 한다. 어떤 다른 것도 아닌 바로 이것이 그의 임무다."[30]

정원을 가꿔본 사람은 잘 압니다. 조건이 적합하면 여기저기서 가꾸지 않아도 저절로 나서 자라는 풀은 잡초입니다. 아름다운 꽃과 나무의 최고 표본을 얻으려면 끊임없이 정성으로 가꿔야 한다는 것이 정원술의 기본입니다. 니체는 "나의 정원"과 "나의 새롭고 아름다운 종족"[31]을 이야기합니다. 개별적인 최고 표본을 얻는 것이 정원 기술의 목적이죠. 하나의 종이 그 경계에 도달할 때, 그리고 높은 종으로 넘어가려고 할 때 비로소 자기 극복이 이루어집니다.

그렇다면 위대한 인간은 누구일까요? 인간의 위대함은 어디에 있을까요? 영웅과 천재가 사라진 시대에 우리는 과연 위대함을 이룰수 있을까요? 허무주의 시대에서 위대함을 추구할 수 있다면, 그것은 고전 시대의 영웅과는 다른 유형의 위대함일 것입니다. 한 가지 공통점이 있다면 위대한 인간은 예외라는 사실입니다.

> 다른 모든 종류의 동물의 경우와 마찬가지로 인간에게서도 넘쳐나는 인간성에 실패한 자, 병든 자, 퇴화하는 자, 허약한 자, 고통이필요한 자가 있다. 성공한 경우들은 인간에게서도 언제나 예외이며, 심지어 인간은 아직 확정되지 않은 동물이라는 사실을 고려하면, 그것은 더 드문 예외이다.[32]

이제까지의 종교는 인간이 신 앞에서 모두 평등하다는 명분으로예외를 가능한 한 제거하고자 했습니다. 강한 것은 언제부터인지악한 것이 되었고, 지배하는 것은 불의의 대명사가 되었습니다. 아무도 강해지려 하지 않으며, 지배하려 하지 않습니다. 니체는 이렇게 질타합니다.

> 지금까지의 종교, 즉 절대 권한을 가진 종교들은 '인간' 유형을 낮은 단계에 머물게 한 주요 원인이 되었다. 이것들은 몰락해야만 했던 것을 너무 많이 보존해왔다.[33]

〈카이사르 흉상〉

우월한 인간들은 초인이 되지 못했습니다. 그러나 그들은 천민을 극복하려고 한다는 점에서 여전히 위대합니다. 니체는 절망을 극복하고 새로운 가치를 창조한 인물로 카이사르, 나폴레옹, 괴테, 베토벤을 꼽습니다.

니체에 의하면 인간은 마침내 왜소해지고 거의 어처구니없는 종족, 무리 동물, 선량하고 병들고 평범한 존재가 된 것입니다. 인간은 이제 위대함을 더는 추구하지 않기 때문에 인간의 위대함이 어디에 있는지도 망각했습니다.

우월한 인간들은 초인이 되는 데는 비록 실패했지만, 그들은 허무주의 시대의 대표적인 인간 유형인 천민을 극복하려고 한다는 점에서 여전히 위대합니다. 차라투스트라는 우월한 인간들이 "경멸했다는 사실이 내가 희망을 품게 한다."[34]라고 말합니다. 우월한 인간들은 경멸할 것이 있기에 앞으로 나아가고, 이러한 노력에도 천민이 지배하기에 절망합니다. 니체는 이렇게 경멸과 절망을 극복하고 새로운 가치를 창조한 위대한 인물로 카이사르와 나폴레옹, 괴테, 베토벤을 꼽습니다.

그렇다면 21세기에 가능한 우월한 인간은 위대한 정치인처럼 제국을 건설하거나, 천재처럼 새롭고 창의적인 작품을 만들어내야 할까요? 만약 그렇다면 우리는 결코 우월한 인간이 될 수 없습니다. 그것은 역사가 우연히 만들어내는 것이지 우리의 노력으로 이루어지지 않기 때문입니다. 만약 초인이 위대한 인간의 문제라면, 그것이 우리와 같은 평범한 사람들에게 무슨 소용일까요? 그러나 니체는 이렇게 말합니다.

고귀함이란 무엇인가? 고귀함이라는 단어가 오늘날에도 여전히 우리에게 의미하는 것은 무엇일까? …… 사람들은 고귀한 인간을 무엇으로 드러내고, 무엇으로 식별하는가? 그를 입증하는 것은 행위가 아니다. 행위는 언제나 다의적이며, 언제나 헤아릴 수 없는 것이다. 또 그를 입증하는 것은 '작품'도 아니다. 오늘날의 예술가들이나 학자들 사이에서는 얼마나 자신이 고귀함을 향한 깊은 갈망에 추동되고 있는지를 자신의 작품으로 드러내는 사람들이 많이

있음을 발견하게 된다. …… 고귀한 영혼은 자기 자신에 대한 경외심을 갖고 있다.[35]

니체는 우리가 끊임없는 자기 극복을 통해 성취할 수 있는 고귀함과 위대함은 행위도 아니고 작품도 아니라고 말합니다. 자기 자신에 대한 경외심을 지니고 있느냐에 따라 개인의 고귀함이 결정된다는 겁니다. 우리는 물론 니체가 칭송하는 우월한 인간들과 위대한 인간들의 공통된 특징을 열거할 수 있습니다. 어떤 사람은 독립성, 책임 의식, 건강, 세계 긍정, 자기 존중의 다섯 가지 성품을 꼽기도 합니다. 어떤 사람은 여기에 권력의지, 자기통제, 고통을 이겨내는 힘 등을 덧붙이기도 합니다.

그러나 저는 허무주의 시대, 즉 모든 사람이 획일화되고 평준화된 시대에 우리가 성취할 수 있는 고귀함은 근본적으로 자기 자신에 대한 존경심이라고 생각합니다. 자기를 존중해야 다른 사람들에게도 존중받는 법입니다. 자신에 대한 외경심은 자신이 무엇인가를 극복했다는 권력 감정에서 비롯합니다. 자신이 경멸하는 것을 참아내고, 극복하고, 좀 더 높은 것으로 승화시켰다는 감정이 존경심을 불러일으킵니다. 가혹한 조건에서도 홀로 온갖 고통을 이겨내며 아름다운 모습을 보여주는 소나무처럼, 위대한 인간은 강한 의지의 본보기입니다.

우월한 인간은 차라투스트라에게 이렇게 말합니다.

9. 4부 1강 ― 우월한 인간, 도움을 요청하다

아, 차라투스트라여, 지상에는 높고 강한 의지보다 더 기쁘게 자라는 것은 없다. 이 의지는 지상의 가장 아름다운 식물이다. 이 나무 하나로 풍경 전체에 생기가 돈다.³⁶

주위의 사람들에게 생기를 불어넣는 강력한 의지의 소유자, 그가 바로 우월한 인간입니다.

우리가 높이 오르다 보면 번개에 맞아 부서질 가능성도 커지지만, 우리는 이러한 두려움을 알면서도 이를 제압하는 자를 존경합니다. 우리는 어쩌면 쉽고 편안한 평지에 서서 높은 산을 바라보지만 오르기를 두려워하는지도 모릅니다. 높이 오르길 거부하며 그냥 아무나 되어 살아가는 현대인들에게 높은 산에 홀로 서 있는 소나무가 이렇게 이야기하는 것처럼 보입니다.

고귀한 인간은 자기 안에 있는 강자를 존경하며, 또한 자기 자신을 지배할 힘이 있는 자, 말하고 침묵하는 법을 아는 자, 기꺼이 자신에 대해 준엄하고 엄격하며 모든 준엄하고 엄격한 것에 경의를 표하는 자를 존경한다.³⁷

10

4부 2강

디오니소스,
웃으며 긍정하는 삶

여기 지상에서 지금까지 있었던
가장 큰 죄악은 무엇이었는가?
그것은 "지금 웃고 있는 자에게 화 있을지어다!"라고 한
그자의 말이 아니었던가.
......
그는 충분히 사랑하지 않은 것이다.
그랬더라면 그는 우리 웃는 자들도 사랑했을 것이다!

— 《차라투스트라는 이렇게 말했다》, 4부 〈우월한 인간에 대하여 16〉, 515쪽.

누구를 위해 태양은 빛나는가

　무엇인가를 시작하는 것은 끝이 있다는 희망이 있기 때문입니다. 목적지에 도달하면 여행은 끝납니다. 우리는 이제 차라투스트라와 함께 떠난 여정의 마지막에 도달했습니다. 무엇인가를 이루었습니까? 니체는 무엇인가를 얻으려는 목적을 갖고 책을 읽으면 아무것도 얻지 못한다고 경고했지만, 그래도 무엇인가를 얻으셨습니까? 아니면 간절히 바라고 많이 기대한 목적지에 도달했을 때 밀려오는 실망과 허무함을 느끼셨나요? 여행의 의미가 목적지에 도달하는 것이 아니라 오히려 그곳에 이르는 길 위에 있다는 것으로 자신을 위로하는 것은 아닌가요? 아무튼, 우리는 목적지에 도달하면 여행의 시작을 생각하게 됩니다. 왜 우리는 길을 떠났을까요?

10. 4부 2강 — 디오니소스, 웃으며 긍정하는 삶

니체의 글 중에서 가장 대중적이지만 잘 읽히지 않는 이 책을 읽으면서 우리가 차라투스트라를 얼마나 많이 이해했는지 모르지만, 우리는 이 책의 시작과 끝은 생생하게 기억합니다. 어쩌면 차라투스트라의 말에 홀려 처음과 끝의 장면을 놓칠 수도 있습니다. 목적지를 향해 앞만 보고 걷느라 주위의 풍경을 보지 못하는 여행자처럼 말이죠. 이제 차라투스트라의 이야기가 끝나가니 이 이야기의 시작을 되짚어보는 것도 좋겠습니다.

우리는 나이 서른에 고향을 떠난 차라투스트라가 산속에서 십 년을 수련하다 사람들 속으로 하산하며 이야기가 시작되었다는 것을 잘 알고 있습니다. 이때 그는 태양을 향해 이렇게 말합니다. "그대 위대한 별이여! 그대가 빛을 비추어줄 존재가 없다면 그대의 행복이란 게 무엇이겠는가!"[1] 차라투스트라는 별 중의 별인 태양을 축복하고 칭송합니다. 지상의 모든 생명이 살아갈 수 있도록 해주는 것, 우리가 지상의 만물을 인식할 수 있도록 해주는 것, 그것이 태양이기 때문입니다. 차라투스트라는 태양을 최고의 선으로 규정한 플라톤의 관점에 묶여 있는 것처럼 보였습니다.

태양이 우리에게 빛의 선물을 주는 것처럼, 차라투스트라도 사람들에게 선물을 베풀려 합니다. 태양이 자신의 빛을 비추어줄 존재가 필요한 것처럼, 차라투스트라는 자신의 '지혜를 얻으려고 손을 내미는 사람들이 필요'합니다. 태양이 밤이면 바다 저편으로 내려가 지하 세계를 비추어주는 것처럼, 차라투스트라도 사람들이 있는 곳으로 내려가 자신의 지혜를 나눠주려 합니다. 차라투스트라는 자신이 세계에 대한 통찰로 행복한 것처럼 다른 사람들을 행복하게 만들려고 합니다. 차라투스트라는 우리가 마지막 인간을 극복하고 초인이 되기를 바랍니다.

차라투스트라와 함께 자기 극복의 여정을 마친 우리는 이제 행복해졌나요? 설령 초인이 되지는 않았더라도 초인의 의미는 분명해졌나요? 차라투스트라는 초인이 되었나요? 꼬리를 무는 이러한 질문들에 답을 찾으려면, 우리는 차라투스트라 이야기의 끝을 봐야 합니다. 차라투스트라의 이야기는 이렇게 끝을 맺습니다.

"이것은 **나의** 아침이다. **나의** 낮이 시작된다. **이제 솟아오르라, 솟아오르라, 그대 위대한 정오여!**"

차라투스트라는 이렇게 말했다. 그러고는 어두운 산 위에서 솟아오르는 아침 태양처럼 이글거리며 힘차게 그의 동굴을 떠났다.[2]

차라투스트라가 동굴을 떠나는 장면이 이 이야기의 끝에서도 펼쳐집니다. 몰락과 내려감의 영원한 반복입니다. 그런데 시작과 끝의 차이를 알아차리셨나요? 처음에는 차라투스트라가 태양을 향해 말했는데, 끝에서는 차라투스트라가 태양이 되었어요. 그는 태양처럼 이글거리며 산에서 내려가고 있습니다.

우리는 《차라투스트라》를 읽으면서 삶을 긍정할 수 있는 지혜를 기대하지만, 이 책은 사실 차라투스트라 개인의 이야기입니다. 차라

투스트라가 초인이 되어가는 과정의 이야기입니다. 앞에서 인용한
《차라투스트라》의 마지막 문장에서 니체가 강조한 부분을 주목해주
세요. 문제가 되는 것은 바로 '나의' 아침이고, '나의' 낮입니다. 차라
투스트라는 세상이 완성되고 세계를 긍정할 수 있는 '자신의' 정오
가 솟아오르기를 기대하면서 내려갑니다.

플라톤에게 태양이 최고의 선을 상징하는 것처럼, 차라투스트라
에게도 태양은 최고의 덕을 대변합니다. 물론 둘 사이에는 커다란
차이가 있습니다. 플라톤의 태양은 모든 존재를 위한 것이지만, 차
라투스트라의 태양은 철저하게 자신만을 위한 것입니다. 모든 존재
에게 베푸는 덕은 거짓입니다. 태양의 빛은 선물이 아닙니다. 엄밀
한 의미에서 태양은 자신의 빛이 어떻게 받아들여지는지 관심이 없
습니다. 지구 위의 존재들처럼 자신의 빛을 받고 생명을 갖든, 금성
과 화성처럼 어떤 생명도 존재하지 않든 태양은 관심이 없습니다.
다른 존재들이 자신의 빛을 어떻게 받아들이든, 자신의 빛을 선물
로 여기고 감사해하든 그렇지 않든, 태양은 그저 그렇게 스스로 빛
날 뿐입니다.[3]

차라투스트라의 초인은 스스로 빛나는 별입니다. 이에 반해 차라
투스트라가 혐오하는 마지막 인간은 스스로 빛을 내지 못할뿐더러
다른 사람의 빛을 받는 것조차 거부하는 무리 짐승입니다. 집단 속
에 있을 때는 힘을 내다가 집단을 떠나면 맥을 못 추는 유형의 인간
이 마지막 인간입니다. 이런 무리 존재와 대립하는 초인은 철저한
개인주의자입니다. 진정한 개인주의자는 독립적입니다. 그는 시대

가 강요하는 삶의 규칙을 따르지 않아요. 그는 사람들이 편안하게 생각하는 길을 걷기보다는 자신의 길을 스스로 개척합니다. 차라투스트라는 우리에게 끊임없이 자신의 길을 가라고 권유합니다.

우리가 설령 차라투스트라가 걸어간 초인의 길을 따라가지는 못할지라도 우리 자신의 길을 가야 한다고 생각한다면, 차라투스트라의 가르침이 반쯤 성공했을 수도 있습니다. 차라투스트라는 결코 자신의 길을 모방하기를 바라지 않습니다. 삶의 문제에 있어서 우리는 모두 진정한 개인이 되어야 합니다. 그것은 선택과 의무의 문제가 아니라 능력의 문제입니다. 그렇다면 우리는 어떻게 개인이 될 수 있을까요? 이것이 차라투스트라의 문제입니다. 누군가 다른 사람의 가르침을 따라 진정한 의미에서 자신의 것일 수 있는 무엇인가를 포기한다면, 우리는 결코 개인이 될 수 없습니다.

삶은 모방할 수 있는 것이 아닙니다. 모방도 자신의 방식대로 한다면, 그것은 어쩌면 모방이 아닐 수 있습니다. 니체는 《즐거운 학문》에서 모방에 관한 흥미로운 대화를 구성합니다.

모방자.

A: 뭐라고? 너는 모방자가 되기를 원치 않는다고?

B: 나는 사람들이 나를 모방하는 것을 바라지 않는다. 나는 누구나 스스로 모범을 만들기를 바란다. 내가 하고 있는 일과 똑같이.

A: 그래서-?[4]

삶에 대한 일반적인 규칙은 없습니다. 시대와 장소에 따라 달라집니다. 똑같은 시대와 문화라 하더라도 처한 상황에 따라 달라집니다. 우리가 진정한 개인이 된다는 것은 삶의 문제에 대한 접근 방식이 다르다는 것을 의미합니다. 우리가 차라투스트라를 모방한다고 하더라도 그처럼 살 수는 없습니다. 만약 자기 극복을 위해 경멸할 것을 가져야 한다면, 사람마다 경멸하는 것이 다를 수밖에 없습니다. 우리가 모방해야 하는 것은 차라투스트라의 삶의 형식이지 결코 삶의 내용이 아닙니다. 우리는 모두 자신만의 태양이 되어야 합니다.

사랑을 원하지 않는 위대한 사랑

차라투스트라가 초인이 되어 태양처럼 스스로 빛을 내며 내려가려면 그는 마지막 시험을 통과해야 합니다. 그는 다른 사람의 빛을 받아 빛나는 '우월한 인간들'에 대한 동정을 극복해야 합니다. 그렇다면 차라투스트라의 사도들이라고 불리는 우월한 인간들을 넘어선다는 것은 무엇을 의미할까요? 차라투스트라는 초인이 되기 위해 길동무가 필요했어요. 우리는 "창조하는 자가 찾는 것은 길동무이지 시체나 가축 무리, 신자가 아니다."[5]라고 한 차라투스트라의 말을 기억합니다. 물론 차라투스트라가 생각하는 길동무는 "자기 자신을 따르고자 나를 따르는, 내가 가는 곳으로 나를 따라오는 자"[6]입니다. 그러나 우리는 차라투스트라를 따르다가 자기 자신을 따르지 못하

인생에 한번은 차라투스트라

는 위험이 있다는 것을 잘 알고 있죠.

차라투스트라가 자신의 길을 가라고 강력하게 말하지만, 그의 어투는 여전히 기독교의 목자와 같습니다. 차라투스트라는 우리가 같은 길을 가기를 원하지는 않지만 어떤 길로 가야 한다고 말해주는 길잡이 같습니다. 차라투스트라는 이러한 오해의 위험을 예견합니다. 그렇기 때문에 차라투스트라는 1부의 마지막 장 〈베푸는 덕에 대하여〉에서 이렇게 말합니다. "나를 버리고 그대들 자신을 찾도록 하라. 그리고 그대들 모두가 나를 부정하게 될 때 비로소 나는 다시 그대들에게 돌아올 것이다."[7] 베드로가 예수를 세 번 부정한 것처럼, 우리는 실존적 베드로가 되어야 한다는 것입니다.

차라투스트라는 이중적입니다. 한편으로는 우리가 자신의 길동무가 되길 바라며, 다른 한편으로는 우리가 그를 부정하고 우리의 길을 가길 원합니다. 차라투스트라가 우리에게 온 이유는 '가축 무리에서 많은 이들을 유인해 떼어내기 위해서'입니다. 군중에게서 벗어나야 초인이 될 수 있기 때문이죠. 그렇지만 차라투스트라는 동시에 우리가 그를 맹목적으로 따르지 않기를 바랍니다. 자신의 가르침이 오해되고 왜곡될까 두려워합니다. 그는 2부의 첫 장에서 이렇게 말합니다.

나의 **가르침**이 위험에 처해 있고, 잡초가 밀의 행세를 하려는 것이다!
나의 적들은 강해졌으며, 나의 가르침의 본래 모습을 왜곡했다.[8]

10. 4부 2강 ─ 디오니소스, 웃으며 긍정하는 삶

차라투스트라는 여전히 우리를 바른길로 인도하려 합니다.

그러나 시간이 갈수록 차라투스트라의 관심은 자신을 향해요. 어떻게 하면 지상에서의 삶을 긍정하며 가볍게 춤추듯이 살 수 있는지 고민합니다. 그는 낡은 도덕과 관습들을 타파하고 새로운 가치의 서판을 창조하려 합니다. 차라투스트라가 강렬하게 원하는 것은 자신의 시간을 알리는 조짐입니다. 그러면서 이렇게 말합니다.

나는 이제 그때를 기다리고 있다. 우선 나의 시간이 왔음을 알리는 조짐, 다시 말해 비둘기 떼를 거느린 웃는 사자가 내게로 와야만 한다.

그동안 나는 시간의 여유를 가진 자로서 나 자신에게 말한다. 아무도 나에게 새로운 것을 말해주지 않는다. 그래서 나는 나 자신에게 나의 이야기를 한다.[9]

차라투스트라는 이제까지 초인이라는 보편적 지혜를 가르친 것이 아니라 자신의 이야기를 들려준 것입니다. 여기서도 니체는 '나의 시간'을 강조합니다. 차라투스트라가 그토록 기다린 자신의 시간이 마지막에 등장합니다. "자! 사자가 왔다. 나의 아이들도 가까이 있다. 차라투스트라는 성숙해졌다. 나의 때가 왔다."[10] 차라투스트라가 이렇게 외치는 순간 '우월한 자들'은 여전히 잠들어 있습니다. 우월한 인간들은 차라투스트라의 길동무가 아닙니다.

여기서 우리는 한 가지 강한 의문이 듭니다. 차라투스트라의 사도

가 되어 그의 가르침을 실천하는 우월한 인간들은 왜 초인이 되지
못했을까요? 우월한 인간들은 차라투스트라에게서 대지를 사랑하
는 법을 배웠습니다. 그들은 죽음을 향해 "바로 이것이 삶이었던가?
…… 좋다, 다시 한번!"[11]이라고 말할 정도로 지상에서의 삶을 긍정
합니다. 위대한 인간들은 차라투스트라의 잠언을 외울 정도로 잘
알고 있습니다. 4부에서 우월한 인간들이 하는 말은 전부 차라투스
트라가 일찍이 한 말들입니다. 하지만 우월한 인간들이 차라투스트
라의 말을 실천한다고 해서 초인이 되는 것은 아닙니다.

여기서 차라투스트라가 말하는 '아이'의 상징에 주목할 필요가 있
습니다. 차라투스트라는 아이를 낳는 사랑이 필요하다고 말합니다.

> 그 자신이 충분히 사랑하지 않았을 뿐이다. 그랬더라면 그는 사람
> 들이 그를 사랑하지 않는다고 해서 그토록 화를 내지는 않았을 것
> 이다. 모든 위대한 사랑은 사랑을 **원하지** 않는다. 그것은 더 많은
> 것을 원한다.[12]

사랑의 대가를 바라는 것은 천민의 방식이에요. 하지만 사랑의 대
가를 바라지 않으면서 사랑하는 것은 쉽지 않습니다. 여기서 우월
한 인간의 방식과 초인의 방식이 갈립니다. 초인은 사랑보다 더 많
은 것을 원하는 것이 위대한 사랑이라는 것을 깨달은 사람이라고
할 수 있습니다.

차라투스트라는 사랑에는 두 가지 방식이 있다고 말합니다. 하나

는 태양의 사랑이고, 다른 하나는 달의 사랑입니다. 차라투스트라는 2부 〈순결한 인식에 대하여〉에서 달의 사랑을 신랄하게 비판합니다. 보름달이 떠올랐을 때의 모습을 생각해보세요. 불룩한 배를 하고 지평선에 걸쳐 있는 보름달이 마치 임신한 것처럼 보인다고 차라투스트라는 말합니다. 태양의 빛을 받고 마치 태양을 낳으려는 듯한 달의 모습, 이것은 위선입니다. 태양의 빛과는 달리 달빛은 차갑습니다.

차가운 사랑은 아무것도 낳지 못합니다. 니체는 대상과 아무런 접촉도 없이 아이를 낳은 동정녀 마리아의 무구수태(無垢受胎)를 달빛에 비유합니다. 자신은 더럽혀지지 않은 채 무언가를 낳을 수 있을까요? 쾌락과 탐욕 없이 대지와 지상의 사물을 사랑할 수 있을까요? 의지와 욕심으로 인한 고통을 경험하지 않고 진정으로 사랑할 수 있을까요? 차라투스트라의 대답은 '아니오'입니다.

차라투스트라에게 아이를 낳지 않는 사랑은 진정한 사랑이 아닙니다. 아이를 낳으려면 사랑하는 대상과 접촉해야 합니다. 온갖 욕망을 갖고 대상을 유혹해야 합니다. 그러나 달은 대지와 사랑하는 자들이 누리는 온갖 즐거움을 탐하지만 감히 다가가지는 못하죠. 차라투스트라는 이러한 사랑이 오히려 음탕하다고 말합니다. 몸이 아니라 눈으로만 하는 사랑은 음탕한 것입니다. 이렇게 사랑에 대한 반전이 일어납니다. 차라투스트라는 달빛처럼 순수한 인식만을 추구하는 사람들은 '결코 아이를 낳지 못하리라는 저주'가 걸려 있다고 말합니다.

인생에 한번은 차라투스트라

태양의 사랑은 다릅니다. 태양의 사랑이 위대한 것은 사랑보다 더 많은 것을 원하기 때문이에요. 태양은 대상을 단지 눈으로만 사랑하지 않습니다. 태양은 대상과 모든 열정과 쾌락을 함께 나눕니다.

순진무구함은 어디에 있는가? 생식에의 의지가 있는 곳에 있다. 자기 자신을 넘어서 창조하고자 하는 자가 내게는 가장 순수한 의지를 가진 자다.
아름다움은 어디에 있는가? 내가 모든 의지를 지니고 **의욕해야만 하는 곳**에 있다. 하나의 이미지가 단지 이미지로만 머물지 않도록 내가 사랑하고 몰락하려는 곳에 있다.
사랑하는 것과 몰락하는 것은 아득한 옛날부터 짝을 이루어왔다.
사랑에의 의지. 그것은 죽음조차 기꺼이 받아들이는 것이다.[13]

어린아이의 순진무구함과 천진난만은 결코 의지와 욕망으로부터의 해방이 아닙니다. 의지와 욕망을 있는 그대로 긍정하는 것이 순진무구함입니다. 아이를 낳으려면 욕망을 불태워야 하는 것처럼, 세계를 있는 그대로 긍정하려면 심연을 견뎌낼 수 있어야 합니다. 사랑한다는 것은 몰락한다는 것입니다. 태양은 저녁이면 저편으로 넘어가 모든 심연을 빨아들이려 해요. 차라투스트라도 태양처럼 삶과 모든 깊은 바다를 사랑하고자 합니다. 우월한 인간들은 차라투스트라의 가르침을 받아 달빛처럼 세상을 사랑하려 하기에 아직 초인이 되지 못한 것입니다. 그들은 아직 몰락할 줄 모르는 것입니다.

291

디오니소스적 도취의 밤

밤은 몰락의 시간입니다. 차라투스트라가 초인이 되어 산에서 내려가기 전에 한밤중의 소리를 듣는 것은 결코 우연이 아닙니다. 차라투스트라는 취한 사람 또는 몽유병자처럼 변하여 한밤중의 소리를 우월한 인간들에게 들려주려 합니다. 차라투스트라가 밤 속을 거닐자고 하지만, 차라투스트라의 가르침을 실천하는 우월한 인간들은 여전히 잠들어 있습니다. 차라투스트라는 자신의 말을 경청하는 귀, 순종하는 귀가 없다고 한탄합니다.

차라투스트라의 가르침을 깨우친 우월한 인간들이 그의 길동무가 아니라면, 그는 철저하게 혼자입니다. 그가 들려주려는 것은 엄밀히 말해 자신만을 위한 것입니다. "나는 나를 따르는 자들을 위한 율법일 뿐, 만인을 위한 율법은 아니다."[14]라고 말합니다.《차라투스트라》가 '모든 이를 위한, 그러나 그 누구를 위한 것도 아닌 책'인 이유입니다.

우월한 인간들이 차라투스트라 덕택에 삶을 긍정하고 "갑자기 그들이 변화했으며 치유되고 있음을"[15] 깨닫는 순간, 차라투스트라는 다시 밤의 목소리를 경험하게 됩니다. 차라투스트라는 이렇게 묻습니다. "누가 대지의 주인이어야 하는가?" 태양인가, 아니면 달인가? 초인인가, 아니면 우월한 인간인가? 수사학적 질문처럼 들리는 이 질문에 차라투스트라는 이렇게 대답합니다. "더없이 순수한 자들이 대지의 주인이 되어야 한다, 가장 알려지지 않은 자들, 가장 강한 자들, 모든 낮보다 더 밝고 더 깊은 한밤중의 영혼들이."**16** 밤에 저편으로 넘어가 지하 세계를 비추는 태양이 대지의 주인이 되어야 한다는 것이죠.

> 아, 내 머리 위의 하늘이여, 그대 순수한 자여! 심오한 자여! 그대
> 빛의 심연이여! 그대를 바라보며 나는 신성한 욕망에 전율한다.
> 그대의 높이로 나를 던져 올리는 것, 그것이 **나의** 깊이다! 그대의
> 순수함 속에 나를 숨기는 것, 그것이 **나의** 순진무구함이다!**17**

차라투스트라는 해 뜨기 전의 하늘을 이렇게 묘사합니다. 하늘과 대지, 밤과 심연, 영원히 흐르는 강과 끝없는 바다. 이 모든 것은 영원히 변화하는 세계의 생성 과정을 상징해요. 세상은 끊임없이 변화합니다. 존재하는 것은 없어요. 우리가 세상을 볼 수 있기 전에 존재하는 것이 바로 한밤중입니다. 밤의 어둠입니다. 그렇기 때문에 차라투스트라는 "세계는 깊고 **낮이 생각하는 것보다 더 깊다**"**18**라고 말합니다.

'세계는 깊다'는 것은 무엇을 말하는 것일까요? 첫째, 깊다는 것은 헤아릴 수 없이 무한하다는 것을 의미합니다. 세계는 영원한 생성과 형성이라는 헤라클레이토스의 관점에 의하면 흐르는 것은 무한하고, 무한한 것은 깊습니다. '세계는 무엇인가?'라는 물음은 존재론적 관점에 따라 대답이 달라집니다. 전통 철학은 세계를 '존재(Sein)'와 '생성(Werden)'의 두 관점에 따라 각각 다르게 해석했습니

다. 니체는 생성의 관점에서 존재의 문제를 파악합니다.

> 무한성은 태초의 사실이다. 유한한 것이 어디에서 유래하는지만
> 설명하면 된다. 그러나 유한한 것의 관점은 순전히 감각적이다. 즉,
> 하나의 착각이다. 어떻게 감히 대지의 사명에 대해 말할 수 있단
> 말인가! 무한한 시간과 무한한 공간에는 목표란 없다. 존재하는 것
> 은 어떤 형식으로든 영원히 존재한다. 어떤 종류의 형이상학적 세
> 계가 존재해야 하는가는 결코 예측할 수 없다. 인류는 그런 것에
> 의지하지 않고서도 존립할 수 있다. 예술가의 거대한 과제![19]

　니체가 《비극의 탄생》과 같은 시기에 남긴 이 글은 그의 철학적
방향을 말해줍니다. 시작과 끝을 알 수 없는 무한한 과정에서 태어
난 이 별에서 살아가는 우리는 유한한 존재입니다. 무한한 생성의
과정이 먼저인데도 우리는 항상 존재의 관점에서 세계를 바라봅니
다. 무한이 유한에 선행하듯이, 밤은 낮보다 훨씬 더 근원적입니다.
그래서 깊습니다.
　둘째, 깊다는 것은 볼 수 없기에 규정할 수 없다는 것을 의미합니
다. 존재하는 것은 규정할 수 있습니다. 우리는 사과가 무엇인지, 사
과나무는 어떻게 생겼는지 규정하고 서술할 수 있죠. 우리가 감각적
으로 지각하고 경험하는 모든 것은 명료하게 서술할 수 있어요. 그
렇지만 사람의 성품이 어떤지 이야기해달라고 하면 우리는 곤혹스
러워집니다. 보이지 않는 것을 서술해야 하기 때문이죠. 무엇인가를

생각하고 추론할 수 있으려면 그것이 존재한다고 가정해야만 합니다. 이것은 서양 형이상학의 뿌리 깊은 생각입니다. "파르메니데스는 말했다. '존재하지 않는 것은 생각되지 않는다.' 우리는 그 반대편에 서서 말한다. '생각될 수 있는 것은 확실히 허구임이 틀림없다.'"[20] 차라투스트라의 초인도 일종의 허구입니다. 허무주의 시대를 의미 있게 살아가는 데 필요한 인간 유형에 대한 허구입니다.

셋째, 깊다는 것은 말할 수 없다는 것을 의미해요. 우리는 어둠 속에서는 아무것도 볼 수 없는 것처럼 정적 속에서는 아무것도 듣지 못합니다. 빛이 있어야 무엇인가 보이듯이 소리가 있어야 들립니다. 밤이 되면 낮에 보고 들었던 모든 것이 침묵합니다. 그렇지만 우리는 알고 있습니다. 모든 빛이 꺼지고 모든 소리가 사라졌을 때, 우리는 비로소 세계와 온전히 마주할 수 있죠.

어떤 사람은 이처럼 아무것도 볼 수 없고 또 아무것도 들을 수 없는 세계는 혼돈이라고 말합니다. 그렇지만 니체는 "이 세계의 전체 성격은 영원한 카오스"[21]라고 말합니다. 혼돈이 무엇입니까? 질서, 조직 또는 형식이 결여된 것을 혼돈이라 부릅니다. 이런 혼돈이 말하는 방식이 바로 침묵입니다. 차라투스트라가 2부 〈가장 고요한 시간〉에서 자기 자신과 홀로 마주할 때 '소리 없이 말'하는 것이 침묵입니다.

차라투스트라는 이런 밤의 소리를 듣고 변화합니다. "조용! 조용! 낮에는 들을 수 없었던 많은 것이 이제 들려온다."[22] 차라투스트라는 드디어 삶의 심연을 들여다보고, 세계의 혼돈을 듣게 되었어요.

마시모 스탄치오네, 〈디오니소스를 위한 숭배〉, 1634
차라투스트라는 드디어 삶의 심연을 들여다보고, 세계의 혼돈을 듣게 되었습니다. 디오니소스적
도취를 통해 세계의 모든 고통은 쾌락으로, 세계의 모든 불행은 행복으로 승화됩니다. 차라투스
트라는 이미 초인의 경지에 이르렀습니다.

그는 디오니소스처럼 도취하여 세계의 어두운 심연을 견뎌낼 수 있게 된 것입니다. 그는 이제 춤출 수 있게 된 것입니다. 이렇게 디오니소스적 도취를 통해 세계의 모든 고통은 쾌락으로, 세계의 모든 불행은 행복으로 승화됩니다. 나의 불행만 깊은 것이 아니라 나의 행복도 깊으면 이미 초인의 경지에 이른 것이에요.

차라투스트라가 3부 〈또 다른 춤의 노래〉와 4부 〈몽유병자의 노래〉에서 반복하여 들려주는 시의 마지막 구절은 변화의 방향을 암시합니다. "쾌락은 **모든** 사물의 영원을 원하고, **깊디깊은 영원을 원**

한다!'²³ 초인은 이렇게 고통의 극복이 쾌락이 되어야 한다고 역설합니다. 차라투스트라는 이 구절을 스스로 해석함으로써 세계가 어떻게 완전해지는지 말해줍니다. "방금 나의 세계는 완전해졌고, 한밤중은 또한 정오이기도 하다. 고통 또한 쾌락이고, 저주 또한 축복이며, 밤 또한 태양이다."²⁴ 한때 깊이를 알 수 없었던 바다가 융기하여 최고의 고산이 되는 것처럼, 삶의 심연에 대한 통찰이 삶의 높이를 가져옵니다. 밤과 낮, 깊이와 높이, 쾌락과 고통, 기쁨과 슬픔. 삶의 다양한 모습은 결코 대립적인 것이 아니라 근원적으로 연결된 것입니다. 세계를 사랑하는 것은 이처럼 세계의 모든 모순을 있는 그대로 받아들이는 것입니다. 이것이 영원회귀 사상입니다.

그대들이 일찍이 어떤 한순간을 두 번 원한 적이 있다면, 그대들이 일찍이 "너는 내 마음에 드는구나, 행복이여! 찰나여! 순간이여!"라고 말한 적이 있다면, 그대들은 **그 모든 것이** 되돌아오기를 바랐던 것이다!²⁵

우리는 끊임없이 지금보다 더 나은, 더 높은 존재가 되려고 애를 씁니다. 우월한 인간들은 대중에게서 벗어나 초인이 되고자 합니다. 이러한 발전의 과정에서 '지금'은 항상 극복의 대상이 됩니다. 그런데 차라투스트라의 영원회귀 사상은 '지금' 그리고 '순간'을 평가절하하는 어떤 입장도 반대합니다. 또 영원회귀 사상은 무한한 발전과 진보에 대한 믿음도 거부합니다. 인간의 영혼이 개선될 수 있다

10. 4부 2강 — 디오니소스, 웃으며 긍정하는 삶

는 것도 믿지 않아요. 우월한 인간들이 본래의 뜻처럼 '보다 높은 인간'을 추구한다면, 그들은 결코 초인이 될 수 없습니다. 그들은 순간을 긍정하지 못하기 때문이죠.

웃으면서 춤추는 사자의 지혜

순간의 긍정을 통해 세계를 있는 그대로 받아들임으로써 차라투스트라는 초인이 됩니다. 초인은 차라투스트라의 아이입니다. 차라투스트라가 디오니소스적 도취의 상태에서 변화했다는 사실을 알려주는 것은 '사자'입니다. 우리는 1부 〈세 가지 변신에 대하여〉에서 사자를 만난 적이 있죠. 관습과 규범, 삶에 적대적인 도덕이라는 거대한 용과 맞붙어 싸워서 창조를 위한 자유를 획득하려면 사자의 정신이 필요하다는 차라투스트라의 말을 아직도 기억합니다. 이때 나타난 사자는 차라투스트라의 여정에서 자주 등장하지 않아요.

사자는 3부의 마지막 부분에 다시 등장합니다. 〈낡은 서판과 새로운 서판에 대하여〉에서 차라투스트라의 시간이 왔음을 알리는 조짐으로 등장하죠. "나는 이제 그때를 기다리고 있다. 우선 나의 시간이 왔음을 알리는 조짐, 다시 말해 비둘기 떼를 거느린 웃는 사자가 내게로 와야만 한다."[26] 거칠고 황량한 사막에서도 자신의 주인이 되는 데 필요한 사자가 웃습니다. "모든 생성이 내게는 신들의 춤, 신들의 자유분방함으로 생각"[27]되는 순간 사자는 웃고 있습니다.

여기서 우리는 정신이 발전해가는 과정을 상징적으로 보여주는 낙타, 사자, 아이가 단순한 단계가 아님을 알 수 있습니다. 낙타를 극복해야 사자가 되고, 사자를 극복해야 아이가 되는 것은 맞습니다. 하지만 아이가 된다고 해서 낙타와 사자가 완전히 사라지는 것은 아니에요. 차라투스트라는 우월한 인간들의 마지막 유혹을 이겨내기 위해서는 여전히 사자가 필요합니다.

《차라투스트라》의 마지막 장에서 사자는 다시 비둘기들과 함께 등장합니다. 비둘기는 독일어로 '타우베(Taube)'라고 하는데 귀머거리라는 뜻도 있습니다. 〈세 가지 변신에 대하여〉에서 차라투스트라는 낙타가 짊어지는 무거운 짐을 언급하면서 이렇게 말해요. "그대가 들려주려는 것을 결코 듣지 못하는 귀머거리와 우정을 맺는 것, 이것이 가장 무거운 짐인가?"[28] 귀머거리를 비둘기로 바꾸면, 사실 사자는 처음부터 비둘기와 함께 등장한 것입니다.

'비둘기 떼를 거느린 웃는 사자'는 초인의 성장 단계를 말해주는 복선이었습니다. 마지막 장에서 사자는 다시 비둘기와 함께 등장합니다. 비둘기는 여기서 차라투스트라의 초인을 이해하지 못하는 우월한 인간들의 무능력을 상징하죠. 그의 말을 들을 수 있는 귀를 갖고 있지 않은 것이에요. 차라투스트라가 우월한 인간들을 보고 "**나의 말**을 경청하는 귀, **순종하는** 귀가 그들의 사지에는 없다."[29]라고 말합니다. 우월한 인간들은 차라투스트라의 가르침에 따라 처음으로 자신의 삶이 만족스러웠다고 말하지만 실제로는 차라투스트라의 과제를 이해하지 못했어요. 우월한 인간들의 변화는 착각이었던 겁니다. 우월한 인간들이 차라투스트라를 부정해야 자신의 길을 찾을 수 있는 것처럼, 차라투스트라는 자신의 사도들에 대한 동정을 극복해야 초인이 됩니다. 여기서 사자는 차라투스트라가 다시 홀로 있을 수 있도록 우월한 인간들을 쫓아버리는 역할을 합니다. 이렇게 차라투스트라는 마지막 시험을 통과합니다.

초인이 된 차라투스트라는 드디어 웃으면서 세상을 바라볼 수 있게 되었습니다. 태양이 빛을 비추어줄 존재가 없어도 빛나는 것처럼, 차라투스트라는 자신의 가르침을 베풀어줄 사람들이 없어도 스스로 빛나는 사람이 된 것입니다. 니체는 이것을 '웃으면서 춤추는 지혜'라고 합니다.

"인간은 극복되어야만 하는 무엇이다." 이 말은 내 귀에는 웃으면서 춤추는 지혜의 말처럼 들린다. 그러나 그대들은 그 말을 들으면 내가 그대들에게 십자가까지 기어가라고 명령하고 있다고 생각한다! 물론, 사람들은 춤추는 것을 배우기 전에 걷는 것을 배워야 한다.[30]

차라투스트라의 처음과 끝의 문제는 모두 '자기 극복'입니다. 초인의 일과 과제는 자기 극복입니다. 우월한 인간들이 군중과 무리에서 탈출하는 데는 성공했지만 자기 연민에 빠져 마지막 극복을 하지 못한 것입니다.

더없이 근심이 많은 자는 오늘날 이렇게 묻는다. "어떻게 인간이 보존될 수 있는가?" 그러나 차라투스트라는 유일한 자이자 첫 번째 인간으로서 이렇게 묻는다. "어떻게 하면 인간이 **극복**될 수 있는가?"**31**

인간은 극복할 때만 인간입니다. 인간의 존엄은 극복에 있습니다. 그렇다면 차라투스트라가 극복해야 할 마지막 죄는 무엇일까요? 우리가 춤추고 웃으면서 세계를 긍정하기 위해서는 무엇을 극복해야 할까요? 차라투스트라는 이 물음에 대한 단서를 제공합니다.

여기 지상에서 지금까지 있었던 가장 큰 죄악은 무엇이었는가? 그 것은 "지금 웃고 있는 자에게 화 있을지어다!"라고 한 그자의 말이 아니었던가.
그는 지상에서 웃어야 할 어떤 근거도 찾아내지 못했는가? 그렇다 면 그는 제대로 찾지 않았을 뿐이다. 아이조차 여기서 그 근거를 찾아낸다.
그는 충분히 사랑하지 않은 것이다. 그랬더라면 그는 우리 웃는 자 들도 사랑했을 것이다!**32**

누가 웃는 것은 죄악이라고 말합니까? 이 세상을 너무 진지하게 생각하는 사람들은 물론 웃는 사람들을 싫어하고 혐오합니다. 모든 성인, 모든 종교, 모든 위대한 사람은 다 그렇게 말하는 것처럼 보입니다. 니체는 이를 뒤집습니다. 이들이 인간에게 행한 가장 잔인한

일 중 하나는 사람을 너무 슬프고 진지하게 만들었다는 것입니다. 이 세상이 고통이라고 말하지 않고서는 저편의 세상을 믿게 할 수 없는 것처럼, 사람들을 진지하고 슬프게 만들지 않고서는 그들을 도덕적으로 순종하게 만들 수 없어요. 노예도덕은 사람들이 세상에서 고통을 당하여 삶을 너무 진지하게 받아들일 때 탄생합니다.

니체의 관점에서 진지함은 죄악입니다. 우리에게서 웃음을 금지하는 것은 삶의 아름다운 모든 것을 파괴하는 것입니다. 삶을 살 만한 것으로 만드는 것, 삶을 사랑할 만한 가치가 있는 것으로 만드는 것을 파괴하는 것이에요. 웃을 일이 없습니까? 삶의 의미가 없다는 뜻입니다. 춤추게 만드는 일이 없습니까? 우리의 의지와 열정이 소진되었다는 것을 의미해요. 어린아이들은 웃지만, 삶의 고통에 찌든 어른들은 웃지 않습니다. 웃는 사람은 삶을 가볍게 보는 광대 취급을 당합니다. 웃는다면 미쳤거나 어린아이 같거나 미개한 것입니다.

우리는 웃는 예수를 상상할 수 없습니다. 세상의 고통을 홀로 짊어진 그는 너무 진지합니다. 예수의 이야기는 고통의 역사, 수난사입니다. 삶의 고통을 이해하고, 사람들의 고통과 죄를 대속하고, 고통에 대한 동정심으로 사람들을 구원하는 이가 예수입니다. 여기서 니체는 예수가 세상을 충분히 사랑하지 않았다고 말해요. 니체의 모델은 차라투스트라입니다. 차라투스트라가 추구하는, 꿈꾸는 신 디오니소스가 초인의 모델입니다. 니체의 《이 사람을 보라》 마지막 문장은 이를 잘 말해줍니다. "나를 이해했는가? 디오니소스 대 십자가에 못 박힌 자."[33] 니체는 이처럼 예수를 극복하고 디오니소스가

302

인생에 한번은 차라투스트라

에드바르 뭉크, 〈태양〉, 1911

차라투스트라의 이야기에서 무엇을 배우셨나요? 차라투스트라는 결코 가르치지도 설교하지도 않으면서 자신을 인식하고, 성찰하고, 자기 자신이 되어갑니다. 이제 우리가 차라투스트라처럼 자신을 넘어설 차례입니다.

되고자 합니다.

우리가 이 세상을 진정으로 사랑한다면 삶의 고통에도 불구하고 사랑할 줄 알아야 합니다. 차라투스트라의 말처럼 사랑하지 않는다고 곧바로 저주할 필요도 없어요. 우리는 모두 각자 자신의 삶을 살아갑니다. 모든 사람에게 보편적으로 좋은 삶은 없습니다. 우리가 삶을 사랑한다는 것은 바로 우리 자신을 사랑한다는 것입니다. "사람들은 오직 자기 아이만을 임신할 뿐이다."[34] 차라투스트라의 이 말은 정말 옳지 않습니까? 남의 관점으로 자신의 삶을 재단하는 사람은 결코 자신의 아이를 잉태하지 못합니다. 진정한 개인이 되지 못해요. 이러한 사실을 깨달을 때 우리는 비로소 가벼워집니다.

그대들 우월한 인간들이여, 그대들의 가장 나쁜 점은 그대들 모두
가 사람이 마땅히 춤춰야 하는 방식으로 춤추는 법을, 다시 말해
그대들 자신을 넘어서서 춤추는 법을 배우지 않았다는 것이다! 그
대들이 실패했다고 해서 무슨 문제란 말인가![35]

우월한 인간들은 군중에게서 벗어난 좀 더 높은 사람들입니다. 그
렇지만 그들은 여전히 고통을 당합니다. 자신이 설정한 '무엇을 위
하여'와 '무엇 때문에'가 그들을 진지하게, 고통스럽게 만듭니다. 그
들은 스스로를 극복하는 자신의 행위가 곧 삶이라는 사실을 깨닫
지 못합니다. 그러니 그들은 웃을 수 없는 것입니다. 초인은 삶을 가
볍게 생각해서 웃는 것이 아니라 있는 그대로 받아들임으로써 삶이
가벼워졌기 때문에 웃는 것입니다. 설령 자기 극복이 실패했다고
해서 문제될 것은 없어요. 자신에게서 경멸할 것을 찾아내어 그것
을 극복하려고 시도했다는 사실만으로 우리의 삶은 가벼워집니다.

우리는 차라투스트라에게 무엇을 배웠습니까? 혹시 《차라투스트
라》를 너무 진지하게 받아들인 것은 아닐까요? 차라투스트라가 태
양처럼 이글거리며 "**나의** 아침이다. **나의** 낮이 시작된다."[36]라고 말
하는 것처럼, 우리도 우리 자신의 차라투스트라를 잉태해야 하지 않
을까요? 그러기 위해서 우리는 "자신을 넘어서서 웃는 법을 배워"[37]
야 합니다.

1. 머리말 1강—차라투스트라, 새로운 혁명가의 탄생

1 프리드리히 니체, 《차라투스트라는 이렇게 말했다》, 〈차라투스트라의 머리말 4〉, 이진우 옮김, 휴머니스트, 2020, 25쪽.(이하 《차라투스투라는 이렇게 말했다》의 서 지사항은 간략하게 표기)

2 《차라투스트라는 이렇게 말했다》, 〈차라투스트라의 머리말 7〉, 32쪽.

3 프리드리히 니체, 《이 사람을 보라》, 〈반시대적 고찰 3〉, 니체전집 15, 402쪽.

4 《차라투스트라는 이렇게 말했다》, 1부 〈읽기와 쓰기에 대하여〉, 72쪽.

5 《차라투스트라는 이렇게 말했다》, 1부 〈읽기와 쓰기에 대하여〉, 72쪽.

6 Werner Stegmaier, "Anti-Lehren. Szene und Lehre in Nietzsches *Also sprach Zarathustra*", in Volker Gerhardt(ed.), *Friedrich Nietzsche. Also sprach Zarathustra*, (Berlin: Akademie Verlag, 2012), 143~167쪽 중에서 143쪽.

7 F. Nietzsche, "Heinrich Köselitz에게 보낸 편지, 1883년 2월 1일", KSB 6, 321쪽.

8 F. Nietzsche, "Paul Lanzky에게 보낸 편지, 1884년년 4월 말", KSB 8, 597쪽.

9 프리드리히 니체, 《이 사람을 보라》, 〈서문 4〉, 니체전집 15, 326쪽.

10 F. Nietzsche, "Paul Deussen에게 보낸 편지, 1888년 11월 26일", KSB 8, 491쪽.

11 Robert Greene, *The Art of Seduction*, (London: Profile Books, 2001), preface, p.xxii: "Seduction is a game of psychology, not beauty, and it is within the grasp of any person to become a master at the game. All that is required is that you look at the world differently, through the eyes of a seducer." 로버트 그린, 《유혹의 기술》, 강미경 옮김, 이마고, 2005, 8쪽.

12 《차라투스트라는 이렇게 말했다》, 1부 〈벗에 대하여〉, 104쪽.

13 프리드리히 니체, 《선악의 저편》, 40, 니체전집 14, 70쪽.

14 《차라투스트라는 이렇게 말했다》, 1부 〈차라투스트라의 머리말 9〉, 36쪽.

15 《차라투스트라는 이렇게 말했다》, 1부 〈차라투스트라의 머리말 9〉, 37쪽.

16 F. Nietzsche, "Ernst Schmeitzner에게 보낸 편지, 1883년 2월 13일", KSB 6, 327쪽.

17 KSA 11, 25(148), 53쪽. 프리드리히 니체, 《유고(1884년 초~가을)》, 니체전집 17, 67쪽.

18 프리드리히 니체, 《이 사람을 보라》, 〈왜 나는 하나의 운명인지 3〉, 니체전집 15, 367쪽.

19 프리드리히 니체, 《이 사람을 보라》, 〈차라투스트라는 이렇게 말했다 1〉, 니체전집 15, 419쪽.

20 Friedrich Nietzsche, KSA 9, 11(195), 519쪽. 프리드리히 니체, 《유고(1881년 봄~1882년 여름)》, 니체전집 12, 519쪽.

21 《차라투스트라는 이렇게 말했다》, 1부 〈차라투스트라의 머리말 1〉, 13~15쪽.

22 《차라투스트라는 이렇게 말했다》, 1부 〈차라투스트라의 머리말 1〉, 14쪽.

23 《차라투스트라는 이렇게 말했다》, 1부 〈차라투스트라의 머리말 9〉, 36쪽.

24 《차라투스트라는 이렇게 말했다》, 1부 〈차라투스트라의 머리말 4〉, 23쪽.

25 《차라투스트라는 이렇게 말했다》, 1부 〈차라투스트라의 머리말 2〉, 16쪽.

26 《차라투스트라는 이렇게 말했다》, 1부 〈차라투스트라의 머리말 2〉, 18쪽.

27 《차라투스트라는 이렇게 말했다》, 1부 〈차라투스트라의 머리말 8〉, 35쪽.

28 프리드리히 니체, 《우상의 황혼》, 〈내가 옛사람들의 덕을 보고 있는 것 5〉, 니체전집 15, 203쪽.

29 《차라투스트라는 이렇게 말했다》, 1부 〈차라투스트라의 머리말 5〉, 27쪽.

30 《차라투스트라는 이렇게 말했다》, 1부 〈차라투스트라의 머리말 6〉, 31쪽.

31 《차라투스트라는 이렇게 말했다》, 1부 〈차라투스트라의 머리말 9〉, 36쪽.

32 《차라투스트라는 이렇게 말했다》, 1부 〈베푸는 덕에 대하여 3〉, 145~146쪽.

33 프리드리히 니체, 《이 사람을 보라》, 〈서문 3〉, 니체전집 15, 325쪽.

2. 머리말 2강—마지막 인간, 행복에 집착하는 자

1 《차라투스트라는 이렇게 말했다》, 1부 〈차라투스트라의 머리말 3〉, 19쪽.

2 《차라투스트라는 이렇게 말했다》, 1부 〈차라투스트라의 머리말 2〉, 16쪽.

3 《차라투스트라는 이렇게 말했다》, 1부 〈차라투스트라의 머리말 2〉, 18쪽.

4 《차라투스트라는 이렇게 말했다》, 1부 〈차라투스트라의 머리말 2〉, 17~18쪽.

5 나카지마 요시미치, 《니체의 인간학》, 이지수 옮김, 다산북스, 2016, 60쪽 이하.

6 《차라투스트라는 이렇게 말했다》, 1부 〈차라투스트라의 머리말 5〉, 27쪽.

7 R. M. Rilke, *Das Stunden-Buch* (Frankfurt, 91983), 94쪽: "O Herr, gib jedem seinen eignen Tod."

8 《차라투스트라는 이렇게 말했다》, 1부 〈자유로운 죽음에 대하여〉, 134쪽.

9 페터 슬로터다이크, 《냉소적 이성 비판》, 박미애·이진우 옮김, 에코리브르, 2005, 49쪽.

10 《차라투스트라는 이렇게 말했다》, 1부 〈차라투스트라의 머리말 3〉, 19쪽.

11 프리드리히 니체, 《이 사람을 보라》, 〈나는 왜 이렇게 좋은 책들을 쓰는지 1〉, 니체전집 15, 377쪽.

12 《차라투스트라는 이렇게 말했다》, 1부 〈차라투스트라의 머리말 3〉, 20쪽.

13 《차라투스트라는 이렇게 말했다》, 1부 〈차라투스트라의 머리말 3〉, 20쪽.

14 《차라투스트라는 이렇게 말했다》, 1부 〈차라투스트라의 머리말 4〉, 23쪽.

15 《차라투스트라는 이렇게 말했다》, 1부 〈차라투스트라의 머리말 4〉, 23쪽.

16 《차라투스트라는 이렇게 말했다》, 1부 〈차라투스트라의 머리말 5〉, 29쪽.

17 Friedrich Nietzsche, KSA 10, 4(171) 162쪽. 프리드리히 니체, 《유고(1882년 7월 ~1883/84년 겨울)》, 니체전집 16, 209쪽.

18 Friedrich Nietzsche, KSA 10, 7(211) 244쪽. 프리드리히 니체, 《유고(1882년 7월 ~1883/84년 겨울)》, 니체전집 16, 321/2쪽.

19 《차라투스트라는 이렇게 말했다》, 1부 〈차라투스트라의 머리말 3〉, 21쪽.

20 《차라투스트라는 이렇게 말했다》, 1부 〈차라투스트라의 머리말 9〉, 36쪽.

21 《차라투스트라는 이렇게 말했다》, 1부 〈차라투스트라의 머리말 3〉, 20쪽.

3. 1부 1강―초인, 국가와 시장을 떠나다

1 《차라투스트라는 이렇게 말했다》, 1부 〈시장의 파리 떼에 대하여〉, 94쪽.

2 《차라투스트라는 이렇게 말했다》, 1부 〈차라투스트라의 머리말 9〉, 38쪽.

3 《차라투스트라는 이렇게 말했다》, 1부 〈차라투스트라의 머리말 4〉, 23쪽.

4 《차라투스트라는 이렇게 말했다》, 1부 〈시장의 파리 떼에 대하여〉, 95쪽.

5 《차라투스트라는 이렇게 말했다》, 1부 〈시장의 파리 떼에 대하여〉, 94~95쪽.

6 《차라투스트라는 이렇게 말했다》, 1부 〈시장의 파리 떼에 대하여〉, 95쪽.

7 《차라투스트라는 이렇게 말했다》, 1부 〈시장의 파리 떼에 대하여〉, 95쪽.

8 《차라투스트라는 이렇게 말했다》, 1부 〈시장의 파리 떼에 대하여〉, 95쪽.

9 《차라투스트라는 이렇게 말했다》, 1부 〈시장의 파리 떼에 대하여〉, 96쪽.

10 《차라투스트라는 이렇게 말했다》, 1부 〈시장의 파리 떼에 대하여〉, 95쪽.

11 《차라투스트라는 이렇게 말했다》, 1부 〈시장의 파리 떼에 대하여〉, 96쪽.

12 《차라투스트라는 이렇게 말했다》, 1부 〈새로운 우상에 대하여〉, 89쪽.

13 《차라투스트라는 이렇게 말했다》, 1부 〈새로운 우상에 대하여〉, 91쪽.

14 《차라투스트라는 이렇게 말했다》, 1부 〈새로운 우상에 대하여〉, 89쪽.

15 한나 아렌트, 《전체주의의 기원 2》, 박미애·이진우 옮김, 한길사, 2006, 249쪽.

16 《차라투스트라는 이렇게 말했다》, 1부 〈새로운 우상에 대하여〉, 93쪽.

17 《차라투스트라는 이렇게 말했다》, 1부 〈차라투스트라의 머리말 2〉, 16쪽.

18 《차라투스트라는 이렇게 말했다》, 1부 〈차라투스트라의 머리말 2〉, 16쪽.

19 《차라투스트라는 이렇게 말했다》, 1부 〈차라투스트라의 머리말 5〉, 28쪽.

20 André Gide, *The Immoralist*, translated by Dorothy Bussy, (United States of America: Alfred A.Knopf, Inc., 1949), 127쪽. 앙드레 지드, 《반도덕주의자》, 동성식 옮김, 민음사, 2017.

21 《차라투스트라는 이렇게 말했다》, 4부 〈우월한 인간에 대하여 13〉, 513쪽.

22 《차라투스트라는 이렇게 말했다》, 1부 〈창조하는 자의 길에 대하여〉, 119쪽.

23 《차라투스트라는 이렇게 말했다》, 1부 〈이웃 사랑에 대하여〉, 115쪽.

24 《차라투스트라는 이렇게 말했다》, 1부 〈차라투스트라의 머리말 9〉, 36쪽.

25 《차라투스트라는 이렇게 말했다》, 1부 〈벗에 대하여〉, 104쪽.

26 《차라투스트라는 이렇게 말했다》, 1부 〈벗에 대하여〉, 105쪽.

27 《차라투스트라는 이렇게 말했다》, 1부 〈벗에 대하여〉, 105쪽.

28 《차라투스트라는 이렇게 말했다》, 1부 〈벗에 대하여〉, 104쪽.

29 《차라투스트라는 이렇게 말했다》, 1부 〈벗에 대하여〉, 106쪽.

30 《차라투스트라는 이렇게 말했다》, 1부 〈이웃 사랑 대하여〉, 115~116쪽.

4. 1부 2강―세 가지 변신, 낙타와 사자와 아이의 정신

1 프리드리히 니체, 《안티크리스트》, 니체전집 15, 225쪽.

2 《차라투스트라는 이렇게 말했다》, 1부 〈차라투스트라의 머리말 9〉, 36쪽.

3 《차라투스트라는 이렇게 말했다》, 1부 〈덕을 가르치는 강의에 대하여〉, 48~49쪽.

4 《차라투스트라는 이렇게 말했다》, 1부 〈덕을 가르치는 강의에 대하여〉, 48~49쪽.

5 프리드리히 니체, 《안티크리스트》, 니체전집 15, 225쪽.

6 〈마태복음〉 4장 4절.

7 〈마태복음〉 4장 7절.

8 〈마태복음〉 4장 10절.

9 《차라투스트라는 이렇게 말했다》, 1부 〈환희와 열정에 대하여〉, 64~65쪽.

10 《차라투스트라는 이렇게 말했다》, 1부 〈환희와 열정에 대하여〉, 65쪽.

11 《차라투스트라는 이렇게 말했다》, 1부 〈환희와 열정에 대하여〉, 65쪽.

12 《차라투스트라는 이렇게 말했다》, 1부 〈저편의 세계를 믿는 자들에 대하여〉, 54쪽.

13 《차라투스트라는 이렇게 말했다》, 1부 〈몸을 경멸하는 자들에 대하여〉, 60쪽.

14 《차라투스트라는 이렇게 말했다》, 1부 〈세 가지 변신에 대하여〉, 43쪽.

15 《차라투스트라는 이렇게 말했다》, 1부 〈세 가지 변신에 대하여〉, 43쪽.

16 《차라투스트라는 이렇게 말했다》, 1부 〈세 가지 변신에 대하여〉, 45쪽.

17 《차라투스트라는 이렇게 말했다》, 1부 〈세 가지 변신에 대하여〉, 45쪽.

18 《차라투스트라는 이렇게 말했다》, 1부 〈세 가지 변신에 대하여〉, 46쪽.

19 《차라투스트라는 이렇게 말했다》, 1부 〈세 가지 변신에 대하여〉, 46~47쪽.

20 《차라투스트라는 이렇게 말했다》, 1부 〈세 가지 변신에 대하여〉, 47쪽.

21 《차라투스트라는 이렇게 말했다》, 1부 〈환희와 열정에 대하여〉, 66쪽.

22 《차라투스트라는 이렇게 말했다》, 1부 〈베푸는 덕에 대하여 2〉, 144쪽.

23 《차라투스트라는 이렇게 말했다》, 1부 〈베푸는 덕에 대하여 2〉, 144쪽.

24 《차라투스트라는 이렇게 말했다》, 1부 〈베푸는 덕에 대하여 1〉, 141쪽.

5. 2부 1강 ─ 고통, 노래를 부르며 이뤄낸 단단함

1 프리드리히 니체, 《우상의 황혼》, 〈잠언과 화살 8〉, 니체전집 15, 77쪽.

2 《차라투스트라는 이렇게 말했다》, 2부 〈행복의 섬에서〉, 158쪽.

3 《차라투스트라는 이렇게 말했다》, 2부 〈가장 고요한 시간〉, 268쪽.

4 《차라투스트라는 이렇게 말했다》, 2부 〈거울을 든 아이〉, 151쪽.

5 프리드리히 니체, 〈마태복음〉 13장 3~13절.

6 《차라투스트라는 이렇게 말했다》, 2부 〈거울을 든 아이〉, 152쪽.

7 프리드리히 니체, 《비극의 탄생》, 니체전집 2, 41쪽.

8 프리드리히 니체, 《도덕의 계보》, III 28, 니체전집 14, 540쪽.

9 프리드리히 니체, 《선악의 저편》, II 39, 니체전집 14, 69쪽.

10 《차라투스트라는 이렇게 말했다》, 2부 〈행복의 섬에서〉, 158쪽.

11 《차라투스트라는 이렇게 말했다》, 2부 〈행복의 섬에서〉, 158쪽.

12 《차라투스트라는 이렇게 말했다》, 2부 〈성직자들에 대하여〉, 167쪽.

13 《차라투스트라는 이렇게 말했다》, 2부 〈성직자들에 대하여〉, 170쪽.

14 《차라투스트라는 이렇게 말했다》, 2부 〈동정하는 자들에 대하여〉, 161쪽.

15 《차라투스트라는 이렇게 말했다》, 2부 〈동정하는 자들에 대하여〉, 165쪽.

16 프리드리히 니체, 《이 사람을 보라》, 니체전집 15, 432쪽.

17 Curt Paul Janz, *Friedrich Nietzsche Biographie,* Bd. 2 (München: dtv, 1981), 119쪽.

18 《차라투스트라는 이렇게 말했다》, 2부 〈밤의 노래〉, 193쪽.

19 《차라투스트라는 이렇게 말했다》, 3부 〈또 다른 춤의 노래 3〉, 407~408쪽.

20 《차라투스트라는 이렇게 말했다》, 2부 〈춤의 노래〉, 197쪽.

21 Friedrich Nietzsche, "Heinrich Köselitz에게 보낸 편지, 1883년 8월 16일", KSB 6, 429쪽.

22 《차라투스트라는 이렇게 말했다》, 3부 〈중력의 영에 대하여 2〉, 347쪽.

23 《차라투스트라는 이렇게 말했다》, 3부 〈중력의 영에 대하여 2〉, 349쪽.

24 《차라투스트라는 이렇게 말했다》, 2부 〈춤의 노래〉, 199쪽.

25 《차라투스트라는 이렇게 말했다》, 2부 〈무덤의 노래〉, 204쪽.

26 《차라투스트라는 이렇게 말했다》, 2부 〈무덤의 노래〉, 206~207쪽.

27 프리드리히 니체, 《이 사람을 보라》, 니체전집 15, 435쪽.

28 Walter F. Otto, *Dionysos: Mythos und Kultus*, (Frankfurt, 1938).

29 《차라투스트라는 이렇게 말했다》, 2부 〈구원에 대하여〉, 258쪽.

30 프리드리히 니체, 《유고(1888년 초~1889년 1월 초)》, 니체전집 21, 354~355쪽.

31 프리드리히 니체, 《우상의 황혼》, 니체전집 15, 203쪽.

6. 2부 2강—권력에의 의지, 누구나 권력을 추구한다

1 프리드리히 니체, 《유고(1882년 7월~1883/84년 겨울)》, 니체전집 16, 245쪽.

2 《차라투스트라는 이렇게 말했다》, 2부 〈자기 극복에 대하여〉, 211쪽.

3 프리드리히 니체, "그리스 국가", 《유고(1870년~1873년)》, 니체전집 3, 309쪽.

4 Jakob Burckhardt, *Weltgeschichtliche Betrachtungen*, Gesamtausgabe 7, 1929, 1~209쪽

중에서 25쪽.

5   John Dalberg-Acton, "Letter to Bishop Mandell Creighton, April 5, 1887",
    in *Historical Essays and Studies*, edited by J. N. Figgis and R. V. Laurence (London:
    Macmillan, 1907): 504쪽: "Power tends to corrupt, and absolute power corrupts
    absolutely."

6   프리드리히 니체, 《도덕의 계보》, I 11, 니체전집 14, 372~373쪽.

7   프리드리히 니체, 《유고(1884년 초~가을)》, 26(348), 니체전집 17, 318쪽.

8   Friedrich Nietzsche, "Franz Overbeck에게 보낸 편지, 1884년 4월 7일", KSB 6, 496쪽.

9   《차라투스트라는 이렇게 말했다》, 2부 〈자기 극복에 대하여〉, 211~212쪽.

10 프리드리히 니체, 《우상의 황혼》, 〈어느 반시대적 인간의 편력〉, 37, 니체전집 15,
    176쪽.

11 프리드리히 니체, 《우상의 황혼》, 〈어느 반시대적 인간의 편력〉, 37, 니체전집 15,
    175쪽.

12 《차라투스트라는 이렇게 말했다》, 2부 〈타란툴라에 대하여〉, 182쪽.

13 《차라투스트라는 이렇게 말했다》, 2부 〈타란툴라에 대하여〉, 183쪽.

14 《차라투스트라는 이렇게 말했다》, 2부 〈타란툴라에 대하여〉, 185쪽.

15 《차라투스트라는 이렇게 말했다》, 2부 〈자기 극복에 대하여〉, 208쪽.

16 《차라투스트라는 이렇게 말했다》, 2부 〈자기 극복에 대하여〉, 208쪽.

17 《차라투스트라는 이렇게 말했다》, 2부 〈자기 극복에 대하여〉, 209쪽.

18 프리드리히 니체, 《선악의 저편》, II 36, 니체전집 14, 67쪽.

19 《차라투스트라는 이렇게 말했다》, 2부 〈자기 극복에 대하여〉, 212쪽.

20 프리드리히 니체, 《유고(1884년 가을~1885년 가을)》, 36(31), 니체전집 18, 375쪽.

21 《차라투스트라는 이렇게 말했다》, 2부 〈자기 극복에 대하여〉, 212쪽.

22 《차라투스트라는 이렇게 말했다》, 2부 〈자기 극복에 대하여〉, 211쪽.

23 프리드리히 니체, 《도덕의 계보》, I 4, 니체전집 14, 356쪽.

24 프리드리히 니체, 《도덕의 계보》, I 10, 니체전집 14, 367쪽.

25 프리드리히 니체, 《도덕의 계보》, I 13, 니체전집 14, 378~379쪽.

26 《차라투스트라는 이렇게 말했다》, 2부 〈자기 극복에 대하여〉, 213쪽.

7. 3부 1강―영원회귀, 이 순간을 제대로 살고 있는가

1 프리드리히 니체, 《즐거운 학문》, IV 341, 니체전집 12, 342쪽.

2 《차라투스트라는 이렇게 말했다》, 3부 〈환영과 수수께끼에 대하여 1〉, 281쪽.

3 《차라투스트라는 이렇게 말했다》, 3부 〈방랑자〉, 275쪽.

4 《차라투스트라는 이렇게 말했다》, 3부 〈방랑자〉, 276쪽.

5 《차라투스트라는 이렇게 말했다》, 3부 〈환영과 수수께끼에 대하여 1〉, 284쪽.

6 프리드리히 니체, 《이 사람을 보라》, 니체전집 15, 431쪽.

7 프리드리히 니체, 《이 사람을 보라》, 니체전집 15, 394쪽.

8 프리드리히 니체, 《이 사람을 보라》, 니체전집 15, 419쪽.

9 《차라투스트라는 이렇게 말했다》, 3부 〈치유되고 있는 자 2〉, 390쪽.

10 《차라투스트라는 이렇게 말했다》, 3부 〈환영과 수수께끼에 대하여 2〉, 286쪽.

11 《차라투스트라는 이렇게 말했다》, 3부 〈환영과 수수께끼에 대하여 2〉, 286쪽.

12 프리드리히 니체, 《즐거운 학문》, IV 341, 니체전집 12, 315쪽.

13 프리드리히 니체, 《즐거운 학문》, IV 341, 니체전집 12, 314~315쪽.

14 프리드리히 니체, 《유고(1882년 7월~1883/84년 겨울)》, 15(10), 니체전집 16, 636쪽.

15 프리드리히 니체, 《유고(1881년 봄~1882년 여름)》, 11(163), 니체전집 12, 500~501쪽.

16 임마누엘 칸트, 《윤리형이상학 정초》, 백종현 옮김, 아카넷, 2005, 132쪽.

17 《차라투스트라는 이렇게 말했다》, 3부 〈환영과 수수께끼에 대하여 2〉, 284쪽.

18 《차라투스트라는 이렇게 말했다》, 3부 〈환영과 수수께끼에 대하여 2〉, 288쪽.

19 《차라투스트라는 이렇게 말했다》, 3부 〈낡은 서판과 새로운 서판에 대하여 29〉, 384쪽.

20 《차라투스트라는 이렇게 말했다》, 3부 〈환영과 수수께끼에 대하여 2〉, 285쪽.

21 《차라투스트라는 이렇게 말했다》, 3부 〈치유되고 있는 자 2〉, 389쪽.

22 Friedrich Nietzsche, KSA 10, 5(1), 213쪽. 프리드리히 니체, 《유고(1882년 7월
~1883/84년 겨울)》, 5(1) 227, 니체전집 16, 279쪽.

8. 3부 2강—아모르파티, 운명을 사랑하는 사람의 춤

1 《차라투스트라는 이렇게 말했다》, 3부 〈중력의 영에 대하여 2〉, 347쪽.

2 《차라투스트라는 이렇게 말했다》, 3부 〈중력의 영에 대하여 2〉, 348쪽.

3 프리드리히 니체, 《이 사람을 보라》, 니체전집 15, 321쪽.

4 《차라투스트라는 이렇게 말했다》, 3부 〈방랑자〉, 275쪽.

5 《차라투스트라는 이렇게 말했다》, 3부 〈방랑자〉, 279~280쪽.

6 《차라투스트라는 이렇게 말했다》, 3부 〈방랑자〉, 276쪽.

7 《차라투스트라는 이렇게 말했다》, 1부 〈읽기와 쓰기에 대하여〉, 73~74쪽.

8 프리드리히 니체, 《즐거운 학문》, I 14, 니체전집 12, 86쪽.

9 프리드리히 니체, 《즐거운 학문》, I 14, 니체전집 12, 85쪽.

10 Immanuel Kant, *Metaphysik der Sitten*, § 24, *Werke in zehn Bänden*, Bd. 7, (Darmstadt:
Wissenschaftliche Buchgesellschaft, 1983), 390쪽.

11 프리드리히 니체, 《인간적인 너무나 인간적인》, I 58, 니체전집 7, 86쪽.

12 《차라투스트라는 이렇게 말했다》, 1부 〈늙은 여자와 젊은 여자에 대하여〉, 123쪽.

13 《차라투스트라는 이렇게 말했다》, 1부 〈아이와 결혼에 대하여〉, 131쪽.

14 프리드리히 니체, 《인간적인 너무나 인간적인》, I 378, 니체전집 7, 323쪽.

15 프리드리히 니체, 《즐거운 학문》, I 14, 니체전집 12, 87쪽.

16 《차라투스트라는 이렇게 말했다》, 1부 〈읽기와 쓰기에 대하여〉, 74쪽.

17 《차라투스트라는 이렇게 말했다》, 1부 〈전쟁과 전사들에 대하여〉, 87~88쪽.

18 《차라투스트라는 이렇게 말했다》, 1부 〈이웃 사랑에 대하여〉, 113~114쪽.

19 《차라투스트라는 이렇게 말했다》, 3부 〈중력의 영에 대하여 2〉, 348쪽.

20 《차라투스트라는 이렇게 말했다》, 3부 〈중력의 영에 대하여 2〉, 348쪽.

21 《차라투스트라는 이렇게 말했다》, 3부 〈중력의 영에 대하여 2〉, 349쪽.

22 《차라투스트라는 이렇게 말했다》, 3부 〈중력의 영에 대하여 2〉, 350쪽.

23 《차라투스트라는 이렇게 말했다》, 3부 〈중력의 영에 대하여 2〉, 351쪽.

24 《차라투스트라는 이렇게 말했다》, 3부 〈의지에 반하는 행복에 대하여〉, 291쪽

25 프리드리히 니체, 《즐거운 학문》, IV 276, 니체전집 12, 255쪽.

26 프리드리히 니체, 《우상의 황혼》, 〈네 가지 중대한 오류들 8〉, 니체전집 15, 123쪽.

27 프리드리히 니체, 《우상의 황혼》, 〈반자연으로서의 도덕 6〉, 니체전집 15, 111쪽.

28 프리드리히 니체, 《즐거운 학문》, IV 335, 니체전집 12, 307쪽.

29 프리드리히 니체, 《우상의 황혼》, 〈네 가지 중대한 오류들 8〉, 니체전집 15, 123쪽.

30 《차라투스트라는 이렇게 말했다》, 1부 〈차라투스트라의 머리말 5〉, 27쪽.

9. 4부 1강—우월한 인간, 도움을 요청하다

1 《차라투스트라는 이렇게 말했다》, 〈치유되고 있는 자 2〉, 395쪽.

2 프리드리히 니체, 《이 사람을 보라》, 니체전집 15, 426쪽.

3 프리드리히 니체, 《이 사람을 보라》, 같은 책, 427쪽.

4 프리드리히 니체, 《즐거운 학문》, §342, 니체전집 12, 315쪽. 니체는 "차라투스트라의 몰락과 함께 비극이 시작되었다(Incipit tragoedia)."라고 말한다.

5 F. Nietzsche, "Carl von Gersdorff in Ostrichen에게 보낸 편지, 1885년 2월 12일", KSB 7, 9쪽. 니체는 Constantin Georg Naumann에게 보낸 편지(1885년 3월 12일)와 Heinrich Köselitz에게 보낸 편지(1885년 3월 14일)에서도 《차라투스트라》의 4부가 대중을 위한 것이 아님을 분명히 한다. KSB 7, 19쪽과 21쪽 참조.

6 F. Nietzsche, "Heinrich Köselitz에게 보낸 편지, 1885년 2월 14일", KSB 7, 12쪽.

7 F. Nietzsche, "Heinrich Köselitz에게 보낸 편지, 1888년 12월 9일", KSB 8, 514쪽.

8 F. Nietzsche, "Heinrich Köselitz에게 보낸 편지, 1885년 2월 14일", KSB 7, 12쪽.

9   프리드리히 니체, 《이 사람을 보라》, 〈나는 왜 이렇게 현명한지 4〉, 니체전집 15, 339쪽.

10 《차라투스트라는 이렇게 말했다》, 〈차라투스트라의 머리말 5〉, 26쪽.

11 《차라투스트라는 이렇게 말했다》, 〈차라투스트라의 머리말 5〉, 29쪽.

12 《차라투스트라는 이렇게 말했다》, 4부 〈제물로 바친 꿀〉, 424쪽.

13 《차라투스트라는 이렇게 말했다》, 4부 〈제물로 바친 꿀〉, 419쪽.

14 《차라투스트라는 이렇게 말했다》, 4부 〈제물로 바친 꿀〉, 422쪽.

15 《차라투스트라는 이렇게 말했다》, 4부 〈도움을 청하는 외침〉, 430쪽.

16 《차라투스트라는 이렇게 말했다》, 2부 〈동정하는 자들에 대하여〉, 164~165쪽.

17 《차라투스트라는 이렇게 말했다》, 4부 〈환영 인사〉, 489~490쪽.

18 《차라투스트라는 이렇게 말했다》, 4부 〈왕들과의 대화 1〉, 435쪽.

19 《차라투스트라는 이렇게 말했다》, 4부 〈거머리〉, 442쪽.

20 《차라투스트라는 이렇게 말했다》, 4부 〈마술사 2〉, 452쪽.

21 《차라투스트라는 이렇게 말했다》, 4부 〈일자리를 잃음〉, 456쪽.

22 《차라투스트라는 이렇게 말했다》, 4부 〈더없이 추악한 자〉, 468쪽.

23 《차라투스트라는 이렇게 말했다》, 4부 〈그림자〉, 482쪽.

24 《차라투스트라는 이렇게 말했다》, 4부 〈나귀 축제 1〉, 552쪽.

25 《차라투스트라는 이렇게 말했다》, 4부 〈만찬〉, 500쪽.

26 《차라투스트라는 이렇게 말했다》, 4부 〈우월한 인간에 대하여 1〉, 502~503쪽.

27 프리드리히 니체, 《즐거운 학문》, 268, 니체전집 12, 250쪽.

28 《차라투스트라는 이렇게 말했다》, 4부 〈우월한 인간에 대하여 3〉, 504쪽.

29 《차라투스트라는 이렇게 말했다》, 4부 〈우월한 인간에 대하여 3〉, 505쪽.

30 프리드리히 니체, 《반시대적 고찰》, 〈교육자로서의 쇼펜하우어〉, 니체전집 2, 445쪽.

31 《차라투스트라는 이렇게 말했다》, 4부 〈환영 인사〉, 497쪽.

32 프리드리히 니체, 《선악의 저편》, 62, 니체전집 14, 101쪽.

33 프리드리히 니체, 《선악의 저편》, 62, 니체전집 14, 102쪽.

34 《차라투스트라는 이렇게 말했다》, 4부 〈우월한 인간에 대하여 3〉, 504쪽.

35 프리드리히 니체, 《선악의 저편》, 287, 니체전집 14, 305쪽.

36 《차라투스트라는 이렇게 말했다》, 4부 〈환영 인사〉, 492쪽.

37 프리드리히 니체, 《선악의 저편》, 260, 니체전집 14, 276쪽.

10. 4부 2강—디오니소스, 웃으며 긍정하는 삶

1 《차라투스트라는 이렇게 말했다》, 〈차라투스트라의 머리말 1〉, 14쪽.

2 《차라투스트라는 이렇게 말했다》, 4부 〈징조〉, 575쪽.

3 태양에 대한 차라투스트라의 태도에 관해서는 다음의 글을 참조할 것. Alexander Nehamas, "For whom the Sun shines. A Reading of *Also sprach Zarathustra*," in Volker Gerhardt(ed.), *Friedrich Nietzsche. Also sprach Zarathustra* (Berlin: Akdamie Verlag, 2012), pp.123-142.

4 프리드리히 니체, 《즐거운 학문》, 255, KSA 3, 516쪽. 니체전집 12, 247쪽.

5 《차라투스트라는 이렇게 말했다》, 〈차라투스트라의 머리말 9〉, 36쪽.

6 《차라투스트라는 이렇게 말했다》, 〈차라투스트라의 머리말 9〉, 36쪽.

7 《차라투스트라는 이렇게 말했다》, 1부 〈베푸는 덕에 대하여 3〉, 146쪽.

8 《차라투스트라는 이렇게 말했다》, 2부 〈거울을 든 아이〉, 152쪽.

9 《차라투스트라는 이렇게 말했다》, 3부 〈낡은 서판과 새로운 서판에 대하여 1〉, 353쪽.

10 《차라투스트라는 이렇게 말했다》, 4부 〈징조〉, 575쪽.

11 《차라투스트라는 이렇게 말했다》, 4부 〈몽유병자의 노래 1〉, 558쪽.

12 《차라투스트라는 이렇게 말했다》, 4부 〈우월한 인간에 대하여 16〉, 516쪽.

13 《차라투스트라는 이렇게 말했다》, 2부 〈순결한 인식에 대하여〉, 226쪽.

14 《차라투스트라는 이렇게 말했다》, 4부 〈만찬〉, 500쪽.

15 《차라투스트라는 이렇게 말했다》, 4부 〈몽유병자의 노래 1〉, 558쪽.

16 《차라투스트라는 이렇게 말했다》, 4부 〈몽유병자의 노래 7〉, 564쪽.

17 《차라투스트라는 이렇게 말했다》, 3부 〈해 뜨기 전에〉, 296쪽.

18 《차라투스트라는 이렇게 말했다》, 4부 〈몽유병자의 노래 6〉, 564쪽.

19 F. Nietzsche, KSA 7, 19(139), 464. 프리드리히 니체, 《유고(1872년 여름~1874년 말)》, 니체전집 5, 66쪽.

20 F. Nietzsche, KSA 13, 14(148), 332. 프리드리히 니체, 《유고(1888년 초~1889년 1월 초)》, 니체전집 21,157쪽.

21 F. Nietzsche, FW 109, KSA

22 《차라투스트라는 이렇게 말했다》, 4부 〈몽유병자의 노래 3〉, 561쪽.

23 《차라투스트라는 이렇게 말했다》, 4부 〈몽유병자의 노래 11〉, 569쪽.

24 《차라투스트라는 이렇게 말했다》, 4부 〈몽유병자의 노래 10〉, 567쪽.

25 《차라투스트라는 이렇게 말했다》, 4부 〈몽유병자의 노래 10〉, 567쪽.

26 《차라투스트라는 이렇게 말했다》, 3부 〈낡은 서판과 새로운 서판에 대하여 1〉, 353쪽.

27 《차라투스트라는 이렇게 말했다》, 3부 〈낡은 서판과 새로운 서판에 대하여 2〉, 355쪽.

28 《차라투스트라는 이렇게 말했다》, 1부 〈세 가지 변신에 대하여〉, 44쪽.

29 《차라투스트라는 이렇게 말했다》, 4부 〈징조〉, 572쪽.

30 F. Netzsche, KSA 10, 18(43), 577. 프리드리히 니체, 《유고(1882년 7월~1883/84년 겨울)》, 니체전집 16, 769쪽.

31 《차라투스트라는 이렇게 말했다》, 4부 〈우월한 인간에 대하여 3〉, 504쪽.

32 《차라투스트라는 이렇게 말했다》, 4부 〈우월한 인간에 대하여 16〉, 515쪽.

33 F. Nietzsche, EH, KSA 6, 374. 프리드리히 니체, 《이 사람을 보라》, 니체전집 15, 468쪽.

34 《차라투스트라는 이렇게 말했다》, 4부 〈우월한 인간에 대하여 11〉, 510쪽.

35 《차라투스트라는 이렇게 말했다》, 4부 〈우월한 인간에 대하여 20〉, 519쪽.

36 《차라투스트라는 이렇게 말했다》, 4부 〈징조〉, 575쪽.

37 《차라투스트라는 이렇게 말했다》, 4부 〈우월한 인간에 대하여 20〉, 519쪽.

인생에 한번은 차라투스트라

1판 1쇄 발행일 2020년 11월 23일
1판 4쇄 발행일 2024년 11월 18일

지은이 이진우

발행인 김학원
발행처 (주)휴머니스트출판그룹
출판등록 제313-2007-000007호(2007년 1월 5일)
주소 (03991) 서울시 마포구 동교로23길 76(연남동)
전화 02-335-4422 **팩스** 02-334-3427
저자·독자 서비스 humanist@humanistbooks.com
홈페이지 www.humanistbooks.com
유튜브 youtube.com/user/humanistma **포스트** post.naver.com/hmcv
페이스북 facebook.com/hmcv2001 **인스타그램** @humanist_insta

편집주간 황서현 **편집** 전두현 임미영 **디자인** 김태형
조판 아틀리에 **용지** 화인페이퍼 **인쇄** 청아디앤피 **제본** 민성사

ⓒ 이진우, 2020

ISBN 979-11-6080-460-7 03100